La Liberté

du Théâtre

En France et à l'Etranger

Albéric CAHUET,
DOCTEUR EN DROIT
AVOCAT A LA COUR D'APPEL DE PARIS

La Liberté du Théâtre

En France et à l'Etranger,

Histoire, Fonctionnement et Discussion de la Censure dramatique.

PARIS

DUJARRIC & Cie, ÉDITEURS

50, RUE DES SAINTS-PÈRES, 50

1902

PRÉFACE

La liberté du théâtre n'est pas la liberté des théâtres. La première tient à la liberté de la pensée; la seconde à la liberté du travail.

Les lois révolutionnaires qui proclamèrent le droit pour tout citoyen d'exercer l'industrie de son choix lui reconnurent en même temps celui d'exprimer librement sa pensée.

Les régimes qui se sont succédés au cours du siècle ont, dans la mesure de l'ordre public, respecté les initiatives individuelles en matière industrielle et commerciale. Ils n'ont pas eu la même tolérance pour la pensée qui fut remise en tutelle.

On peut publier ses opinions de trois façons différentes : par le livre ou par le journal; par la tribune; par le théâtre.

Toutes les libertés publiques ont eu cette destinée commune qu'il a fallu les arracher une par une à l'inquiétude des gouvernements au pouvoir. Le livre, le journal et la tribune ont aujourd'hui reconquis leur indépendance; le théâtre pas encore. Un rouage administratif, une commission officielle fonctionne, qui contrôle les conceptions dramatiques, les mutile ou les détruit d'un trait de plume. En dépit des nouvelles désignations, l'usage a conservé à cette institution un nom odieux : la censure.

La publicité de la scène est-elle donc plus dangereuse que celles de la librairie et de la tribune? On l'a dit et on l'a nié. La discussion est toujours ouverte, passionnée, brûlante.

Nous ajoutons aujourd'hui nos modestes travaux à la partie documentaire de cette discussion.

En traitant de la liberté du théâtre, nous avons recherché ce qu'elle fut ; nous avons étudié ce qu'elle est ; nous nous sommes demandés ce qu'elle doit être.

Nous avons rappelé brièvement son histoire qui peut se diviser en deux grandes périodes, dont l'une irait des origines jusqu'au dix-huitième siècle, et l'autre, du dix-huitième siècle jusqu'à nos jours.

Dans la première période, la liberté est la règle, la surveillance l'exception. Dans la seconde période, c'est le contraire.

L'évolution de l'art dramatique part de l'indépendance pour arriver à la contrainte. C'est un fait sans doute unique dans l'histoire de nos libertés publiques, mais il n'est guère contestable. Telles pièces qui furent jouées au dix-septième siècle ne seraient peut-être pas autorisées de nos jours [1]. Certaines farces ou soties représentées devant Louis XII, une satire librement dialoguée devant Henri IV, n'eussent pas été admises par Louis XIV.

La création des censeurs officiels date de 1706. A cette époque, le théâtre n'était déjà plus libre : l'institution de la censure avait précédé celle des censeurs.

---

1. Autorisation définitive de *Tartufe* en 1669; interdiction de *Ces Messieurs* de M. Georges Ancey, en 1901.

Dans la première période, les documents que nous avons pu réunir consistent en des arrêts des Parlements, des lettres et ordonnances royales, des mandements ecclésiastiques, des témoignages des contemporains.

La seconde période nous pourvoit plus abondamment en sources, sans doute parce que, depuis qu'elle s'exerce au moyen de censeurs spéciaux, la censure a fait une besogne plus considérable et plus contestée.

Dans les deux derniers siècles, nous trouvons des travaux et des textes législatifs, des pièces administratives, circulaires et rapports d'examinateurs, des ouvrages spéciaux de législation théâtrale, une histoire de la censure, deux enquêtes extrêmement précieuses sur la liberté du théâtre.

Dans la plupart des attaques dirigées contre l'examen préalable, il nous a paru qu'il existait quelque confusion. Parmi ceux qui se servent des mêmes armes, tous ne combattent point le même combat. Les uns — et c'est le plus grand nombre — s'en prennent aux hommes de l'institution ; les autres, à l'institution même. Les premiers réclament la modification de la censure ; les seconds demandent sa suppression.

Depuis 1791, à trois reprises différentes, en 1791, en 1830 et en 1848, on a essayé de rendre à l'art de la scène toute son indépendance. Il ne semble point que le théâtre en ait alors abusé ni qu'il ait particulièrement outragé l'ordre public et la morale ou blessé les susceptibilités diplomatiques.

Les tentatives de libération dramatique ont cependant échoué. Dans la période révolutionnaire, la censure a été remise en œuvre par la tyrannie des clubs. En 1835, son rétablissement permit aux ministres de Louis-Philippe d'enlever de la scène l'épopée impériale; en 1850, il fut le prélude du coup d'État.

L'examen préalable a donc été restitué à l'administration pour des convenances de politique intérieure purement transitoires et qui ne devraient jamais intervenir dans une question de liberté publique. Ces considérations, dans l'esprit actuel de nos institutions, ont perdu toute valeur. Pour justifier un régime d'exception et de méfiance exorbitant du droit commun, il faut des raisons plus élevées qui touchent à l'intérêt suprême de l'État. On a mis en jeu la morale, l'ordre public, la politique extérieure. Ces intérêts primordiaux ne sont point spéciaux à tel pays déterminé. Le souci de leur sauvegarde doit se retrouver dans tous les pays de civilisation identique. Or, si nous procédons à un examen rapide des législations étrangères, nous voyons que la censure dramatique n'est pas une institution universellement admise. En Allemagne, en Angleterre, en Autriche, en Russie, fonctionne, il est vrai, un examen préalable plus rigoureux encore que le nôtre. En Espagne et en Italie, la censure existe de même avec ou sans commission centrale. Mais, en Belgique, le théâtre est libre. Dans la plupart des États-Unis, il n'y a pas de censure. Dans le royaume de Portugal, nous trouvons un système mixte, la censure facultative.

L'évolution de la liberté de pensée est parvenue à son dernier terme en Belgique et aux États-Unis. La législation portugaise s'est efforcée, de même, de concilier les intérêts de l'État avec ceux de l'art dramatique.

Il était dans l'esprit de nos institutions libérales de ne

point se laisser devancer en libéralisme par des institutions étrangères. Dans son remarquable rapport de 1891, M. Guillemet, député, demanda la liberté conditionnelle, un essai loyal pendant trois ans. Les rapports parlementaires les plus récents concluent à la liberté définitive, absolue.

La censure dramatique n'en subsiste pas moins, encore aujourd'hui, sous prétexte qu'elle a deux siècles d'existence et qu'en pratique elle ne s'exerce plus ou presque plus. Si, véritablement, c'est tout ce qui reste à dire en faveur d'une institution oppressive autant qu'impopulaire, la censure dramatique est condamnée ; il faut, selon l'éloquent réquisitoire de M. Valabrègue, l'envoyer rejoindre dans le cimetière des idées mortes la censure des écrits qui l'attend dans un caveau de famille.

Albéric Cahuet.

PREMIÈRE PARTIE

La Liberté du théâtre dans l'histoire

CHAPITRE PREMIER

LES PREMIERS SPECTACLES

Aussi loin que l'on remonte vers l'enfance des civilisations les plus différentes, on retrouve, chez tous les peuples, le même amour passionné des spectacles, les mêmes aptitudes très vives de l'esprit à se laisser captiver par le charme des représentations scéniques, le symbole des figurations, la séduction du geste et du verbe.

Le théâtre fut, dès ses origines multiformes, soit la mise en action des passions et des enthousiasmes populaires, soit le rappel magnifié des gloires ou des légendes nationales, soit, encore et surtout, la matérialisation naïve des divinités et des cultes primitifs.

Le théâtre de l'antiquité nous paraît avoir été parfaitement libre et cette indépendance se manifesta peut-être même avec quelques abus. En Grèce, les auteurs des vieilles comédies, en raillant les vices, apostrophaient les particuliers et les appelaient par leur nom sans aucun déguisement. Eupolis, Cratinus et Aristophane, s'étaient rendus formidables par cette méthode. Ils reprenaient avec une entière liberté, dit Horace, tous ceux qui méritaient d'être notés pour leurs malices, leurs rapines, leurs débauches et leurs autres crimes. Cette manière de dire les vérités était assez du goût du peuple et n'était pas désagréable à la plus grande partie des personnes de qualité. On s'en lassa, néanmoins, à cause du scandale et des animosités qui en résultaient.

Alcibiade fit publier dans Athènes « une ordonnance vers l'an du monde 3647 avant J.-C. 407, qui défendit à tous poëtes de nommer les personnes dans leurs pièces comiques (1) ».

Le théâtre d'Aristophane s'était d'ailleurs attribué une autre mission que celle de distraire les Athéniens. Dans les pamphlets politiques qu'étaient ses comédies, les chœurs, par leurs allocutions au peuple assemblé étaient devenus un véritable pouvoir. On s'occupait en scène des affaires publiques et des hommes du jour, et le théâtre avait acquis une telle influence dans l'Etat que Platon, avec quelque ironie, disait du gouvernement de son pays qu'il était une « théatrocratie » (2). Le même

1. Delamare, *Traité de police*, t. 1, p. 465.
2. Lacan et Paulmier, *Législation des théâtres*, t. 1, p. 10 et 11.

philosophe, assure-t-on, fit parvenir à Denys le Tyran un exemplaire d'Aristophane en l'exhortant à le lire avec attention s'il voulait connaître à fond l'état de la république d'Athènes. Il n'est pas douteux que, pendant la guerre du Péloponèse notamment, Aristophane apparut bien moins comme un amuseur du peuple que comme « le censeur du gouvernement, l'homme gagé par l'État pour le réformer et presque l'arbitre de la patrie ».

A nulle autre époque, d'ailleurs, le théâtre ne put recouvrer une telle puissance, peut-être, a-t-on écrit, parce que la trop funeste comédie des *Nuées* en livrant Socrate aux bourreaux avait averti la postérité du danger de son influence réelle (1).

Plus tard, lorsque la comédie nouvelle fit son apparition, une moquerie, riche d'allusions et de sous-entendus, remplaça les invectives directes et Ménandre, en supprimant le chœur de ses pièces, éloigna le théâtre de la tribune politique (2).

Les représentations dramatiques de la vieille Italie, comme toutes les fêtes des civilisations primitives, s'adressaient davantage aux instincts du peuple qu'aux besoins d'une intelligence encore inculte. C'étaient les Bacchanales où des vierges, cheveux au vent et vêtues de pampres, couraient sur les bords du Tibre avec des torches enflammées. C'étaient toutes les fêtes de la nature, du soleil, des saisons pendant lesquelles, dans une nudité complète, les femmes composaient, devant le

---

1. Marie-Jacques-Armand Boieldieu. *De l'influence de la chaire, du théâtre et de la tribune dans la société civile.*
2. Lacan et Paulmier, *op. cit*, p. 12.

peuple, des tableaux symboliques. Le sévère Caton, lui-même, n'interdisait point les danses lubriques des Florales : bien plus, il sortait du théâtre lorsque le respect dont on l'entourait empêchait les comédiennes de laisser glisser leurs tuniques.

Les satires qui valurent au poète Nœvius une condamnation, conservèrent la gaîté et l'allure épigrammatique des railleries étrusques de Fescennie, qui furent leur origine. Quant aux atellanes qui survinrent ensuite, elles poussèrent la liberté du langage mimé et l'audace du geste jusqu'à leurs dernières limites (1). C'est ainsi que, sur la scène, Pasiphaë cédait aux étreintes du taureau crétois et que Léda se livrait aux caresses du cygne adultère.

Chez les Romains comme chez les Grecs, le théâtre eut une origine religieuse. La ville ravagée par une épidémie terrible, avait épuisé vainement tous les moyens en usage pour fléchir la colère des dieux (2), lorsqu'on se décida à faire venir d'Eturie des *Indiones* qui célébrèrent des jeux scéniques.

Le fléau disparut, mais l'institution demeura et se développa dans le culte des divinités païennes.

Ces représentations étaient accompagnées de sacrifices pour rendre la divinité favorable. *Ludorum celebritates Deorum festa sunt* dit Lactance (3).

Dans chaque théâtre, deux autels placés à droite et à

---

1. Lacan et Paulmier, p. 17.
2. Tite-Live, *Histor. lib.* VII, C. 2 ; Valère Maxime, *lib.* II, C. 4.
3. Tertullien, *Liber de spectaculis.*

auche de la scène étaient voués l'un à Bacchus ou à Apollon, l'autre à Vénus.

Les théâtres rentraient dans la catégorie des *res divini 'uris* et étaient considérés comme *res sacræ* (1).

Le Christianisme ne put interrompre le cours de ces spectacles ; les pantomimes se répandirent sur tous les théâtres soumis à la domination de Rome et pénétrèrent même jusque chez les nations barbares qui se mêlaient à l'Empire. Les empereurs n'osant supprimer les fêtes se contentèrent d'en proscrire ce qui rappelait le culte des idoles (2). Ce ne fut qu'en 457 que le concile africain fit une démarche solennelle auprès de l'empereur pour obtenir la fermeture des spectacles les dimanches et jours de fêtes. La célébration des Lupercales à la fin du ve siècle faisait le désespoir du pape Gélose Ier et saint Isidore invitait les chrétiens à s'abstenir des jeux du cirque « où les superstitions païennes présentent aux regards le triomphe de la vanité, de la débauche et de l'idôlatrie ».

Ainsi, dans les croyances païennes comme dans les vieilles religions de l'Orient, le sacerdoce avait instruit le peuple par le drame. « On ne peut écrire l'histoire du théâtre sans pénétrer dans le temple (3). »

A son tour, le Christianisme fit appel à l'imagination dramatique en multipliant les cérémonies figuratives dans les églises et sur les autels, convertis en scènes.

---

1. Conf. Guichard, *De la législation du théâtre à Rome*, p. 6.
2. L. 4, *Code de Paganis*, lib. I, tit. XI. — Conf. C. 2. *Code Théod. de Spectaculis*. — Guichard, *op. cit.*, p. 6.
3. Lacan et Paulmier, t. 1, p. 3.

Avec les chanoines et les desservants comme acteurs ordinaires on représentait, à la grande liesse du peuple, de véritables drames à l'occasion des fêtes de Noël, de l'Epiphanie, de Pâques, de l'Ascension. Un jésuite, le père Ménétrier, affirme avoir encore vu vers 1682, dans plusieurs cathédrales de France, les chanoines sauter en rond avec les enfants de chœur (1). Du sixième au douzième siècle, jusque dans les monastères de femmes, se répandit l'usage des jeux scéniques où les acteurs s'affublaient de masques. D'abord, les religieux et les religieuses se partagèrent les rôles, puis ce furent de véritables acteurs et le concile de Latran, en 1215, se vit obligé de proscrire les histrions et les mimes des couvents où ils dénaturaient le dogme catholique par le mélange du profane et du sacré.

Vers le dixième siècle, une religieuse du couvent saxon de Gandersheim, Hrotswita, faisait jouer par les nonnes des scènes scabreuses à sujets mystiques. De la meilleure foi du monde, elle écrivait pour elles des drames d'amour curieusement hardis dont *Callimaque*, *Paphnus et Thaïs*, *Dulcitius*, nous ont conservé le souvenir (2).

Dans tout le cours du quatorzième siècle, les vastes compositions cycliques, tirées de l'Écriture Sainte, impressionnèrent vivement la foi populaire à l'occasion des solennités religieuses. Le drame s'était développé lentement dans le décor merveilleux des cathédrales ; un jour vint où l'imagination des auteurs, curieuse d'innover

1. Lacan et Paulmier, t. 1, p. 20.
2. Bureau, *La législation des théâtres*, p. 9.

en même temps que de mériter la faveur des fidèles, mêla à la poésie de la légende l'intérêt de l'intrigue, l'attraction puissante de la vérité et de la vie. De l'autel, les clercs auteurs se dirigèrent vers le porche, dans la gloire éblouissante du soleil, vers le siècle ; les chants hiératiques des antiphonaires se turent ; les vêtements profanes se substituèrent aux dalmatiques et des échafauds gigantesques se dressèrent devant l'église ou dans les cimetières (1) ; ce furent les premiers tréteaux de notre art dramatique ; dès lors, on y représenta de véritables jeux destinés à distraire l'oisiveté des foules.

Ainsi, le génie du théâtre, chassé de l'église, se dégage peu à peu des souvenirs de son origine et de ses entraves pour évoluer vers une liberté qu'il pousse jusqu'à l'extrême licence. Jongleurs, bouffons et chanteurs se portent en foule vers tous les centres commerciaux, dans les marchés du monde où se développe la civilisation où se multiplient les fêtes. Ils envahissent les cités italiennes, Venise, Bologne, Amalfi, Florence et Sienne. Ils ont leur place dans le palais de don Sanche d'Espagne qui entretient une troupe de jongleurs, de comédiens et de tambourinaires ; le landgrave de Thuringe, Frédéric, en 1322, institue, sur des motifs religieux, des représentations en sa capitale d'Eisenach. A Paris, dès 1292, on voit les musiciens jongleurs ou joueurs de trompe et de vielle figurer dans les rôles des tailles. Ils s'étaient réunis sur un même point de la ville auquel ils avaient donné leur

---

1. J. Bédier, *Les Commencements du théâtre comique en France*, Revue des Deux-Mondes, 1890, t. 99, p. 874.

nom, rue des Julécurs, plus tard rue des Ménestrels, plus tard enfin rue des Menétriers. En 1321, la corporation est parfaitement organisée ; elle a droit de cité et possède un roi, *Menestrel le Roy*. Ce roi s'appelle Pariset en 1321. Il faut descendre jusqu'en 1773, jusqu'à la veille de la Révolution, pour trouver la fin de cette dynastie (1).

Il est à présumer que les couplets chantés par ces musiciens ambulants ou les divertissements spéciaux auxquels ils conviaient la foule dépassaient les bornes des licences habituelles en matière de spectacles. C'est probablement dans leurs exhibitions diverses, accompagnées de boniments et de quolibets qu'il faut rechercher l'origine du théâtre de la Foire, de la Parade, avec son langage gouailleur et son rire truculent. Ces spectacles en plein air durent même causer certains désordres, car une ordonnance prévôtale du 14 septembre 1395 défend aux jongleurs et ménestrels de ne rien dire, représenter ou chanter dans les places publiques ou ailleurs qui put causer quelque scandale à peine d'amende arbitraire et de deux mois de prison au pain et à l'eau (2).

Les représentations populaires se développent avec les mascarades du carnaval, la burlesque parodie de la procession des Fous, les kermesses triviales et joyeuses. Lors de la Fête de l'Ane, le burlesque force de nouveau les portes de l'Eglise ; les hymnes y sont chantées par des

1. Béquet, *Rép. dr. admin.* V. *Beaux-Arts*, p. 282 — Conf. Dulaure. *Histoire de Paris*, t. 3, p. 168 et 169.
2. Delamare, t. 1, liv. III, tit, III, chap. II.

voix avinées et discordantes ; du cuir brûle dans l'ostensoir en guise de parfum sacré ; un garçonnet officie en tiare ; des rondes et des gambades travestissent l'église tandis que le jeu et l'orgie s'installent sur l'autel.

Dans tous ces spectacles encore si primitifs, et malgré l'ordonnance du prévôt sur les jongleurs, on trouve une liberté à peu près absolue.

Et s'il nous semble aujourd'hui que ces divertissements s'accommodaient un peu trop de l'impudeur de la figuration et de la grossièreté du dialogue, c'est peut-être parce que nous les jugeons avec une mentalité transformée par dix siècles de civilisation.

CHAPITRE II

LE THÉATRE ET LE PARLEMENT DU QUINZIÈME AU DIX-SEPTIÈME SIÈCLES.

Au début du xve siècle, un fait important prend date dans l'histoire de notre art dramatique : un théâtre permanent est fondé qui se consacre spécialement à la représentation des Mystères.

Ce fut vers l'an 1398 que, dans le village de Saint-Maur des Fossés, près de Vincennes, plusieurs bourgeois parisiens, maîtres maçons, serruriers, menuisiers et autres, établirent un théâtre pour y jouer la Passion et la Résurrection de Notre-Seigneur (1). Le prévôt de Paris s'émut de cette entreprise qui assurait une permanence aux représentations des drames de l'Ecriture par des interprètes laïques ; il craignit, sans doute, que, sollicité par les goûts de la foule, le théâtre, constitué hors de l'église, n'en vint à mêler terriblement l'élément profane à l'élément divin. Aussi, le voit-on rendre une ordonnance, le 3 juin 1398, aux termes de laquelle

1. Dulaure, *Histoire de Paris*, t. 3, p. 338.

il était défendu à quiconque soumis à sa juridiction, de représenter « aucun jeux de personnages soit de vie de Saincts ou aultrement sans le congié du roi sous peine d'encourir son indignation et de forfaire envers lui ».

Mais les bourgeois s'étaient déjà organisés en confrérie de la Passion. Ils passèrent par dessus la tête du prévôt et s'adressèrent à Charles VI lui-même auquel, comme justification de leur supplique, ils donnèrent une représentation. Les confrères plurent au roi. Le 4 décembre 1402, ils reçurent de lui, en récompense de leur habileté, des lettres les autorisant à jouer quelque mystère que ce soit : Passion, Résurrection ou autre « tant de Saints comme de Saintes qu'ils voudront élire » (1).

1 « Charles, par la grâce de Dieu, Roy de France, sçavoir faisons à tous présens et avenir.

« Nous avons reçu l'humble supplication de nos bien amez, les maistres, gouverneurs et confrères de la confrairie de la Passion et Résurrection de Nostre Seigneur, fondée en l'Eglise de la Trinité à Paris ; contenant que comme pour le fait d'aucuns mytères de Saincts, de Sainctes et mesmement du mystère de la Passion, qu'ils ont commencé dernièrement, et sont presls de faire encore devant Nous, comme autrefois avaient fait, et lesquelz ils n'ont pu bonnement continuer, parce que Nous n'y avons pû estre lors presens, on quel fait et mystère ladite confrairie a moult frayé et dépensé du sien, et aussi ont fait les confrères, chacun d'eux proportionnellement ; disant en outre que s'ils jouaient publiquement et en commun que ce seroit le prouffit de la dite confrairie ; ce que faire ils ne pouvaient bonnement sans notre congié et licence ; requérans sur ce notre gracieuse Provision : Nous qui voulons et désirons le bien, prouffit et utilité de ladite confrairie, et les droits et revenus d'icelle estre par Nous accrus et augmentez de grâce et privilèges afin qu'un chacun par dévotion se puisse adjoindre et mettre en leur com-

Dès lors, établis dans l'hôpital de la Trinité, applaudis à toutes leurs représentations des dimanches et fêtes par un fort nombreux auditoire, les confrères purent monter leurs drames avec une liberté entière. Dans les mystères de saint Martin ou de sainte Barbe, dans les sujets

pagnie ; à iceux maistres, gouverneurs et confrères d'icelle confrairie de la Passion de Notre Seigneur, avons donné et octroyé de grace spéciale, pleine puissance et autorité royale, cette fois pour toutes et à toujours perpétuellement par la teneur de ces présentes lettres, autorité, congié et licence de faire jouer quelque mystère que ce soit, soit de la Passion et Résurrection, ou autre quelconque, tant de saincts comme de sainctes qu'ils voudront élire et mettre sus toutes et quantes fois qu'il leur plaira, soit devant Nous, notre commun ou ailleurs, tant en recors qu'autrement, et d'eux convoquer, communiquer, et assembler en quelconque lieu et place licite à ce faire, qu'ils pourront trouver en nostre ville de Paris, comme en la Prévosté et vicomté ou Banlieue d'icelle, présens à ce trois, deux ou un de nos officiers qu'ils voudront eslire, sans pour ce commettre offense aucune envers Nous et Justice ; et lesquels maistres, gouverneurs et confrères dessus dits, et un chacun d'eux, durant les jours esquels ledit mystère qu'ils joueront se fera, soit devant Nous, ou ailleurs, tant en recors qu'autrement, ainsi et par la manière que dit est, puissent aller et venir, passer et repasser paisiblement, vestus, habillez et ordonnez un chacun d'eux, en tel estat ainsi que le cas désirera, et comme il appartiendra, selon l'ordonnance dudit mystère, sans détourber ou empêcher : et en pleine confirmation et sécurité, Nous iceux confrères, gouverneurs et maistres, de notre plus abondance grace, avons mis en nostre protection et sauve-garde, durant le recors d'iceux jeux, et tant comme ils joüeront seulement, sans pour ce leur méfaire, ou à aucuns d'eux à cette occasion, ne autrement ».

« Si donnons en mandement au Prévost de Paris et à venir ou à leurs lieutenants et à chacun d'eux, si comme à luy appartiendra, que lesdits maistres, gouverneurs et confrères et à cha-

tirés de la Bible ou de l'ancien Testament, ils ne tardèrent pas, d'ailleurs, à justifier les craintes du prévôt en multipliant, pour exciter l'hilarité de la foule, les scènes grossières et scandaleuses.

On entendait, par exemple, des anges interpeller Dieu le Père dans l'étrange langage que voici :

> Père éternel, vous avez tort
> Et devriez avoir vergogne,
> Votre fils bien-aimé est mort
> Et vous dormez comme un ivrogne.
>
> DIEU LE PÈRE
> Il est mort ?
> L'ANGE.
> Oui, foi d'homme de bien.
> DIEU LE PÈRE
> Diable emporte qui n'en savait rien, etc.

Dans la pièce intitulée la *Conception à personnages*, saint Joseph est fort inquiet de trouver son épouse enceinte. Il exprime son trouble et ses soupçons :

> De moi la chose n'est pas venue,
> Sa promesse n'a pas tenue ;
> . . . .

cun d'eux fassent, souffrent et laissent jouïr pleinement et paisiblement de nostre présente grâce, congié, licence, don et octroy dessus dits, sans les molester, ne souffrir et empêcher, ores et pour le temps à venir ; et pour que ce soit chose ferme et stable à toujours, Nous avons fait mettre notre scel à ces Lettres ; sauf en autres choses nostre droit et l'autrui en toutes.

« Ce fut fait et donné à Paris en notre Hostel lès Saint Pol, etc... »

(Régistrées au Châtelet, vol. 2 des Bannières, fol. 77. — V. Delamarre, t. I, liv. III, tit. III, chap. VI).

> Elle a rompu son mariage
> . . . .
> Elle est enceinte et d'où viendrait
> Le fruit? Il faut dire, par droit,
> Qu'il y ait vice d'adultère
> Puisque je n'en suis pas le père.
> . . . .
> Elle a été trois mois entiers
> Hors d'ici ; et, au bout du tiers,
> Je l'ai toute grosse reçue.
> L'aurait quelque paillard déçue,
> Ou du fait voulut efforcer?
> Ah! brief je ne sais que penser (1)

Et ce ne sont pas là les passages les moins irrévérencieux. On trouve relatés, dans des manuscrits du xiv° siècle, certains mystères qui, parmi les scènes pieuses, contiennent des bouffonneries grossières et des chansons bachiques.

Dans l'un de ces drames, Caïphe, le grand prêtre, ordonne que les clous et la croix nécessaires pour le supplice de Jésus soient promptement fabriqués. Un serviteur de Caïphe, Janus, va commander les clous chez le forgeron Grimance :

JANUS
> Vrai est qu'on a jugé Jésus
> A pendre en croix, au mont Calvaire
> Pour ce viens que veulhés faire
> Les clous pour le crucifier.

GRIMANCE
> J'aime mieux non rien besoigner
> Que ces clous faire, par mon âme ;
> Je serois paillhart infâme
> Si besoignhois pour Jésus pendre.

1. *Le mystère de la conception*, in-4° gothique, imprimé à Paris, chez Alain Lotrian.

JANUS

Or, vous gardez bien de mesprendre (1)
Ou des premiers serez punis.

MALEMBOUCHÉE

Accop (2), pugnais, prent tes ostis (outils),
Fay ces clous, et advance toy.

GRIMANCE

Non farey, dame, par ma foy,
Se les faictes, si vous voulés.

MALEMBOUCHÉE

Par Dieu, maistre, vous soufflarés
Et ma servante frappera.

GRIMANCE

Et qui forgera ?

MALEMBOUCHÉE

Moi,
Ne suis-je pas maîtresse ouvrière ?

MICHAULDE LA SERVANTE

Oy bien pour souffler darrière ;
Vous en faictes vouler la pleume.

MALEMBOUCHÉE

Michaulde va devant l'enclume,
Se frappe fort, car il est chault :
Si sont mal faicts, il ne m'en chault,
Aussi en seront mal payées.

JANUS

Besoignés, ne vous sociés
Des princes arés renommée.

---

1. *Gardez-vous bien de mesprendre*, c'est-à-dire : ne manquez pas d'obéir, expression alors commune dans le style de chancellerie et que l'on trouve dans de nombreuses lettres royales adressées aux gouverneurs de provinces.

2. Pour *acop*, aussitôt, promptement.

MALEMBOUCHÉE *chante en forgeant*

O goubelet ! Tu m'as la mort donnée
Tant t'ay amée que m'en suis enyorée ;
 Goubelet, beau gobelet,
 Venez à moi de matin
 De grant cuer vous baiseroys,
 Mesque (1), soyez plein de vin ;
Car tous les jours à vous j'ai ma pensée ;
De grand amour votre saveur m'agrée.

Le lamentable et sublime sujet de la Passion est traduit en scènes burlesques et en bouffonneries indécentes. L'auteur insiste sur les outrages dont les soldats accablent Jésus ; naturellement, il emploie les expressions sales et grossières de ce qui pouvait être alors le langage de corps de garde. Il reconstitue, avec le plus inconvenant réalisme, les basses plaisanteries, des geôliers, des archers, des bourreaux. La scène qui suit est un exemple typique de ce théâtre ordurier. Jésus est en croix, douloureux, résigné, mourant.

Abdéron lui crie :

Poy, palhart, poy (2),

ALIXANDRE

Faites lui poy,
Crachez lui trestous au visage,
Si vous pouvés, ou à la nage (3)
Et lui faictes montrer le...

OMNES TIRANI

Bé, bé, bé, bé

1. Pourvu que.
2. Ou pouah ! exclamation de dégoût ou de mépris.
3. Du mot latin nates, fesses.

MALQUE

J'ai appétit
D'arre garder s'il porte brayes
Et n'as jà besoing que tu n'ayes ;
Je crois que ta chère est retraicte.

GIRG

Il fait beau voir besoigne fête.
Gualans, monstrons lui tous le c..

MALBEC

Arregarde ; il est velu ;
Jésus, arregarde la lune.

. . . .
. . . .

PRIMELLE

Par mon âme tu es bien lourt ;
Que ne descens tu pour nous batre ?

Cette étrange façon d'interpréter le Nouveau Testament n'attirait point sur les entrepreneurs de mystères les foudres ecclésiastiques. L'Eglise ne songeait pas alors à excommunier ces spectacles qui n'étaient, d'ailleurs, que la transformation des anciennes représentations monacales. Avant le drame, un acteur s'avançait sur le devant de l'estrade et faisait en ces termes l'annonce du spectacle :

— Au nom du Père et du Fils et du Saint-Esprit. Nous allons représenter devant vous le Mystère de la Passion et de la Résurrection de Notre-Seigneur Jésus-Christ.

Tous les mystères se terminaient pieusement par ces mots : *Te Deum laudamus*. C'était le *plaudite et valete* des Romains.

Les plus célèbres parmi les auteurs qui travaillaient pour ce théâtre étaient Michel, Jean Dabundance, les deux frères Simon et Arnould Gréban. Le héraut d'armes du duc de Lorraine, Pierre Gringoire, dit Vaudemont, qui composa surtout des soties, des farces et des moralités, fut également un auteur de mystères.

En 1502, associé avec Jean Marchand, machiniste, Gringoire s'occupait d'un mystère qui devait être représenté au Châtelet, à l'entrée du légat, de l'archiduc et de la reine de France (1).

Les acteurs ordinaires de ces drames spéciaux dont les représentations s'étaient répandues dans toute la France, étaient des bourgeois, des hommes de lettres, des magistrats, des jurisconsultes, des ecclésiastiques. Plus tard, ce furent des gens de condition plus modeste, et nous verrons bientôt que le Parlement s'indigna fort de voir tenir par de simples artisans les rôles des personnages de l'Ecriture.

Dans son curieux mémoire sur les Mystères, Berriat-Saint-Prix nous apprend que les directeurs de ces spectacles étaient, à Grenoble, choisis parmi les premiers magistrats de la ville; qu'un certain Pierre Bucher, avocat noble et docteur en droit, fut chargé du rôle de Jésus-Christ, mais qu'il refusa de le jouer après l'avoir accepté. Il n'était point rare que le rôle de Jésus-Christ contînt de quatre à cinq mille vers; souvent, la représentation durait cinq jours de suite, et comme l'acteur qui jouait le personnage divin était accablé de coups et durement attaché sur la croix, il courait grand risque d'y perdre la vie.

1. Sauval, *Antiquités*, t. III, p. 533, 534 et 537.

La *Chronique de Metz* nous donne des détails sur le rôle du Christ qui, dans cette ville, fut tenu par un prêtre :

« L'an 1437, le 3 juillet, dit la chronique, fut fait le jeu de la Passion en la plaine de Veximel, et fut fait le parc (le théâtre) d'une très noble façon, car il était de neuf sièges (étages) de haut..., et fut Dieu un sire appelé Nicole.., curé de Saint-Victour de Metz, lequel fut presque mort en la croix, s'il n'avait été secouru, et convint qu'un autre prestre fût mis en la croix pour parfaire le personnage du crucifiement pour ce jour, et le lendemain, ledit curé de Saint-Victour parfit la résurrection et fit très hautement son personnage ; et un autre prestre qui s'appeloit messire Jean de Nicey... fut Judas, lequel fut presque mort en pendant, car le cœur lui faillit, et fut bien astivement despendu (1) ».

Les acteurs avaient donc le plus grand soin de reproduire en scène la douloureuse exactitude des tourments, du supplice, de l'agonie. Le souci de la vérité, dans les représentations de leurs drames, leur faisait exagérer le langage et le geste à la fois jusque dans l'ordure et jusque dans le sublime.

Dans la naïveté de ces conceptions primitives, pour rendre plus sensibles à l'imagination d'une multitude ignorante, les sentiments et les passions dont étaient animés les personnages des mystères, il était inévitable que des allusions ne fussent faites aux événements de l'épo-

---

1. *Mémoires de la société des antiquaires de France*, t. V. p. 163, 179.

que, que des rapprochements ne fussent établis entre l'histoire sainte et l'histoire contemporaine.

La Bible fournit, aux confrères, l'occasion de plus d'un trait satirique contre les puissants du jour et lorsque la foule tumultueuse huait Hérode abandonnant sa femme pour Hérodiade, elle savait qu'elle flétrissait du même coup les amours du duc d'Orléans et de la reine Isabeau.

Ni les princes, ni le prévôt, ne crurent devoir, même alors, établir une censure? Aussi, ces audaces prirent-elles une extension plus considérable encore lorsque les clercs du Palais imaginèrent de jouer dans la salle des Procureurs, des moralités et des farces. Sur la table de marbre qui leur servait de scène, fut traîné dans les plus folles orgies de l'imagination tout ce qui avait droit au respect, tant à la cour qu'à la ville. L'Eglise ne fut pas plus respectée que la justice et la noblesse.

Cette fois, le Parlement cruellement attaqué lui-même usa du pouvoir qu'il s'attribuait dans la police générale du royaume pour interdire aux clercs de jouer sans une autorisation expresse sous peine d'être emprisonnés (1). Mais Louis XI plus indulgent, en cet endroit, que la cour souveraine, accorda sa protection à la Basoche qui reçut même en 1475 une subvention prévôtale de dix livres parisis pour les frais d'une représentation.

Le Parlement prit bientôt sa revanche quand le roi se fut retiré dans Plessis-les-Tours. Un arrêt du 15 mai 1476

---

1. Des clercs furent effectivement emprisonnés à diverses reprises pour avoir enfreint le règlement. — Bureau, p. 16.

défend « à tous clercs et serviteurs, tant du Palais que du Chastelet de Paris, de quelque estat qu'ils soient, de doresnavant jouer publiquement audict Palais, ou Chastelet, ni ailleurs en lieux publics, farces, soties, moralités, ni aultres jeux à convocation de peuple, sous peine de bannissement du royaume et de confiscation de leurs biens ». Et le 19 juillet de l'année suivante, comme les clercs incorrigibles s'étaient apprêtés à faire une rentrée solennelle, le Parlement leur interdit toute représentation « jusqu'à ce que par la dite Cour en soit ordonné sous peine pour les contrevenants d'être battus de verges par les carrefours de Paris et bannis du royaume ».

Ces interdictions frappaient, en même temps que les clercs de la Basoche, les Enfants sans souci, qui, dès le règne de Charles VI, avaient organisé le royaume de la Sottise, joyeusement gouverné par le Prince des Sots. Les sujets de la souveraineté nouvelle étaient, pour la plupart, des jeunes gens de la bourgeoisie ou même de la noblesse qui se plaisaient à donner aux Halles des divertissements analogues à ceux que les clercs offraient au Palais. Les soties partageaient la vogue considérable des farces et des moralités ; elles bénéficièrent comme elles des faveurs de la foule et des antipathies de la justice.

Charles VIII ne témoigna pas d'une grande tendresse pour les Basochiens. Ceux-ci, il est vrai, avaient trouvé de haut goût de donner en scène quelque verte leçon de politique au roi. Des lettres du 6 mai 1486 ordonnent l'emprisonnement de cinq acteurs de la Basoche (1), mais

---

1. *Registres manuscrits de la Tournelle criminelle*, année 1486.

l'intervention de l'archevêque de Paris dont ils étaient justiciables parvint à les faire relâcher.

Louis XII, esprit libéral et éclairé, comprit de quel secours le théâtre pouvait être à sa politique. L'influence des farces et des soties sur l'esprit public n'était guère niable. Le roi eut l'habileté d'utiliser cette influence pour servir ses desseins et préparer l'opinion à l'expédition italienne.

« Lui estant rapporté un jour, dit Brantôme (1), que les clercs de la Basoche du Palais et les écoliers aussi avoient joué des jeux où ils parloient du roi et de sa Cour et de tous les grands, il n'en fit autre semblant sinon de dire qu'il falloit qu'ils passassent leur rire, et qu'il permettait qu'ils parlassent de lui et de sa Cour, mais non pourtant déréglément, et surtout qu'ils ne parlassent de la reine sa femme, en façon quelconque, autrement qu'il les feroit tous pendre. »

Cette défense aux clercs de mêler la reine à leurs inventions dramatiques devait rappeler à certains d'entre eux un souvenir cuisant. Une seule fois pendant son règne, le roi avait dû se montrer sévère pour les inventeurs de moralités et punir leur raillerie déplacée. Messieurs de la Basoche avaient en effet trouvé piquant, à l'occasion de l'entrée solennelle d'Anne de Bretagne dans Paris, de conter « l'histoire d'un maréchal qui avait voulu ferrer un âne et en avait reçu un si grand coup de pied qu'il s'était vu jeter hors de la cour... » C'était une allusion par trop directe à l'ennemi de la reine.

---

1. Brantôme, Discours 1er, Anne de Bretagne.

Pierre de Rohan, maréchal de Gié, alors en prison. Le roi se crut obligé de faire fouetter quelques clercs, mais, après cette rigueur, il montra la plus grande indulgence.

Dans les œuvres dramatiques du moyen-âge, on retrouve toute la licence du langage des spectacles primitifs. L'inspiration de la comédie de l'époque est, d'ailleurs, sensiblement la même dans les trois formes principales de cette comédie : moralité, soties et farces... C'est, selon M. Larroumet, le même esprit de raillerie grossière, inspiré par un lourd bon sens; l'obscénité est un de ses moyens d'expression favoris; « l'observation comique se borne à décrire ce qu'il y a de plus bas dans la vie et dans les mœurs, dans le fonds permanent de l'homme et dans les habitudes particulières de son existence de ce temps-là ». Si, parfois, des idées morales inspirent cette observation, elles sont courtes, pauvres et laides. N'est-ce point, d'ailleurs, l'un des caractères de cette comédie que la grossièreté de l'amour, le mépris des femmes et la satire du mariage ! « Il y a certes et largement l'exercice de la bonne loi naturelle presque toujours poussée jusqu'à l'obscénité dans les idées sinon dans les actes qu'il inspire et encore plus dans les termes qui le désignent et les plaisanteries qu'il provoque » (1).

La satire puise dans la religion et dans la politique ses inspirations les plus nombreuses et les mieux accueillies.

1. La Comédie en France au Moyen-Age, *Revue des Deux-Mondes*, 15 septembre 1889.

C'est ainsi que « la farce nouvelle de *Marchandise, Métier, Peu d'acquêt, le Temps qui court et Grosse dépense* », fut dirigée contre les nouveaux impôts qu'exigeaient les réformes de Charles VII ; la bergerie *Mieux que devant* se rapportait aux vexations exercées sur les paysans par les gens de guerre.

La plus piquante et la plus célèbre des soties, *le Monde, Abus, les Sots*, met en scène Abus faisant naître Sot dissolu habillé en homme d'église, Sot glorieux, habillé en gendarme, Sot corrompu dans la simarre d'un juge, Sot trompeur sous le costume d'un marchand, Sot ignorant représentant la sottise ignorante, et Sotte-Folle personnifiant les femmes. Le monologue du *Pèlerin passant* raille innocemment les travers de Louis XII, bon mais avare. La sotie du *Nouveau-Monde* est dirigée contre la Pragmatique sanction.

Le mardi gras de l'année 1511, Louis XII se rendit en personne aux Halles où les Enfants sans souci représentaient une trilogie de Gringoire, le *Jeu du Prince des Sots et Mère-Sotte*, l'*Homme obstiné*, *Faire et dire*. Il y applaudit avec enthousiasme les tirades contre le pape Jules II, l'*Homme obstiné*, et fut mis en belle humeur par les couplets que chantait le Saint-Père :

> Vin de Candie et vin bastard
> Je trouve friand et gaillard
> A mon lever, à mon coucher.

Dans le *Jeu du Prince des Sots*, l'Eglise est la Mère Sotte. Le pape, revêtu de ses ornements pontificaux, la tiare en tête, prononce des discours burlesques, pousse les gens de la cour à la trahison, ordonne aux évêques d'abandonner l'Eglise, excite à la révolte et à la guerre civile. Ses vices sont mis à nu et Gringoire l'accable de ses satires les plus mordantes.

Le pape qui aspire à la puissance temporelle veut la disputer au roi de France. On lui fait dire :

> ... Je vueil par fas on nephas
> Avoir sur lui l'autorité.
> De l'espiritualité
> De jouir, ainsi qu'il me semble ;
> Tous les deux veuil mesler ensemble.

Mais, fait-on observer au pape, les princes ne se laisseront certainement point dépouiller de la puissance temporelle au profit de l'Eglise. Il faut compter avec leur résistance. Le pape répond :

> Veuillent ou non, ils le feront,
> Ou grande guerre à moi auront.
> . . . .
> Du temporel jouir voulons.

Et pour engager ses prélats, ses abbés, ses féaux à se ranger sous ses bannières, il leur fait les plus séduisantes promesses, leur offre des richesses et des honneurs :

> Vous aurez en conclusion,
> Largement de rouges chapeaux.
> . . . .
> Frappez de crosses et de croix.
> . . . .
> Je suis la mère Saincte Eglise.

Ces promesses ne doivent point vainement s'adresser à cette cour hypocrite et libertine dont Gringoire nous donne un tableau peu flatté :

> Mais souvent, dessous les courtines
> Ont créatures féminines ;
> Tant de prélats irréguliers !
> Tant de moines apostats !
> Il y a un tas d'asniers
> Qui ont bénéfices à tas.

Lorsque le pape cherche à séduire aussi quelques seigneurs ou prélats français, tous repoussent ses offres à l'exception d'un seul, le *Seigneur de la Lune* qui, traître à son roi, embrasse la cause du pape. Sous ce nom de *Seigneur de la Lune*, l'auteur entendait sans doute désigner le maréchal d'Amboise, sieur de Chaumont, homme inconstant qui changeait de parti comme la lune change de quartiers. Le maréchal, tout contrit en effet, d'avoir fait la guerre au pape, lui demanda son absolution qui lui fut accordée.

Le roi de France, victorieux, soupçonne, après la lutte, que le pape n'est pas l'Eglise ; il n'est que Mère Sotte déguisé sous des habits d'emprunt :

> Peut-être que c'est mère sotte
> Qui d'Eglise a vêtu la cotte,
> Par quoy il faut qu'on y pourvoie.
>
> LE PRINCE
> Je vous supplie que je la voye.
>
> GAYETÉ
> C'est mère sotte, par ma foy.

Le conseil du roi est d'avis qu'il faut détrôner *Mère Sotte*.

> Mère sotte, selon la loi,
> Sera hors de sa chaire mise.
> . . . .
> Pugnir la fault de son forfait ;
> Car elle fust posée de fait
> En sa chaire par symonie.

Que penser des deux moralités qui complètent la trilogie de Gringoire? Le satire y malmène plus vertement encore l'ennemi du roi, l'*Homme obstiné* ; elle fait un affreux tableau de ses mœurs intimes et conjure les populations d'Italie d'abandonner ce méchant pape, digne de tous les mépris.

> Peuple italique, ne crois l'homme obstiné ;
> . . . .
> Chasse dehors ton usure publique,
> Et luxure sodomiste abolis ;
> Qu'on ne voye plus l'Eglise tyrannique ;
> Haulte fierté déchasse, amolis.

Plusieurs vers de cette moralité eussent été fort à leur place, trois siècles plus tard dans les pièces révolutionnaires sur le clergé et la religion qui, dès la constitution civile, s'emparèrent de toutes les scènes.

> PUGNITION DIVINE
> Jamais je ne voy
> Dedans l'église tant de foulz
> . . . .
> Vous voyez les Saints-Sacremens
> Estre vendus par gens d'Eglise ;
> Ils prennent leur esbattemens
> D'apprécier enterremens,
> Baptêmes, c'est erreur commise ;
> Vicaires, fermiers ; l'entreprise
> Déplaist à Dieu....
> . . . .
> LE PEUPLE FRANÇAIS
> Mais d'où vient maintenant la guise
> Que prestres ont des chambrières
> Qui les chandelles de l'église
> Vont vendre : c'est tout faintise.

Dans *Faire et Dire*, la farce qui suit, les expressions

sont fort indécentes. Elle se termine par ces trois vers qui terminent la pièce :

> Et toutes fois on conclura
> Que les femmes, sans contredire,
> Ayment trop mieulx faire que dire.

La trilogie de Gringoire eut un succès considérable. Outre les dignitaires de la cour et les gens du peuple qui se délectaient, en plein carnaval, à voir gesticuler le souverain pontife sur les tréteaux des Halles, on imagine aisément qu'il y avait aussi dans l'assistance bon nombre de prêtres de tous ordres. En cette foule égayée, les chanoines de Notre-Dame assurément, et peut-être aussi l'archidiacre, étaient venus mêler leurs camails aux pourpoints armoriés des seigneurs et aux sayons des gens d'armes. Ils entendirent paisiblement les couplets sacrilèges. Gringoire ne fut pas excommunié.

M. Hallays Dabot a écrit que le roi se trompait en livrant ainsi à la risée publique un principe alors qu'il ne croyait faire que le sacrifice d'un homme : « S'il avait vécu quelques années de plus, et qu'il eût vu une doctrine nouvelle, partie d'une ville allemande, se répandre à travers la France et y faire une fortune rapide, il se serait peut-être demandé jusqu'à quel point les attaques, les diffamations, les ridicules dont lui, le roi, s'était plu à laisser accabler l'Église romaine n'avaient pas fait la route facile aux disciples de Luther et de Calvin (1) ».

Cette opinion de M. Hallays Dabot qui parle en catholique, ne constitue pas une irréfutable critique de la

1. *Histoire de la censure théâtrale.*

liberté absolue dont le théâtre jouissait sous le règne de Louis XII.

De nouvelles troupes profitèrent de l'indépendance de la scène pour donner des représentations à côté de celles de la Basoche et des Enfants sans souci ; telles furent, notamment, les troupes du Roi de l'Épinette, du Prince des Nouveaux Mariés, du Recteur des Fous, de l'abbé de l'Escache, du prince de l'Etrille, dont les pièces, « burlesques d'instinct, parodiant la vie contemporaine, se modelaient sur la comédie athénienne et les atellanes romaines » (1).

Sous François Ier, l'action du Parlement se fit de nouveau sentir sur le théâtre. Dès la mort de Louis XII, le 1er juillet 1515, le Parlement saisit le prétexte de son deuil pour interdire les jeux qu'en vue de la fête des Rois préparait la Basoche. Le 2 janvier de l'année suivante, il fit défendre aux Basochiens et aux écoliers des collèges de jouer farces ou comédies dans lesquelles il serait mention de princes et princesses de la Cour.

Et un arrêt du 5 janvier renouvela ces défenses en recommandant expressément aux acteurs de ne jouer « aucunes farces, sotyes ou aultres jeux contre l'onneur du roy, de la royne, de Madame la duchesse d'Angoulême, mère dudict seigneur, des seigneurs du sang ou aultres personnages estant autour de la personne dudict seigneur ; sur peine de punicion contre ceux qui feront le contraire, telle que la cour verra estre à faire ».

1. Bureau, p. 19.

Ces prescriptions du Parlement ne devaient point demeurer lettres mortes, car, en 1533, on emprisonne bel et bien les écoliers, acteurs et auteur du collège de Navarre qui avaient imaginé de représenter Marguerite de Valois sous les traits d'une furie. D'ailleurs, la règle interdisant de mettre en scène la famille royale et les personnages de la Cour fut étendue à toutes autres personnes par un arrêt du 20 mai 1536 ainsi conçu : « Ce jour, la Cour a mandé les chanceliers et receveurs ; et le chancelier avec un desdits receveurs venus leur a fait défense de ne jouer, à la montre de la Basoche, aucuns jeux, ne faire monstration de spectacles ni écriteaux taxans ou notans quelques personnes que ce soit sous peine de s'en prendre à eux, et de prison et bannissement perpétuellement ; et, s'il y a quelques-uns qui s'efforcent de faire le contraire, les escrivent et baillent par escrits leurs noms à ladite Cour, pour en faire les punitions telles qu'il appartiendra. »

Une mesure plus grave encore est prise le 23 janvier 1538 par le Parlement. La Cour souveraine, en ordonnant que toutes pièces soient au moins quinze jours avant chaque représentation soumises à son examen, établit une censure préventive ; c'est le moyen qui lui parut le plus sûr pour faire, désormais, observer ses prescriptions. Mais les termes de l'arrêt sont à retenir (1) : « Après avoir vu par la Cour le jeu présenté à icelle par les receveurs de la Basoche pour jouer jeudi prochain, ladite Cour a permis auxdits receveurs icelui

---

1. V. Des Essarts, *Les trois théâtres de Paris*, p. 18, note.

jeu faire jouer à la manière accoutumée, ainsi qu'il est à présent hormis les choses rayées ; et pour l'advenir à ce que lesdicts receveurs ou leurs successeurs ne se mettent en frais frustratoirement, ladicte Cour leur a inhibé et défendu de faire aucun cry ni jeu, que, premièrement, ils n'aient la permission de ce faire de ladite Cour, et à cette fin baillé quinze jours auparavant leur requête en ladite Cour » (1).

La nécessité de l'examen préalable présentait sans doute des inconvénients aux organisateurs des farces et sermons, car ils s'efforcent de faire revenir le Parlement sur cette prescription. Un arrêt du 15 octobre nous apprend qu'ils y réussirent dans une certaine mesure : « Et quant à la Farce et Sermon, attendu la grande difficulté par eux alléguée de les montrer à ladite Cour, leur a permis et permet de jouer ladite Farce et Sermon sans les montrer à ladite Cour ; cependant, avec défense de taxer ou scandaliser particulièrement aucune personne, soit par noms ou surnoms, ou circonstance d'estoc, ou lieu particulier de demourance et autres notables circonstances par lesquelles on peut désigner ou connaître les personnes ».

Il faut bien convenir, d'ailleurs, que, lorsque le Parlement, en 1538, avait créé la censure préventive, il n'avait établi, en quelque sorte, qu'un contrôle illusoire, la protection royale restant acquise aux confrères, mal-

1. Ces dispositions furent renouvelées à l'égard des clercs le 7 mai 1540 ; le Parlement admettait toutefois qu'ils se réjouissent « honnestement et sans scandale. »

gré les réprimandes et arrêts, et les maintenant dans tous les privilèges que leur avait accordés Charles VI et que François Ier, en 1513, avait encore expressément confirmés.

A leurs représentations habituelles, les entrepreneurs de mystères avaient ajouté des farces et des soties, et la foule se pressait à ces spectacles, attirée par le charme spécial d'une aussi joyeuse piété. C'était un véritable engouement ; on se rendait là plutôt qu'aux offices divins, et bourgeois, prêtres et artisans, oubliant messe et vêpres, allaient, dès le point du jour, prendre leur place à l'Hôtel de Flandre (1). On s'y gaudissait fort et l'on y trouvait la matière de plaisanteries plutôt contraires à la religion. Un jour, les machines étant détraquées, le Saint-Esprit n'avait pas voulu descendre ; une autre fois, il avait été impossible à Jésus-Christ de sortir de son tombeau. Gouailleurs, dès cette époque, les Parisiens en avaient fait gorge chaude. Ému, d'autant plus que le Concile de Trente venait d'interdire les sujets d'amusement public tirés de l'Écriture, le Parlement résolut de mettre fin à ces scandales.

En décembre 1541, à l'occasion d'une autorisation sollicitée par les Confrères, le procureur général au Parlement plaida durement contre la requête qu'ils présentaient, flétrissant de son indignation « ces gens non lettrez ni entendus en telles affaires, de condition infime,

1. En 1541, les confrères s'étaient établis dans une partie de l'hôtel des Flandres, située entre les rues de la Plâtrière, Coq-Héron, des Vieux-Augustins et Coquillière.

comme un menuisier, un sergent à verge, un tapissier, un vendeur de poisson qui ont fait jouer les actes des Apôtres ; et entremettant à la fin ou au commencement du jeu, farces lascives et mômeries, ont fait durer leur jeu l'espace de six à sept mois : d'où sont advenues et adviennent cessation de service divin, refroidissement de charités et d'aumônes, adultères et fornications infinies, scandales, dérisions et moqueries... »

Le plus souvent, ajoutait le procureur, les prêtres des paroisses pour avoir le temps d'aller à ces jeux, oubliaient de dire vêpres les jours de fêtes, ou bien officiaient sans auditoire à l'heure inaccoutumée du midi, et même les chantres et chapelains de la Sainte-Chapelle, pendant toute la durée des jeux, « ont dit vespres les jours de festes à l'heure de midy et encore les disoyent en poste et à la légère pour aller esdictz jeux. »

Dans son arrêt du 12 décembre 1541, rendu à la suite de ce réquisitoire, la Cour Souveraine fit défense aux nouveaux maîtres entrepreneurs du mystère de l'ancien Testament de procéder à l'exercice de leur entreprise « jusqu'à ce qu'elle ayt sur ce le bon plaisir et vouloir du roy, pour icelluy ou leur faire telle permission qu'il plaira audit Seigneur ordonner. »

Ainsi donc, les Confréries ne devaient plus jouer autre chose que des pièces profanes, licites et honnêtes. Cet arrêt portait un coup mortel aux représentations de l'hôtel des Flandres et les Mystères ne s'en relevèrent jamais. La décision du Parlement, toutefois, n'eut pas le pouvoir d'empêcher les auteurs de parodier naïvement la Bible. Avec le mouvement de la langue et des études classiques

Jodelle a terminé le siècle par une tragédie antique.

La Basoche, les Enfants sans souci et les autres troupes qui étaient venues leur faire concurrence furent collectivement frappés, un peu plus tard, par l'ordonnance rendue en janvier 1560 sur les doléances des Etats généraux assemblés à Blois. L'article 24 de l'ordonnance défend à tous joueurs de farce, basteleurs et autres semblables, de « jouer lesdits jours de dimanches et festes, aux heures du service divin, se vestir d'habits ecclésiastiques, jouer choses dissolues et de mauvais exemple, à peine de prison et punition corporelle et à tous juges leur bailler permission de jouer durant lesdites heures. »

Trois cents ans de plaisanterie sur le pape, les mœurs des moines, la gouvernante du curé, c'était de quoi lasser à la fin... « On discutait sur l'abus, sur le principe jamais. Telle avait été la France d'autant moins révolutionnaire qu'elle avait été badine et rieuse (1) ». Cependant, la licence de la scène doit encore triompher de tous les règlements, de toutes les prohibitions. Il faut que le siècle s'achève dans les troubles des guerres religieuses, les haines politiques et la satire Ménippée pour que des œuvres nouvelles, fortes et saines, l'emportent enfin sur les grossièretés primitives et rejettent dans le domaine de la foire et de la parade des insanités incompatibles avec les exigences de la comédie moderne.

Sous Henri III, le sacré et le profane, l'antique et le moderne, la farce et l'écriture, tout se mêle.

Le roi est un grand amateur de spectacles. Le journal

---

1. Michelet, *Hist. de France*, t. IX, p. 96.

de Lestoile nous apprend qu'auprès de lui : « les farceurs, bouffons, p.... et mignons avaient tout crédit. » Mais le Parlement n'était point assez bon courtisan pour savoir partager les goûts du prince ; en 1570 et 1576, il n'hésite pas à faire interrompre les représentations de deux troupes italiennes. Aussi, le roi a-t-il le soin d'installer à l'hôtel du petit Bourbon, contigu au Louvre, une compagnie de bouffons italiens, I Gelosi, qu'il avait fait venir à grands frais de Venise. Les contemporains nous rapportent que les nouveaux privilégiés obtinrent un succès considérable : « il y avait tel concours et affluence de peuple que les quatre meilleurs prédicateurs de Paris n'en avaient pas tretous ensemble autant, quand ils preschoient (1) ».

Exactement un mois après les premières représentations qui avaient eu lieu en mai 1577, le Parlement interdit le spectacle et refusa d'enregistrer les lettres patentes que le roi venait de signer en faveur des bouffons. Henri n'en ordonna pas moins à sa troupe italienne de continuer ses jeux.

Les confrères de la Passion réduits à l'interprétation des pièces profanes avaient fait apprécier les tragédies de Robert Garnier et des farces d'une charmante ironie comme celle du *Cuvier* ou d'une fine et mordante satire comme celle de *Maître Pathelin*. Dans cette dernière farce, ils avaient même osé mettre en scène un personnage vivant. C'était, en effet, dit Delamarc (2), une satire

1. Delamare, t. 1. p. 471.
2. Lestoile, février 1577.

contre un homme de ce nom, dont les fourberies étaient si publiques que l'on ne fit aucune difficulté d'en souffrir la représentation sur le théâtre sans déguisement. Pasquier qui rapporte l'avoir vu jouer a dit que cette pièce était excellente.

Mais les confrères qui avaient également mis en scène l'*Archet de Bagnolet* du malicieux Villon ne s'en tinrent point à ce répertoire qui devait leur survivre.

Les titres des pièces qu'à cette époque l'on représentait à l'hôtel de Bourgogne, se passent de commentaires. Ce sont notamment :

La Farce nouvelle et récréative du médecin qui guarit toutes sortes de maladies; aussi fait le nez à l'enfant d'une femme grosse, et apprend à deviner;

La Farce nouvelle du débat d'un jeune moine et d'un vieil gendarme, par devant le dieu Cupidon, pour une fille;

La Farce nouvelle et fort joyeuse des femmes qui font escurer leurs chaudrons et défendent qu'on mette la pièce auprès du trou, à trois personnages : c'est assavoir la première femme, la seconde et le maigre (1).

Certains bourgeois s'offusquèrent de l'insolence des auteurs et l'un d'entre eux, dans des « Remontrances » au roi sur les misères du royaume, imprimées à Paris en 1588, juge sévèrement le théâtre des confrères.

« Il y a, dit-il, encore un autre grand mal qui se commet et tolère en votre bonne ville de Paris aux jours de dimanches et de festes ; ce sont les jeux et spectacles publics qui se font en un cloaque et maison de Satan

1. Bureau, p. 34.

nommée l'hôtel de Bourgogne (1).. En ce lieu, se donnent mille assignations scandaleuses au préjudice de l'honnêteté et de la pudicité des femmes et à la ruine des familles des pauvres artisans, desquels la salle basse est pleine, et lesquels plus de deux heures avant le jeu, passent leur temps en devis impudiques, jeux de cartes et dés, en gourmandises et ivrogneries tout publiquement d'où viennent plusieurs querelles et batteries ».

« Sur l'échafaud, l'on dresse des autels chargés de croix et d'ornements ecclésiastiques ; l'on y représente des prêtres revêtus de surplis même aux farces impudiques pour faire mariage de risées. L'on y lit le texte de l'évangile en chants ecclésiastiques pour, par occasion, y rencontrer un mot à plaisir qui sert au jeu ; et, au surplus, il n'y a farce qui ne soit orde, sale et vilaine, au scandale de la jeunesse qui y assiste. Telle impiété est entretenue des deniers d'une confrérie qui devraient être employés à la nourriture des pauvres » (2).

Depuis l'année 1582 où les clercs de la Basoche avaient obtenu, pour la dernière fois semble-t-il, l'autorisation de jouer, il n'était plus question de leurs spectacles. D'autre part, pour éviter le développement d'un art qui

---

1. Dès l'année 1547 les confrères avaient dû abandonner l'hôtel des Flandres que des lettres patentes de Henri II avaient ordonné de démolir. Ils achetèrent une partie de l'ancien hôtel des ducs de Bourgogne avec issues dans la rue Mauconseil et la rue Neuve Saint-François. Sur la façade principale qui donnait dans la rue Mauconseil, ils firent sculpter un écusson orné d'une croix, des instruments de la Passion et soutenu par deux anges.

2. Cité par Bureau, p. 35.

leur causait parfois de très grands embarras, les conseillers du Parlement s'efforcèrent d'empêcher l'établissement à Paris des troupes nouvelles ; c'est ainsi qu'un arrêt du 10 décembre 1588 fait « défenses à tous comédiens tant italiens que français de jouer des comédies ou de faire des tours et subtilités soit aux jours de fêtes ou aux jours ouvrables, à peine d'amende arbitraire et de punition corporelle (1) ».

C'est encore vers l'année 1588 que les confrères de la Passion cédèrent leur privilège aux Enfants sans souci. Ceux-ci leur louèrent l'Hôtel de Bourgogne où, pendant la Ligue, ils jouèrent impunément des pièces séditieuses comme la *Mort du duc de Guise*. Le pouvoir du roi, impuissant dans la capitale, ne peut empêcher de mettre en scène des œuvres plus violentes encore et parfaitement révolutionnaires. C'est ainsi que, sous le gouvernement de la Ligue, tout Paris vint applaudir : *le Guisien ou la perfidie tyrannique commise par Henri de Valois ès personnes des illustres, révérendissimes et très généreux princes Loys de Lorraine, cardinal et archevêque de Reims, et Henri de Lorraine, duc de Guise.*

Le théâtre ne prêche plus la guerre civile, mais il est encore très libre sous Henri IV, qui protège les acteurs en dépit du Parlement. Les comédiens de l'Hôtel de Bourgogne avaient mis en scène des conseillers de la Cour des Aides et des commissaires ; ils les raillaient assez durement et les bâtonnaient quelque peu. Cette farce, toute plaisante qu'elle fut, n'en parut pas moins fort irrévé-

---

1. Isambert. *Rec. lois franc.*, t. 14, p. 70.

rencieuse au Parlement. Les acteurs furent emprisonnés, mais Henri IV les fit immédiatement élargir et leur permit de continuer les représentations de leur pièce qu'il avait été voir jouer lui-même avec toute sa cour.

Lestoile conte cet événement de la manière suivante :

« Le vendredi 26 de ce mois, fut jouée à l'Hôtel de Bourgogne à Paris une plaisante farce à laquelle assistèrent le Roy, la Reine, et la plupart des princes, seigneurs et dames de la cour. C'étaient un mari et une femme qui querelloient ensemble : la femme criait après son mari de ce qu'il ne bougeait tout le jour de la taverne, et cependant qu'on les exécutait tous les jours pour la taille qu'il fallait payer au Roi qui prenait tout ce qu'ils avaient ; et qu'aussitôt qu'ils avaient gagné quelque chose, c'était pour lui et non pas pour eux. C'est pourquoi disait le mari se défendant, il en faut faire meilleure chère, car que diable nous servirait tout le bien que nous pourrions amasser, puisqu'aussi bien ce ne serait pas pour nous, mais pour ce beau Roy ? Cela fera que j'en boirai encore davantage et du meilleur : j'avais accoutumé à n'en boire qu'à trois sols, mais par Dieu ! j'en boirai dorénavant à six pour le moins. Monsieur le Roy n'en croquera pas de celui-là : va m'en quérir tout à cette heure, et marche. — Ah ! malheureux, répliqua cette femme et à belles injures ; merci Dieu ! vilain, me veux-tu ruiner avec tes enfants ? Ah ! foi de moi, il n'en ira pas ici. »

«Sur ces entrefaites, voici arriver un conseiller de la Cour des Aydes, un commissaire et un sergent qui viennent demander la taille à ces pauvres gens et faute de payer veulent exécuter. La femme commence à crier après : aussi fait le mari qui leur demande qui ils sont. « Nous sommes gens de justice, disent-ils. — Comment de justice, dit le mari ! Ceux qui sont de justice doivent faire ceci, doivent faire cela ; et vous faites ceci et cela (décrivant naïvement en son patois toute la corruption de la justice du temps présent). Je ne pense point que vous soyez ce que vous dites ; montrez-moi votre commission. — Voici un arrêt dit le conseiller. — Sur ces disputes, la femme s'était saisie subtilement d'un coffret sur lequel elle se tenait assise; le commissaire l'ayant avisée, lui fait commandement de se lever de par le Roy et leur en faire l'ouverture. Après plusieurs altercations la femme ayant été contrainte de se lever, on ouvre ce coffre duquel sortent à l'instant trois diables qui emportent et troussent en malle M. le conseiller, le commissaire et le sergent, chacun s'étant chargé du sien. Ce fut la fin de la farce de ces beaux jeux, mais non de ceux qui voulurent jouer après les conseillers des aydes, commissaires et sergents, lesquels se prétendant injuriés se joignirent ensemble et envoyèrent en prison Messieurs les joueurs. Mais ils furent mis dehors le jour même par exprès commandement du Roy qui les appela sots: disans Sa Majesté que s'il fallait parler d'intérêt, qu'il en avait reçu plus qu'eux tous ; mais qu'il leur avait pardonné et pardonnait de bon cœur, d'autant qu'ils l'avaient fait rire, voire jusqu'aux larmes. Chacun disait que de longtemps on n'avait vu à Paris farce plus plaisante, mieux jouée ni d'une plus gentille invention, même à l'Hôtel de Bourgogne où ils sont assez bons coutumiers de ne jouer chose qui vaille (1). »

Tel fut donc le théâtre en France et ses libertés du quinzième au dix-septième siècle, période qui comprend les règnes de onze rois, et dans la première moitié de laquelle le théâtre jouit d'une indépendance presque absolue. Les représentations des œuvres trop souvent licencieuses et diffamatoires trouvèrent leur excuse ou leur impunité dans le malheur des temps et le trouble des guerres civiles. Les auteurs presque tous comédiens ne se privaient guère de faire allusion à tous les événements du moment, politiques aux autres, et nul n'était à l'abri de leur audacieuse critique. Ce qui caractérise l'époque, c'est la protection qu'accordent presque tous les souverains à la scène dont ils cherchent à maintenir l'indépendance contre les gens de justice. Inversement, c'est l'ingérence de plus en plus grande du Parlement dans les choses du théâtre, son opiniâtreté à diminuer par ses rigueurs le bénéfice des faveurs royales, ses tendances à créer une censure préventive qu'il conserverait définitivement parmi tous ses autres pouvoirs.

1. Lestoile, vendredi 26 janvier 1607.

CHAPITRE III

LE THÉATRE DE LA FOIRE ET LE RÉPERTOIRE DE L'HOTEL DE BOURGOGNE SOUS LOUIS XIII

La liberté dont avait joui le théâtre pendant la Ligue et sous le règne de Henri IV fut atteinte par une ordonnance du lieutenant de police du 12 novembre 1609. Cette ordonnance, rendue sur la discipline qui devait être observée par les comédiens, leur défendait de représenter aucunes comédies ou farces avant de les avoir communiquées au Procureur du roi par lequel leur Rôle ou registre devait être signé.

La censure préventive qu'on essayait ainsi de rétablir ne semble pas avoir donné de résultats appréciables. Dans son *Histoire du théâtre français*, Fontenelle nous rapporte, en effet, sur Alexandre Hardy dont les pièces alimentèrent pendant trente ans le répertoire de l'Hôtel de Bourgogne, les détails qu'on va lire : « Nul scrupule sur les mœurs ni sur les bienséances. Tantôt, on trouve une courtisane au lit qui, par ses discours, soutient assez bien son caractère. Tantôt une femme mariée donne des rendez-vous à son galant. Les premières caresses se font sur la scène et de ce qui se passe entre deux amants, on n'en fait perdre aux spectateurs que le moins qu'il se peut. Les personnages de Hardy s'embrassent volontiers sur le théâtre et pourvu que deux amants ne soient point brouillés ensemble, vous les voyez sauter au cou l'un de l'autre dès qu'ils se rencontrent. Au milieu de ces amours qui se traitent si librement, il y a lieu d'être étonné que les amants de Hardy appellent très souvent leurs maîtresses : Ma sainte ! Ils se servent de cette expression comme ils feraient de celle de Mon âme ! Ma vie ! et c'est une de leurs plus agréables mignardises. »

Au début du règne de Louis XIII, des vendeurs d'orviétan, il signor Hieronimo et son valet Galinette la Galine, établis dans la cour du Palais, s'étaient avisés de jouer de véritables saynètes pour mieux vendre leurs panacées. Il signor Hieronimo, magnifiquement vêtu de pourpre, empanaché, cuirassé et casqué d'or, vendait de l'onguent contre les brûlures. Un orchestre de quatre violons conviait les passants à la parade. Après quelques bouffonneries, Hieronimo se brûlait publiquement les mains avec un flambleau jusqu'à ce qu'elles fussent couvertes d'ampoules ; il se donnait également de grands coups d'épée à travers le corps. Aussitôt, il appliquait son baume incomparable, et le lendemain il montrait à son public toutes les plaies miraculeusement guéries. Les assistants s'empressaient aussitôt d'acquérir le merveilleux onguent. Hicromino s'étant retiré des affaires richement pourvu, le charlatan Mondor continua sur le Pont-Neuf une parade aussi rémunératrice. Ce fut alors que le bouffon Tabarin, s'associant à la destinée de Mondor, tous deux offrirent au public des farces d'une extrême liberté de langage.

Les œuvres de Tabarin qui furent recueillies ont obtenu plusieurs éditions. Dans l'une d'elles, une vignette représente le théâtre du charlatan. Mondor, revêtu d'un habit de docteur, penche sa longue barbe sur des boîtes de baume qu'il examine. Tabarin, coiffé d'un chapeau d'Arlequin, est vêtu d'une souquenille et d'un large pantalon ; une batte se balance à sa ceinture ; il porte les mains à ses genoux qui fléchissent. Une femme assise sur l'arrière-plan est coiffée d'une toque ornée de plumes ; devant elle, une grande cassette ouverte contient des flacons et des boîtes de baume.

Tabarin proposait niaisement à son maître des questions ridicules. Celui-ci les résolvait gravement en termes scientifiques. Toujours mécontent des réponses de Mondor, le valet leur en substituait d'autres qui paraissaient surtout inspirées par l'habituelle fréquentation des lieux de débauche. Le maître courroucé qualifiait alors Tabarin de gros âne, de gros porc, etc. Et c'était entre eux chaque jour, pour exciter les lazzis de la foule, des discussions fort ordurières.

Cette parade obtint un grand succès jusqu'à ce que certains habitants du quartier, dont l'austérité s'était émue d'une telle licence, adressèrent une pétition collective au lieutenant civil.

La plainte est datée du 8 août 1634. Il y est dit : « Le nommé Mondor et autres charlatans jouent des farces, chantent des chansons et font autres actions messéantes et scandaleuses ». Les Parisiens attendirent donc près de huit ans pour s'indigner des brutalités du théâtre de la foire qui, jusque-là, les avait impunément dupés et divertis. Quoi qu'il en soit, le lieutenant civil, ce magistrat, chargé de veiller attentivement au bon ordre des théâtres, accueillit les plaintes et fit défenses « à tous vendeurs de thériaque, arracheurs de dents, joueurs de tourniquets, marionnettes et chanteurs de chansons, de s'arrester en aucun lieu et de faire assemblée du peuple. » Tabarin qui était devenu fort riche se souciait peu d'avoir maille à partir avec la police. Il fit acquisition d'un castel, maria sa fille dans la noblesse et vécut, dès lors, en bourgeois paisible.

Le théâtre de la Foire avait à cette époque une vogue considérable. Trois garçons boulangers du faubourg Saint-Laurent qui jouaient sous des noms de farce acquirent une véritable célébrité. Les pasquinades de Turlupin, les bouffonneries pédantesques de Gauthier-Garguille et les paillardises de Gros-Guillaume eurent la faveur du public au point que Richelieu incorpora les forains dans la troupe royale. Ils devaient y regretter bien vite leurs pauvres tréteaux de l'Estrapade.

Gros-Guillaume ayant eu l'imprudente fantaisie d'imiter le tic d'un magistrat bien en cour fut incarcéré à la Conciergerie. Gauthier-Garguille et Turlupin qui avaient pris la fuite moururent dans la même semaine que leur inséparable compagnon. Bruscambille qui succédait à Gauthier dans l'art de la bouffonnerie, Bertrand Haudrin, l'éternel médecin ridicule, Jean Farine et Jodelet continuèrent la joyeuse tradition.

La comédie de l'Hôtel de Bourgogne qui se ressentait

encore du burlesque de la farce, demeurait fort impertinente. Dans le *Père avaricieux*, Bois-Robert se moque de la magistrature et reçoit les compliments du roi qui l'engage à faire jouer sa pièce malgré les lamentations des gens de robe. Rotrou n'éprouve aucune difficulté à faire représenter *Céliane*, Véronneau, l'*Impuissance*, Maréchal, la *Satire du temps*. Toutefois, pour ménager les susceptibilités religieuses, Corneille consent à supprimer cette conclusion dans la scène magnifique de Polyeucte où Sévère compare les croyances païennes au culte nouveau.

> Peut-être qu'après tout, ces croyances publiques
> Ne sont qu'inventions de sage politique
> Pour contenir le peuple ou bien pour l'émouvoir,
> Et dessus sa faiblesse affermir leur pouvoir.

Le 16 avril 1641, une déclaration de Louis XIII fit « très expresses inhibitions à tous comédiens de représenter aucunes actions malhonnêtes, ni d'user d'aucunes paroles lascives ou à double entente qui pourraient blesser l'honnêteté publique, et ce, sur peine d'être déclarés infâmes et autres peines qu'il écherra. »

La même déclaration enjoint aux juges, chacun dans son district, de tenir la main à ce que la volonté royale soit religieusement exécutée, et, « dans le cas où les comédiens y contreviendraient, lesdits juges devront leur interdire le théâtre et procéder contre eux par telles voies qu'ils aviseront à propos, selon la qualité de l'action, sans, néanmoins, qu'ils puissent ordonner de plus grandes peines que l'amende et le bannissement. »

Pour avoir invité les comédiens à la réserve, Richelieu

n'avait pas cru devoir prendre contre les pièces des mesures préventives. Auteur lui-même, le cardinal-ministre ne comptait appliquer aux œuvres dramatiques qu'une réglementation libérale. Malheureusement, à cause de la confusion des pouvoirs, au dix-septième siècle, et de la toute puissance des influences occultes, l'ingérence du Parlement, de la Cour et des évêques, la cabale littéraire et les coalitions d'intérêts constituèrent autant d'obstacles à l'indépendance de la scène.

CHAPITRE IV

LE THÉÂTRE ET LE CLERGÉ AU XVII° SIÈCLE

La lutte engagée par Molière avec les faux dévôts ralluma la querelle entre les jésuites et les jansénistes et souleva des haines violentes contre le comédien poète qui osait porter sur la scène les griefs de Pascal.

Après ses pérégrinations en province, la troupe de Molière avait été autorisée par le roi à s'établir dans la grande salle de ce même hôtel du Petit Bourbon où nous avons vu qu'Henri III avait jadis installé ses bouffons italiens. Lorsqu'en 1666, le Petit Bourbon fut démoli par M. de Ratabon, surintendant des bâtiments du roi, Monsieur, protecteur de la troupe, fit mettre à sa disposition la salle du Palais Royal. Le 14 août 1665, les comédiens eurent la permission de prendre le nom de *Troupe du Roi* et reçurent une pension de 6.000 livres, élevée à 7.000 en mars 1670. Leurs représentations alternaient dans leur nouveau théâtre avec celles d'une troupe italienne (1).

La Troupe du Roi n'était pas la Troupe Royale. Ce der-

---

1. Bureau, p. 50.

nier titre appartenait aux acteurs de l'Hôtel de Bourgogne qui le possédaient depuis le commencement du siècle. Dans la Troupe du Roi, s'illustrèrent Brécourt, La Grange, La Thorillière, le fameux Baron, du Parc, de Brie, les deux frères Béjart, les Dlles de Brie et Béjart, Mlle du Parc qui fut engagée à l'Hôtel de Bourgogne en 1662. Dans la Troupe Royale se faisaient applaudir la Champmeslé, Floridor, Poisson, Bellerose, etc. Corneille écrivait à l'abbé de Pure, le 3 novembre 1661, que les acteurs du Marais aspiraient tous à entrer à l'Hôtel de Bourgogne (1). La Troupe Royale depuis 1641 touchait une pension de 12.000 livres (2).

En 1653, vraisemblablement à l'Hôtel de Bourgogne, fut donnée la première représentation de l'*Agrippine* de Cyrano de Bergerac. Cette *première* paraît avoir été fort orageuse. Une cabale avait été organisée pour siffler les passages libertins, mais « son intelligence fut telle qu'au lieu de s'en prendre aux tirades de Sejanus, elle hua un de ses mots les plus inoffensifs et les plus employés alors qu'elle prit pour une attaque au Saint Sacrement :

1. Taschereau, *Vie de Corneille*, p. 185.
2. Ed. Fournier, *Théâtre Français* au xvie et xviie siècles, p. 282. — Après la mort de Molière survenue en 1673, sa troupe fusionna avec une partie des comédiens du Marais et prit possession de l'hôtel Guénégaud (Bureau, p. 50). Une lettre de cachet du 21 octobre 1680 ordonna la jonction des deux troupes de l'hôtel de Bourgogne et de la rue Guénégaud (Delamare, t. 1, liv. III, tit. III, chap. IV). La nouvelle association prit le nom de Comédiens ordinaires du Roi et s'installa en 1688 rue des Fossés Saint-Germain des Prés où elle demeura jusqu'en 1770 (conf. arr. Conseil du roi du 1er mars 1688). Ce fut l'origine de la Comédie française.

« Frappons, voilà l'hostie ! » (1). Si l'on en croit l'abbé Gabriel Guéret (2), la pièce fut même interdite : « Je ne parle point des impiétés qui vous sont naturelles et qui se rencontrent à chaque page : c'est le principal caractère de toutes vos pièces et vous savez bien aussi que c'est ce qui fit défendre votre *Agrippine* qui, sans trente ou quarante vers qui blessent les bonnes mœurs, aurait longtemps diverti le public et tiendrait encore sa place sur le théâtre ». C'est Balzac qui est censé tenir ce langage à Cyrano.

Si l'hôtel de Bourgogne souffrit de la cabale d'*Agrippine*, le théâtre de la rue Guénégaud fut bien autrement malmené dans la retentissante querelle du Tartufe.

Les rancunes ecclésiastiques qui font naître tant d'obstacles autour de l'œuvre de Molière datent peut-être de la représentation de l'*Ecole des Femmes*. On avait déjà relevé dans Sganarelle, un vers téméraire, qui semblait une moquerie à l'égard d'un traité de morale religieuse fort en honneur.

Le guide des pécheurs est encore un bon livre

Quand Arnolphe, dans l'*Ecole des Femmes*, voulut exhorter sa pupille à la pratique des saines doctrines, on s'indigna de la parodie insolente des sermons sacrés « Les chaudières brûlantes » promises à Agnès coupable;

1. P. Ant. Brun, *Savinien de Cyrano de Bergerac*, p. 207 et 208. — On consultera également avec intérêt sur le hourvari soulevé par les représentations d'Agrippine le livre de M. Emile Magne, *Etudes sur Cyrano de Bergerac*.
2. Cf. *La guerre des auteurs anciens et modernes*.

« la blancheur du lys » offerte en récompense de la pureté, parurent être une raillerie des formules ecclésiastiques. Enfin les *Maximes du Mariage*, dont il désirait qu'elle récitât chaque jour dix commandements, alarmèrent toute une coterie. Toutefois, la crainte de s'aventurer dans une polémique purement théologique fit diverger la critique des dévots. Ils imaginèrent de découvrir dans la pièce de Molière quelques obscénités et le prince de Conti lui-même, ancien condisciple et protecteur du poète, maintenant janséniste, écrivait dans son *Traité sur les spectacles* : « Il faut avouer de bonne foi que la comédie moderne est exempte d'idolâtrie et de superstition, mais il faut qu'on convienne aussi qu'elle n'est pas exempte d'impureté ; qu'au contraire cette honnêteté apparente qui avait été le prétexte des approbations mal fondées qu'on lui donnait, commence présentement à céder à une immodestie ouverte et sans ménagement et qu'il n'y a rien, par exemple, de plus scandaleux que la cinquième scène du second acte de l'*Ecole des Femmes* qui est une des plus nouvelles comédies » (1).

Molière para le coup en dédiant la *Critique de l'Ecole*

1. Il est intéressant de rappeler que ce prince qui se posait en défenseur de la morale outragée sur la scène avait installé officiellement sa maîtresse, Mme de Calvimont, dans ses terres, en attendant la célébration de son mariage avec la nièce de Mazarin, son ancien mortel ennemi. Segrais rapporte que le secrétaire du prince, Sarrazin, serait mort d'une fièvre chaude causée par les brutalités de son maître. Le prince de Conti voulut avoir dans ses salons des représentations de la troupe de Molière à laquelle il opposa bientôt la concurrence d'une autre troupe.

des Femmes à la reine mère qui « représentait alors à la cour l'intérêt de la religion et la pièce fut imprimée sous la protection de ce nom vénéré ».

L'apparition de *Tartufe* provoqua de nouvelles clameurs. Un curé de Paris, Pierre Roullé, ouvrit le feu par une plainte passionnée adressée au roi. Contre Molière « ce démon vêtu de chair et habillé en homme, le plus signalé impie et libertin qui fut jamais dans les siècles passés » il réclamait « le dernier supplice exemplaire et public, le feu avant-coureur de celui de l'enfer ».

Le roi fit savoir à Roullé qu'il voyait ce déchaînement d'un mauvais œil et l'engagea si vertement à se tenir tranquille que le curé « prit soin de s'excuser en protestant de la pureté de ses intentions ». L'auto-da-fé réclamé par le prêtre eut lieu, dit-on, pour son propre pamphlet, tandis que Molière obtenait à Fontainebleau une quasi-approbation du légat Chigi et des prélats venus d'Italie. « Mais, remarque Rochemont, l'Italie a des libertés que la France ignore (1) ». Le roi, redoutant les conséquences

---

1. Au commencement du seizième siècle, on représenta sur différents théâtres d'Italie et même à Rome, devant le pape Léon X, la comédie de la *Mandragore* du célèbre Florentin Machiavel. Dans ce pays, on vit sans frémir, sur la scène, un religieux qui se joue de la confession et qui est l'agent d'un adultère. Il faut voir, dans l'original, les conseils que frère Timothée donne à sa pénitente. Cette scène, dit Marie-Joseph Chénier, est égale en tout sens à celle où *Tartufe* veut séduire la femme de son bienfaiteur. La *Mandragore* fut composée cent cinquante ans avant *Tartufe*, dans un pays où les monastères ont fourni tant de souverains pontifes ; dans les moments où la cour de Rome avait besoin d'exagérer le respect qu'on doit aux

qu'entraînerait la mise en scène de cette pièce, en ajourna la représentation tout en promettant à Molière de lever cette mesure lorsque l'effervescence des esprits se serait calmée. Il se passa alors dans la haute société parisienne ce que nous voyons se produire de nos jours aussitôt qu'une œuvre dramatique est interdite. Tout le monde désira connaître la pièce. Molière dut lire le *Tartufe* chez madame de Sablé, chez l'académicien de Montmor, en présence de Ménage, Chapelain et de l'abbé de Marolles; Ninon de Lenclos elle-même voulut avoir une lecture de la comédie à la mode.

Le *Tartufe* eut bientôt d'ailleurs des représentations privées. Le roi cédant aux instances de Madame laissa jouer la pièce à Villers-Cotterets où il visitait son frère, et Condé, protecteur, dit Sainte-Beuve, de toute hardiesse d'esprit, la fit représenter au Raincy dans son intégralité.

L'écho de la querelle du Tartufe retentissait à l'étranger; la reine de Suède qui habitait Rome, aimait le théâtre et surtout les pièces françaises. Elle désira connaître la fameuse comédie. Mais M. de Lionne, chargé de répondre à M. d'Alibert, mandataire de Christine, ne donna pas suite à la demande, sur les instances de Molière lui-même qui tenait à ne pas perdre la faveur royale.

Louis, à son départ pour la campagne de Flandre, se décida enfin à donner une permission pour le *Tartufe*.

---

prêtres; quand l'Eglise était divisée par l'hérésie; quand Martin Luther ébranlait déjà le trône apostolique (V. M. J. Chénier, *La liberté du théâtre en France*).

Mais dès que la pièce eut vu les feux de la rampe, il arriva cette étrange chose, qu'autorisée par le roi, elle fut presqu'aussitôt interdite par le Parlement et l'autorité ecclésiastique. Il ne suffisait plus aux conseillers ni aux dévots mis en scène que la pièce eut été mutilée, que Tartufe se fut transformé en Panulfe, homme du monde, habillé de dentelles et portant l'épée, que l'on eut supprimé tous les vers empreints de dévotion mystique. Une exclamation restait évocatrice de toute la cruelle satire de l'œuvre :

O ciel pardonne-lui comme je lui pardonne !

Guillaume de Lamoignon, premier président du Parlement, défendit de continuer les représentations, tandis que l'archevêque de Paris, Hardouin de Beaumont de Péréfixe, interdisait à toute personne de son diocèse de représenter, lire ou entendre réciter la susdite comédie, soit publiquement, soit en particulier, sous quelque nom ou quelque prétexte que ce soit, et ce sous peine d'excommunication.

La pièce dut être retirée du théâtre où elle ne fut reprise, sur une nouvelle intervention du roi, que cinq ans plus tard, le 4 février 1669.

Pendant cette tourmente, Molière avait composé *Don Juan*. Le sujet était fort à la mode puisqu'on applaudissait les victorieux de l'amour à l'hôtel de Bourgogne, à la comédie italienne et jusque sur le théâtre de Mademoiselle où se jouait le *Festin de Pierre*.

Mais pour faire accepter son personnage, ce grand seigneur, fourbe et méchant homme qui, dans sa pensée, était le complément de Tartufe, Molière n'en dut pas moins enlever les quelques hardiesses qu'il y avait glissées sur l'hypocrisie religieuse, telles notamment la scène dans laquelle Sganarelle interroge son maître sur ses croyances et celles où don Juan trouve un mendiant qui préfère mourir de faim à jurer pour une pièce d'or.

Ainsi donc, jusqu'en cette année 1665 où Molière mit en scène *Don Juan*, les influences religieuses nous semblent constituer les plus sérieux obstacles à l'indépendance de l'art dramatique. L'archevêque de Paris exerce souverainement la censure, docilement secondé par le Parlement, hostile par tradition à la liberté du théâtre. La protection du roi est souvent impuissante, et l'on s'étonne même, en présence des furieuses rancunes soulevées par le *Tartufe*, que cette pièce ait enfin pu être reprise sous ce règne.

Il nous est parvenu de curieux documents sur la nature de l'esprit religieux qui fit interdire *Tartufe* et mutiler *Don Juan*. Ce sont les vestiges épistolaires d'une discussion passionnée, à la fois théologique et profane, qui s'éleva au beau milieu de la querelle des faux dévots. A ce moment, une lettre fut lancée sur la comédie qui réfutait tous les arguments opposés par les défenseurs du dogme et semblait donner raison, sous quelques réserves, à la préface du *Tartufe*. La forme de la dissertation, les qualités du style, révèlent aux enquêteurs dirigés par Bossuet que le trait vient de la Sorbonne. Un père Caffaro est mis en scène, mais il se défend vivement, non seulement d'avoir écrit, mais même d'avoir ouï parler de la dissertation.

L'auteur de la lettre tente une réhabilitation de la comédie et des comédiens qui vivent sous la menace continuelle de l'excommunication : « Lisez et relisez l'Écriture, dit-il, vous n'y trouverez pas de précepte formel et particulier contre la comédie. Les Pères assurent qu'on n'y peut pas assister. Les docteurs scholastiques soutiennent le contraire. Tâchons donc de nous servir de cette règle de saint Cyprien que la raison doit expliquer ce que l'Écriture a voulu taire, et faisons nos efforts pour y concilier les conclusions des théologiens avec les décisions des Pères de l'Église ». Suivent de nombreuses citations des auteurs qui ont condamné le théâtre... Tertullien dit : « N'allez point au théâtre qui est une assemblée particulière d'impudicité, où l'on n'approuve rien que ce que l'on improuve ailleurs ; de sorte que ce qui est de plus vilain et de plus infâme, de ce qu'un comédien, par exemple, y joue avec les gestes les plus honteux et les plus naturels ; de ce que les femmes, oubliant la pudeur de leur sexe, ont fait sur un théâtre et à la vue de tout le monde, ce qu'elles auraient honte de commettre dans leurs maisons où elles ne sont vues de personne... On y fait paraître des filles perdues, victimes infâmes de la débauche publique, d'autant plus misérables en cela qu'elles sont exposées sur le théâtre à la vue des femmes qui ignorent le libertinage. Elles y font le sujet de l'entretien des jeunes gens ; l'on y apprend le lieu de leur prostitution ; l'on y compte le gain qu'elles y font et l'on y fait leur éloge devant ceux qui ne devraient rien savoir de toutes ces choses. »

« Qui pourrait ne pas condamner la comédie, accorde

le Père Caffaro, s'il est vrai qu'elle fut remplie de tant d'ordures et d'impiétés ! » Mais il ajoute bientôt que, selon lui, les comédies, de leur nature et prises en elles-mêmes, indépendamment de toute circonstance bonne ou mauvaise, doivent être mises au nombre des choses indifférentes. Et voici, dans une citation de saint Bonaventure, une apparition de l'idée de censure dramatique : « Les spectacles sont bons et permis s'ils sont accompagnés des précautions et circonstances nécessaires. » L'auteur en arrive enfin à la comédie moderne qu'il tient à réhabiliter de son renom d'infamie : « La comédie se corrige et se perfectionne tous les jours, et j'ai remarqué, en lisant les saints Pères, que plus ils s'approchaient de nous, plus ils s'adoucissaient à l'égard de la comédie, parce qu'apparemment la comédie se réformait, au lieu qu'aux siècles éloignés ils déclamaient avec plus de ferveur contre les abominations dont elle était accompagnée... ». « De la manière qu'on joue la comédie à Paris, je n'y vois rien de criminel... Je proteste que je n'ai pu trouver dans la comédie la moindre apparence des excès que les saints Pères y condamnaient avec tant de raison. Mille gens d'une éminente vertu et d'une conscience fort délicate, pour ne pas dire scrupuleuse, ont été obligés de m'avouer qu'à l'heure qu'il est la comédie est si épurée sur le théâtre français, qu'il n'y a rien que l'oreille la plus chaste ne pût entendre. Tous les jours, à la cour des évêques, les cardinaux et les nonces du Pape ne font point de difficulté d'y assister ; et il n'y aurait pas moins d'impudence que de folie de conclure que tous les grands prélats sont des impies et des libertins, puisqu'ils autorisent le crime par leur préférence. »

Citons enfin cet autre passage de la lettre qui pourrait être présenté comme un argument tout contemporain en faveur de la liberté du théâtre : « J'avoue qu'il se peut trouver des personnes qui sont touchées par de semblables choses. Eh bien, qu'elles n'y retournent pas! Faut-il, disait le sage Lycurgues, arracher toutes les vignes, parce qu'il se trouve des hommes qui boivent trop de leur vin? Faut-il aussi faire cesser la comédie qui sert aux hommes d'un honnête divertissement, parce qu'on y représente des fables avec bienséance et modestie et qu'il se trouve quelqu'un qui ne peut pas les voir sans ressentir en soi les passions qu'on y représente. »

La lettre sur la comédie produisit un grand émoi dans les hautes sphères ecclésiastiques. Aussitôt qu'il en a pris connaissance, Bossuet foudroie, parle d'excommunication, menace de soumettre l'affaire à une assemblée de cardinaux qui statuera sur le sort d'un Père qui préconise les jeux susceptibles d'influencer les âmes pures et de stimuler les passions mondaines. Le Père Caffaro, vaincu, assure humblement qu'il est prêt à souscrire à tout ce qui est dit, soit directement, soit indirectement, contre les comédiens dans le rituel de Paris. La Sorbonne elle-même qui, sans doute, avait dicté la lettre à Caffaro, écrit une *Lettre à une personne de qualité* sur le sujet de la comédie. C'est une réfutation de l'épître incriminée.

La dispute qui précède montre en quelle estime la

comédie et les comédiens étaient alors tenus par le clergé des doctrines et de la chaire. On ne s'étonnera plus, en conséquence, de l'acharnement avec lequel les prélats condamnaient les pièces qu'ils jugeaient, à tort ou à raison, faire des incursions agressives dans le domaine religieux ; la censure exercée à l'occasion par ceux-là même qui taxaient le théâtre d'infamie devait prendre facilement des allures de tyrannie et de persécution.

Après *Tartufe* et *Don Juan*, Molière ne donne d'ailleurs plus d'inquiétudes à la censure de l'archevêque ni à celle du Parlement. Après la représentation du chef-d'œuvre qui avait soulevé contre lui tant de haines, il renonça au théâtre pendant plusieurs mois, et lorsqu'il reprit la plume, malade et dégoûté, il s'efforça, par le choix de ses sujets, d'éviter des persécutions nouvelles (1).

A propos d'une pièce représentée à la Cour par les Italiens, le *Scaramouche Ermite*, Louis XIV demandait au prince de Condé : « Je voudrais bien savoir pourquoi les gens qui se scandalisent si fort de la comédie de Molière ne disent mot de celle de *Scaramouche* ? » — « La raison de cela, répondit le prince de Condé, c'est que la comédie de *Scaramouche* joue le ciel et la religion dont ces messieurs ne se soucient point ; mais celle

1. C'était, lors de l'enquête de 1891, l'opinion d'un écrivain dramatique très connu, qu'après l'interdiction de *Tartufe*, le génie de Molière, mortellement atteint, n'avait plus donné que des farces. Cette assertion est inexacte car, si l'on se rappelle que la querelle du *Tartufe* commença dès l'année 1664, on trouve dans la liste des ouvrages postérieurs de Molière : *Don Juan*, le *Misanthrope* et les *Femmes savantes*, qui comptent parmi les meilleures conceptions de son génie comique.

de Molière les joue eux-mêmes : c'est ce qu'ils ne peuvent souffrir. »

Il est précieux de retenir, remarque M. Bureau, que sous Louis XIV et en sa présence même on pouvait jouer le ciel et la religion (1).

Dans la dernière partie du règne, où le siècle finit dans une dévotion de commande, la censure n'eut plus guère à s'exercer sur les questions religieuses, et se manifesta plus nettement sur le terrain politique.

Dans sa comédie d'*Ésope à la Cour*, Boursault dut retrancher tout ce qui s'appliquait au roi ou même aux familiers de Versailles.

Il fut interdit, notamment, de dire, sur la scène, ces quatre vers :

> Je m'aperçois ou, du moins, je soupçonne,
> Qu'on encense la place autant que la personne,
> Qu'on me rend des honneurs qui ne sont pas pour moi
> Et que le trône enfin l'emporte sur le roi.

Dans le *Jaloux*, il faut que Baron supprime tous les vers sur le duel ; Dumont est tracassé pour son *Carnaval de Venise* et Claveret doit retirer du théâtre l'*Ecuyer* ou les *Faux nobles mis au billon*, pièce écrite sur la révocation des lettres de noblesse accordées depuis trente ans.

Madame de Maintenon entra en grand courroux pour une pièce qui s'appelait la *Fausse Prude* et fit fermer le théâtre italien qui avait représenté cette comédie. Saint-Simon nous conte l'aventure dans ses *Mémoires* : « Le

---

1. *Op. cit.*, p. 78.

roi, dit-il, chassa fort précipitamment toute la troupe des comédiens italiens et n'en voulut point d'autres. Tant qu'ils n'avaient fait que se déborder en ordures sur le théâtre et quelquefois en impiétés, on n'avait fait qu'en rire ; mais ils s'avisèrent de jouer une pièce qui s'appelait la *Fausse Prude* où Madame de Maintenon fut aisément reconnue. Tout le monde y courut, mais après trois ou quatre représentations qu'ils donnèrent de suite parceque le gain les y engagea, ils eurent ordre de fermer leur théâtre et de vider le royaume en un mois. Cela fit grand bruit et si ces comédiens y perdirent leur établissement, celle qui les fit chasser n'y gagna pas par la licence avec laquelle ce ridicule événement donna lieu d'en parler. »

Nous avons vu que l'exercice de la censure avait été remis en 1609 entre les mains du procureur du roi. Tant d'influences, au cours du dix-septième siècle, se mêlèrent des choses du théâtre qu'on ne distingue guère l'action personnelle de ce magistrat sur les œuvres dramatiques.

Le 31 mars 1701, une lettre de Pontchartrain confie la censure au lieutenant de police d'Argenson :

« Il est revenu au roi, mandait le ministre, que les comédiens se dérangent beaucoup, que les expressions et les postures indécentes commencent à reprendre vigueur dans leurs représentations, et qu'en un mot ils s'écartent de la pureté où le théâtre était parvenu. »

« Sa Majesté m'ordonne de vous écrire de les faire venir et de leur expliquer de sa part que, s'ils ne se corrigent, sur la moindre plainte qui lui parviendra, Sa Majesté prendra contre eux des résolutions qui ne leur seront pas agréables. — Sa Majesté veut aussi que vous les avertissiez qu'elle ne veut pas qu'ils représentent aucune pièce nouvelle, qu'ils ne vous l'ayent auparavant communiquée son intention estant qu'ils n'en puissent représenter aucune, qui ne soit dans la dernière pureté (1). »

On sait quelles allusions l'ingéniosité des courtisans sut découvrir dans *Esther* et dans *Athalie*, les tragédies que Racine écrivit spécialement pour Saint-Cyr. Madame de Maintenon est l'altière Vasthi. La conduite de Louvois est critiquée dans plusieurs vers :

> Il sait qu'il me doit tout et que, pour sa grandeur,
> J'ai foulé sous les pieds remords, crainte, pudeur.
> . . . .
> Et pour prix de ma vie à leur haine exposée
> Le barbare aujourd'hui m'expose à leur risée.

Enfin, la persécution des Juifs rappelle au public les trop récentes sévérités contre les protestants. Une chanson du temps en témoigne :

> La persécution des Juifs
> De nos huguenots fugitifs
> Est une vive ressemblance.

On ne pouvait décemment tolérer que les demoiselles de Saint-Cyr fissent une si méchante politique avec la complicité de ce pauvre grand homme de Racine. Les deux pièces furent interdites.

Dans l'opinion courante, c'est depuis l'année 1706 que nous possédons officiellement une censure dramati-

1. Depping, *Corresp. admin.*, t. II, p. 729; Bureau, p. 77.

que (1). En fait, nous avons vu que, depuis le Moyen Age, la censure répressive n'avait jamais cessé d'exister et que, dès l'année 1609, la censure préventive avait été exercée par le procureur du roi avant d'être déléguée au lieutenant de police. La vérité, c'est qu'après une interdiction qui fit quelque bruit, la censure devait recevoir en 1706 une organisation plus régulière. Le 22 août de l'année 1702, la Comédie française jouait une pièce en prose de Nicolas Boindin, le *Bal d'Auteuil*, quatre actes médiocres. « Des jeunes filles travesties en hommes, trompées toutes deux par leur déguisement et se croyant mutuellement d'un sexe différent se faisaient des avances réciproques et des agaceries qui parurent suspectes ou, du moins, équivoques à la princesse palatine (2) ».

La duchesse d'Orléans s'en plaignit vivement au roi et la pièce dut être enlevée du répertoire par ordre souverain.

Après l'interdiction du *Bal d'Auteuil*, aux termes d'un édit de novembre 1706, l'approbation de personnages spéciaux fut requise pour la représentation des œuvres dramatiques. Aussi, le règlement du 11 janvier 1713 pour l'Opéra, dispose-t-il qu'aucune nouvelle pièce ne sera reçue ni représentée qu'elle n'ait été préalablement vue et approuvée de ceux qui seront chargés de cet examen et qu'on ne pourra pareillement mettre aucune pièce en état d'être présentée de nouveau sans

1. V. A. Delpit, La *liberté des Théâtres*, Rev. des deux Mondes, 1878, p. 609.
2. Boindin.

qu'au préalable l'inspecteur général en ait rendu compte (art. 17).

La censure officielle exercée par des censeurs spéciaux met fin au régime anarchique auquel était soumise la surveillance du théâtre. Les deux siècles qui vont suivre appartiennent, dans cette histoire, à la censure contemporaine.

La réforme de 1706 fut-elle favorable à notre art dramatique. Il est malaisé de répondre avec certitude. Cependant, si l'on en croit toutes les accusations haineuses, tous les pamphlets satiriques, toutes les malédictions, dont furent accablés depuis les personnages de la censure, il semble bien que non.

CHAPITRE V

LES CENSEURS DE POLICE AU DIX-HUITIÈME SIÈCLE

Une satire plus débridée, une folie plus libre dans les œuvres du théâtre, voilà ce que l'on aurait pu attendre de la fièvre de plaisir et de libertinage qui, sous la Régence, emporta la société française. M. Lanson constate que ce fut exactement le contraire qui se produisit. Regnard venait de mourir. Dancourt le suivit bientôt. Le Sage avait déjà abandonné la Comédie française pour le théâtre de la Foire. « En sorte que les vrais peintres de la Régence, qui nous en font sentir l'ivresse emportée, sont ceux qui firent le *Légataire*, le *Chevalier à la mode* et *Turcaret* avant la Régence (1) ».

Turcaret, écrit dans la fin du règne d'un vieux roi dévot, venait de paraître devant le public après nombre de mésaventures. Il ne serait pas impossible, selon M. Guillemet, que les malheurs du temps aient plaidé en faveur de Le Sage ; le peuple, accablé par la famine,

---

1. Lanson, la Comédie française au xviii° siècle, *Revue des Deux Mondes*, 15 décembre 1891.

le froid, les désastres, accusait les traitants de tous ses maux, et « le gouvernement satisfait de détourner ainsi et d'occuper la colère populaire, ne crut pas inutile de laisser jouer une pièce qui rejetait pour un instant toute l'attention sur les financiers (1) ».

Les raisons qui, sous le règne précédent, s'étaient opposées aux libres représentations d'*Athalie* et d'*Esther* n'existaient plus sous la Régence. *Cartouche*, la pièce de Legrand put être jouée. Toutefois on ne permit point de mettre en scène Adrienne Lecouvreur, dans l'*Actrice nouvelle*; et cette mesure fut peut-être obtenue par la brillante amoureuse elle-même qui, les vers de la pièce nous l'apprennent, possédait un énorme crédit.

> Il faut qu'elle ait entrée en vingt mille maisons
> Car avec tout le monde elle a des liaisons,
> Se mêle du barreau, de la cour, de la guerre
> Et rien n'est fait, je crois, que par son ministère
> Par elle, celui-là devient introducteur,
> Celui-ci secrétaire, et l'autre ambassadeur.

Jusqu'à la fin de l'ancien régime, la censure dramatique continua d'appartenir au lieutenant général de police à qui Louis XIV l'avait confié. Parmi les censeurs royaux attachés à la grande chancellerie pour l'examen des livres, le garde des sceaux en choisissait un qu'il déléguait à la lieutenance de police (2). Ce fonctionnaire chargé de la surveillance des théâtres prenait le titre de censeur de la police. Lorsque des œuvres dramatiques

---

1. Guillemet, Rapport.
2. Edit de novembre 1706. — Conf. Hallays-Dabot, *Histoire de la censure théâtrale*.

soulevaient des questions religieuses, l'archevêque faisait examiner la pièce à ce point de vue particulier par un docteur en Sorbonne. Parfois, les auteurs obtenaient un autre censeur que le censeur de police. Le secrétariat général de la lieutenance dont relevaient les théâtres, recevait les pièces. Après l'examen du censeur, le lieutenant de police autorisait s'il y avait lieu. Bien des influences pesaient d'ailleurs sur sa décision : un jour le Parlement, un autre jour l'Archevêché s'effarouchaient d'une tragédie. Ou bien c'était un ministre qui avait peur d'un scandale, ou la Cour qui redoutait une allusion. Dans chaque théâtre, la police était faite par un exempt, mais cet exempt n'avait pas d'attributions plus étendues que celles de nos commissaires de police.

Le premier censeur en titre délégué auprès du lieutenant général semble avoir été l'abbé Cherrier dont M. de Montalembert a dit, avec quelque exagération peut-être, qu'il fut un « hongreur » littéraire.

En vérité, c'est bien à dater de l'abbé Cherrier que l'on commence à recueillir ces inoubliables rapports de la censure qui, seuls, suffiraient à condamner l'institution si l'on pouvait saper des institutions avec des anecdotes.

L'abbé Cherrier, auteur d'un petit livre fort leste, le *Polissoniana*, fit preuve de beaucoup d'indulgence sur les questions de morale à lui soumises et regretta parfois de ne pouvoir en montrer davantage. On sait qu'il écrivit au sujet de la *Rose* de Piron : « Le nom et le titre de la *Rose* ne celle aucune idée sale par lui-même. On dit, tous les jours, dans le commerce du beau monde, cueillir la rose quand on parle d'un galant qui a saisi les premières faveurs d'une jeune personne. Ainsi on ne peut attaquer le titre. »

Il s'inquiète un peu de l'interprétation sur la scène, des vers qui suivent :

> A l'âge qu'elle a
> Sentir quelque chose
> Frétiller déjà.

Et il écrit en marge :

« Crainte d'un mauvais geste, se mettre les mains sur le cœur ».

Les devoirs de ses fonctions lui font à regret biffer cette phrase : « Il n'est rien de plus intéressant pour le public que d'être le propriétaire d'une belle femme dont chacun tâche d'avoir l'usufruit ». Mais l'auteur du *Polissoniana* s'excuse aussitôt de la sévérité du censeur Cherrier; il écrit : « La pensée est pourtant délicate » (1).

1. La censure laissait facilement alors passer les choses lestes pourvu qu'elles fussent dites d'une certaine manière. Ce qui la choquait davantage, c'était la brutalité des termes. On conte qu'en 1721, dans un opéra-comique de Fleury, *Olivette juge aux Enfers*, une petite actrice avait coutume aux répétitions de remplacer dans ces vers

> Un petit moment plus tard
> Si ma mère fut venue,
> J'étais, j'étais perdue...!

le mot perdue par un mot qui rimait également en *ue*, mais avec infiniment plus d'énergie. La force de l'habitude devint telle que l'imprudente lâcha le mot en pleine représentation publique. On se plaignit à la censure et la petite actrice fut incarcérée à la prison Saint-Martin. Nombre de spectateurs avaient fait escorte à la mignonne; ils demandèrent sa mise en liberté qui fut accordée seulement au bout de quatre jours. — (Louis Schneider, *Les tribulations d'Anastasie* dans l'*Art du Théâtre*, 1902).

Les successeurs de l'abbé Cherrier ne furent point comme lui des censeurs bons enfants. Voltaire eut particulièrement à souffrir de l'examen de police qui prit, vis-à-vis de son théâtre, les allures d'une persécution systématique. L'auteur de *Rhadamiste*, Jolyot de Crébillon, venait de succéder à l'abbé Cherrier dans ses fonctions officielles. Aussitôt en place, il se pose en adversaire résolu de Voltaire et du nouvel esprit philosophique. Voltaire fait en vain toutes les concessions possibles ; il demande sans succès que son opéra *Samson* soit lu par M. de Fontenelle ou par quelque autre honnête homme, la pièce reste interdite parce que l'auteur avait eu l'audace de mélanger le sacré au profane. L'*Enfant prodigue* est autorisé, toutefois, mais après la transformation du président de Cognac en sénéchal et surtout parce que Voltaire, en adressant sa pièce à la censure, avait eu la prudence de garder l'anonymat.

Il importe peu à Crébillon que *Mahomet* ait été applaudi à Lille devant un clergé enthousiaste. Sous prétexte que l'œuvre attaque la religion, le censeur s'oppose aux représentations à Paris. Voltaire obtint, grâce à l'intervention du duc de Richelieu, que son ami d'Alembert examinât la pièce toujours interdite, et *Mahomet* put ainsi paraître devant le public parisien.

Crébillon prit sa revanche en interdisant le *Droit du Seigneur* : « Crébillon, dit Voltaire, a fait avec le *Droit du Seigneur* la même petite infamie qu'avec *Mahomet*. Il prétexta la religion pour empêcher que *Mahomet* fut joué. Il prétexte aujourd'hui les mœurs. Hélas ! le pauvre homme n'a jamais su ce que c'est que cela. Il faut pour son seul châtiment que l'on sache son procédé ». L'*Ecueil du Sage* qui fut joué par la suite n'était autre que le *Droit du Seigneur*, mais tellement modifié qu'il en était devenu méconnaissable.

Lorsque Marin succéda à Jolyot de Crébillon, Voltaire eut soin de se mettre dans les meilleurs termes avec le nouveau censeur. Mais si, dès lors, la persécution administrative fut relativement épargnée à ses œuvres, elle ne s'en exerça pas moins, dans toute sa rigueur, à l'égard des autres écrivains dramatiques.

En attendant qu'il engage avec Beaumarchais cette lutte des moins courtoises qui devait le rendre tristement célèbre, Marin, dès le début de ses fonctions, est aux prises avec Sedaine. Il faut que le lieutenant de police, M. de Sartines en personne, intervienne pour faire jouer le *Philosophe sans le savoir*.

Le rôle de la censure, ses adversaires en conviennent eux-mêmes n'était guère facile à cette époque où le parti philosophique se lançait à corps perdu dans la guerre des idées. En dépit des minuties de l'examen, le public interprète le moindre geste des acteurs, saisit les allusions, en fait naître. On souligne tout ce qui peut atteindre la finance ou déplaire au pouvoir.

Lorsque, après une querelle avec le maréchal de Soubise, le duc de Broglie est exilé, la salle applaudit furieusement les vers suivants de Tancrède :

> On dépouille Tancrède, on l'exile, on l'outrage,
> C'est le sort des héros d'être persécutés ;
> Un héros qu'on opprime attendrit tous les cœurs...

Tancrède est interdit.

Le public n'en manifeste que plus bruyamment sa haine pour Louis XV lorsque sont dits en scène ces vers de *Théagène et Chariclée*.

> Au trône du berceau ces monarques admis
> Ont droit de végéter dans la pourpre endormis
> Et, chargeant de son poids un ministre suprême,
> De garder pour eux seuls l'éclat du diadème

L'archevêque de Paris, Christophe de Beaumont, fréquemment consulté par Marin, double la censure politique d'une censure spirituelle. Il empêche la représentation de la *Mort de Socrate* de Sauvigny parce que la tragédie contenait des allusions aux démêlés de l'*Emile* avec le Parlement et le clergé.

Gudin de la Brunellerie dans *Lothaire et Wolfrade* ou le *Royaume mis en interdit* a eu l'imprudence de peindre en quelques vers des personnages en lesquels la rancune publique a vite reconnu les Jésuites :

> Monstres toujours avides,
> De mes flancs déchirés en retirant vos bras,
> Levez les vers le ciel et, d'une main sanglante,
> Bénissez des humains la foule pâlissante
> Arrosez-les du sang des rois

Fontenelle, dans *Ericie ou la Vestale* adresse aux prêtres païens un discours que le clergé croit, à tort ou à raison, dirigé contre lui :

> Quoi ! la religion rend-elle impitoyable !
> On verra donc toujours la superstition
> Déshonorer les dieux et la religion,
> Sous de vains préjugés, la raison abolie,
> L'homme en proie à l'erreur, l'humanité trahie ?

La pièce de Gudin et celle de Fontenelle sont brûlées par la main du bourreau.

La censure de l'Archevêché devient prédominante. En dépit de ses relations de bonne amitié avec Marin, Voltaire ne peut obtenir de faire jouer les *Guèbres.* Dans le troisième acte, il y a des prêtres. Voltaire les supprime. Il change le titre de la pièce. Peine perdue, ses *Guèbres* ne seront pas plus autorisées que son *Dépositaire.*

Mgr Christophe de Beaumont continue au xviiie siècle l'aimable tradition de Mgr Hardouin de Beaumont au siècle précédent.

Mais Louis XV qui est en délicatesse avec l'esprit nouveau se garde bien d'intervenir comme son aïeul dans l'intérêt des chefs d'œuvres. L'Eglise impose à la scène le respect de toutes ses susceptibilités; or, il faut avouer que lorsque l'on se mêle d'être susceptible, on ne l'est pas à demi.

Les *Moissonneurs* de Favard, les *Druides* de Leblanc, autorisés par la censure, sont interdits par le clergé. Et voici que Marin lui-même devient suspect. Il convient de lui donner sur les doigts ; on lui retire une pension de 2000 livres.

Le foyer domestique qui devrait demeurer inviolable n'est pas davantage respecté par la police de l'archevêque. Mme Cassini ne peut plus se permettre de faire représenter chez elle la *Mélanie* de la Harpe.

A citer encore l'interdiction, pour des motifs politiques, d'une pièce de Sedaine, *Raymond V.* Il y était question d'un prince et de sa maîtresse qui, aux mains d'un ministre autoritaire, avaient perdu toute liberté et ne pouvaient même pas obtenir qu'il laissât jouer une comédie de leur choix. Tout le monde se reconnut, dans la pièce, le roi, la cour, la favorite, les ministres, et, lorsque Sedaine eut l'idée de faire jouer son œuvre à Saint-Pétersbourg, ce fut, cette fois, le surintendant des théâtres russes qui accusa Sedaine d'avoir fait son portrait.

Un contemporain de la censure de Louis XV cité par M. Hallays-Dabot [1] en donne l'appréciation suivante : « Dès qu'il vient à un entrepreneur quelque bonne idée pour attirer le public, dès qu'il tente quelque chose qui réussit, la chose qui réussit est défendue. Quand il y a, dans les pièces qu'il se propose de représenter, quelque scène qui marque un peu d'esprit et de talent, la censure la retranche, sans autre raison qu'elle serait trop bonne. D'autres fois, elle oblige les auteurs à gâter leur dénouement et à le rendre plat. Dans l'espérance d'empêcher la bonne compagnie de fréquenter les spectacles, on a défendu aux entrepreneurs de prendre aux premières plus de vingt-quatre sous pour que les honnêtes gens se trouvent confondus avec la populace. »

La littérature dramatique suit le mouvement des idées qu'elle ne peut pas ne pas suivre. D'ailleurs, la portée politique ou sociale des pièces est considérablement exagérée par la malignité publique. Il y a peu de pièces où la police de la Cour ne redoute des allusions, des comparaisons, des contrastes. Aussi les décisions de la censure présentent-elles d'étranges contradictions : les auteurs ne peuvent pas davantage mettre en scène les bonnes

1. *Histoire de la censure théâtrale.*

actions des princes que leurs débauches ou leur incapacité.

La censure de Marin contrariée par les toutes puissantes influences de la Cour et de l'Eglise, tyrannique par ordre, angoissée, impuissante, chansonnée par le public, exécrée de l'esprit nouveau, prend fin avec le règne de Louis XV, dans le même discrédit, dans la même impopularité.

Il semble qu'au début du règne de Louis XVI, une ère de liberté va s'ouvrir pour le théâtre. La vie intime, irréprochable, du souverain, n'a point à redouter la satire de la rampe. Marie-Antoinette, d'ailleurs, aime le théâtre et le protège ; dauphine, elle se plaisait à jouer elle-même, dans son petit entresol de Versailles, l'*Indigent*, de Mercier, pièce interdite pour avoir traité de la misère du peuple ; reine, elle obtiendra bientôt du roi l'autorisation des œuvres de Beaumarchais.

La *Réduction de Paris* de du Rosoy et la *Partie de chasse de Henri IV* peuvent être jouées. On a remplacé Marin dans ses fonctions censoriales par un écrivain frivole et léger, auteur des romans les plus licencieux du siècle. Crébillon fils, qui écrivit le *Sopha*, les *Egarements du cœur et de l'esprit*, avait été enfermé à Vincennes en raison de l'immoralité parfaite de ses ouvrages. Un caprice du garde des sceaux lui donna la censure.

Le choix paraîtrait aujourd'hui assez injustifié. Mais à l'époque, Crébillon dut considérer la faveur dont il était l'objet comme une compensation équitable des rigueurs dont la police avait usé envers lui. La tolérance de la société d'alors pour les œuvres légères avait pris en effet le caractère d'une véritable complicité. Des raisons politiques ou des susceptibilités de prince avaient, au cours de la régence et du règne de Louis XV, motivé les interdictions dramatiques plus fréquemment que des considérations de morale. Loin de s'effaroucher d'un mot ou d'une situation, les classes dirigeantes montraient, au contraire, un goût fort prononcé pour ces petites œuvres licencieuses, comédies bouffes, proverbes et revuettes de salon qu'on désignait alors sous le nom de *parades*. Les parades n'étaient autres que les farces de Tabarin et de Bruscambille, de l'ancien théâtre italien, transportées dans les salons : « Egayer et faire rire, trouver des spectateurs assez peu rigoristes pour ne point raisonner leur plaisir, persuader à ceux-ci que là où la vertu règne ou semble régner la bienséance est inutile, que la décence est presque toujours le masque du vice, voilà son programme » (1).

Pendant le dix-huitième siècle, la parade eut tout le succès désiré par ceux qu'elle faisait vivre. Piron, Monticourt, Moncrif, Gallet, Collé, Laujon, Dorat, Gentil Bernard furent ses poètes favoris ; les princes de Clermont et d'Orléans, ses Mécènes. Pour se divertir, Louis XVI lui-même faisait apporter à Versailles les manuscrits du vieux Collé, « le Corneille de la Parade ».

Dans les parades, le dialogue est truculent, les situations scabreuses ; dans l'une d'elles, on voit trois lits sur

1. Victor du Bled, *Le Théâtre des princes de Clermont et d'Orléans*, Revue des Deux Mondes, 1891, t. CVII, p. 308.

la scène pour six personnes. A défaut d'une analyse « trop scatologique pour être tentée même avec des voiles », on peut citer quelques titres passablement significatifs :

> *La confiance des Cocus* ;
> *Léandre hongre* ;
> *Le marchand de m...* ;
> *L'amant poussif* ;
> *Isabelle grosse par vertu* ;
> *Léandre étalon*.

Point d'euphémisme comme on voit.

Collé, sans vergogne, intitula le recueil de ses pièces : Théâtre de Société. On a dit de lui, en manière d'excuses, qu'il était un cynique mitigé. « Qui donc a ce titre-là serait un cynique sans épithète ? » (1).

Dans la *Tête à perruque*, l'un des ouvrages du recueil, un vicomte et un chevalier sont invités à souper par la baillive et l'élue, qui prennent avec eux des libertés honnêtes. « Honnêtes » est sans doute employé ici dans le sens des « honnêtes grandes dames de Brantôme ». Pour donner quelque originalité au divertissement, on a placé sur un fauteuil la perruque et la robe du bailli. Or, voici précisément que le bailli, soupçonneux, entre en tapinois dans la salle du souper et se cache dans sa robe. Sans mot dire, avec la gravité de son état, il écoute les lazzis dont on l'accable.

1. Du Bled, *op. cit.*

Le vicomte chante :

> Nos dieux dans le bel âge
> Sont l'amour et le ris
> Mais le seul cocuage
> Est le dieu du mari.

En manière de refrain, la baillive, tournée vers la perruque, s'exclame :

— A ta santé cocu !

— Je te remercie, coquine ! riposta le bailli en sortant de sa robe.

C'est la moralité de la pièce. Le rideau tombe sur la fuite des amoureux.

La *Vérité dans le vin* est un digne pendant de la *Tête à perruque* avec plus d'esprit peut-être et des scènes d'une plus délicate indécence. Un président, mécontent de voir sa femme rompre avec un petit abbé, lui reproche de le brouiller sans cesse avec ses meilleurs amis. C'est, depuis deux ans, la douzième fois au moins que l'incident se reproduit et la chose ne laisse point que d'être fort désagréable. Déjà pourvue d'un autre amant, Mme la présidente s'attache à dégoûter son époux de l'abbé. Elle lui parle de ses entreprises galantes. Peine perdue. La confiance du bonhomme est inébranlable. Elle ne sera même pas altérée si peu que ce soit lorsque, dans l'effusion de l'ivresse, l'abbé s'accuse en pleurnichant de la trahison commise. Le mari s'indigne cependant et chasse le galantin... comme un vil calomniateur.

Le 7 février 1755, dans la salle du faubourg du Roule, on représenta *Nicaise* entre deux parades. Pour faire passer toutes les grivoiseries dont il avait comblé sa pièce, Collé n'hésita pas à la mettre sur le compte d'un auteur défunt, ce qui lui permit à la fois d'aller au-devant de la censure et d'amuser son auditoire. Son compliment au public témoigne de son habileté : « Messieurs, dit-il, la comédie à grands sentiments peint les femmes telles qu'elles ne sont pas, telles qu'elles n'ont jamais été et telles que, pour leur bon plaisir, les hommes ne doivent pas désirer qu'elles soient.

« Dans *Nicaise*, comédie de société, qu'on va risquer devant vous, l'on a essayé de peindre les femmes telles qu'elles sont, telles qu'elles ont toujours été et telles que les gens galants doivent souhaiter qu'elles soient toujours. Si l'on trouve dans cette pièce des traits hardis, des peintures vives, des situations hasardées, des caractères un peu trop vrais, et si enfin les dames n'y sont point épargnées, on est bien sûr cependant qu'elles pardonneront à l'auteur dès qu'elles sauront qu'il est mort. Oui, messieurs, *Nicaise* qu'on va vous donner et quelques autres petites comédies du même genre qu'on vous donnera par la suite si celle-ci a le bonheur de vous plaire, sont les œuvres posthumes d'un écrivain que l'inquisition d'Espagne fit brûler pour son bien au mois d'août 1750, par un temps fort chaud. Peut-on vous présenter un motif plus puissant pour obtenir votre indulgence ? Et n'est-ce pas une satisfaction bien pleine et bien entière pour vous, mesdames, de pouvoir dire : « L'auteur de ces gentillesses, qui nous a fait l'objet de ses satires, a été un peu brûlé. Il n'y a pas de mal à cela et je serai tout le premier à convenir qu'il le méritait bien assurément ».

Les rôles de ces petits ouvrages étaient tenus par le

duc d'Orléans et ses intimes, le vicomte de la Tour du Pin, MM. de Montauban, de Saint-Martin et bien d'autres. Lorsque Mme de Montesson séduisit le duc d'Orléans par son talent de comédienne et devint sa maîtresse en titre, elle expulsa du théâtre du prince la parade pour y jouer avec des amis le *Barbier de Séville*, *Aline, reine de Golconde*, la *Servante maîtresse* et quelques opéras de Grétry. Mais jusqu'alors, la comédie grivoise fut le spectacle à la mode dans les salons et la faveur qu'elle y obtint explique la tolérance des censeurs relativement à la moralité de la scène.

Dès qu'il entre en fonctions, Crébillon fils, qui fut un auteur de parades, essaye d'étendre à toutes choses cette indulgence de l'examen préalable. Mais encore qu'elle devienne moins intolérante sous sa direction, la censure, cependant, demeure toujours oppressive par ce fait seul qu'elle existe.

En dépit des modifications jadis imposées au *Barbier de Séville* par le censeur Marin et le lieutenant de police de Sartines, l'œuvre de Beaumarchais est encore en interdit. Il faut attendre jusqu'au 23 février 1775 pour que, grâce à l'imprudente intervention de Marie-Antoinette, la pièce soit enfin jouée.

L'apparition du *Barbier de Séville* a été considérée dans de nombreux ouvrages comme un événement politique et social. « Pour la première fois, dans notre ancien théâtre, a écrit M. Larroumet, l'inspiration de la pièce emprunte beaucoup à la politique ». Nous ne partageons point cette opinion de l'élégant écrivain. A notre avis ce ne fut pas précisément une si grande nouveauté que d'entendre parler de politique en scène. Nous y voyons moins une innovation que la réminiscence d'une tradition interrompue. Les farces du quatorzième et du quinzième siècles, les pièces révolutionnaires de la ligue, dignes contemporaines de la Satire Ménippée, ne se firent point faute d'emprunter leurs sujets à la politique de la veille et de mériter les applaudissements populaires par la critique souvent acerbe des abus du pouvoir. Mais il est incontestable que, depuis près de deux siècles, les œuvres dramatiques avaient perdu cette liberté de langage, et ne s'étaient guère permis en politique que de timides allusions presque toujours durement frappées. Le *Barbier de Séville*, encore qu'il ne fut peut-être « que le cousin de Mascarille et de Gil Blas », réalisait une audace inaccoutumée, indice d'un profond changement dans l'esprit public. Depuis cinquante ans, la politique était devenue le thème préféré de la littérature et des conversations. Jadis, si l'on chansonnait aisément les ministres, on discutait peu le principe du pouvoir. Certains mots que l'on ne prononçait guère seront désormais dans toutes les bouches ; on parlera couramment des « droits des gouvernés » des « devoirs des gouvernants » du « respect de la nation ». Un « patriote » comme Vauban faisait scandale sous Louis XIV et l'on tenait en petite estime la race bavarde de nouvellistes. Sous Louis XV, madame de Pompadour elle-même a installé dans le palais de Versailles un club d'économistes. « On s'est paré du titre de citoyens » dans la rue, dans les cafés, sous les ombrageuses frondaisons du Luxembourg et des Tuileries, on a discuté toutes les institutions avec une hardiesse insoucieuse des espions de police. « Et voici que maintenant, sous Louis XVI, la comédie s'attaque à ces institutions; elle les traduit sur la scène et les soumet au plus redoutable des examens, celui qui recommence tous les soirs devant un public toujours renouvelé où les sentiments de chacun se multiplient par ceux de tous, avec le grossissement nécessaire à la scène et la concentration rigoureuse qu'elle exige de la satire » (1).

L'autorisation du *Barbier de Séville* fut un caprice de souveraine. Elle n'inaugurait point, pour l'examen dramatique, une tradition de libéralisme, car bientôt on reprocha à Crébillon de ne pas exercer sa mission avec assez de rigueur.

Crébillon avait cru devoir autoriser *Monsieur Peteau ou le Gâteau des Rois* d'Imbert, qui contenait, en même temps que des couplets louangeurs pour Louis XVI, une satire violente de Louis XV; l'auteur fut mis au Fort-l'Évêque, ainsi que Mlle Luzzi, l'actrice principale. Quant au censeur, on le suspendit temporairement de ses fonctions.

Crébillon démissionna.

Sauvigny d'abord, puis Suard, de l'Académie française, le remplacèrent. Suard, qui s'était fait connaître dans les salons de Mme Geoffrin, était l'ami des philosophes, de Marmontel, de La Harpe; il défendit même énergiquement ce dernier contre l'archevêque de Paris qui, plus que jamais, maintenait ses prétentions au droit de censure.

1. G. Larroumet, Beaumarchais, *Revue des Deux Mondes*, 1890, t. XCXVIII, p. 564.

Ce prélat, auquel sont imputables nombre de coupures et de suppressions dans les pièces de l'époque, avait cependant usé de toute son influence pour faire accepter au Théâtre-Français un ouvrage de Palissot, la *Courtisane*. C'était une pièce à thèse en laquelle l'auteur avait mis en scène la *Fille Élisa* un siècle avant M. de Goncourt. L'archevêque désirait le succès de cette satire violente du monde interlope qui, depuis quelques années, emplissait Paris du tumulte de ses fêtes. Mais le comité de la Comédie française avait refusé de la recevoir, « alléguant que, par son extrême indécence, elle n'était pas compatible avec la gravité du Théâtre-Français, de sorte qu'on vit ce spectacle étrange d'une pièce protégée par la censure et l'archevêché et refusée par le Théâtre au nom de la morale » (1).

Dans la lutte engagée entre l'Église et les philosophes, Suard eut le courage d'adopter une attitude impartiale. Il s'efforça même de concilier les devoirs de sa mission avec les intérêts de l'art et des auteurs dramatiques. Dans les *Muses rivales*, où la duchesse du Châtelet jouait trop clairement un rôle, la censure se contenta de supprimer quelques vers indiquant la nature des relations de la duchesse avec Voltaire :

> Je ne dois qu'à lui seul ces brillants attributs.
> C'est par lui que la poésie
> Fit entendre des sons aux mortels inconnus
> Et que le voile d'Uranie
> Devint l'écharpe de Vénus.

Mais Louis XVI, après avoir laissé jouer quelques

1. Guillemet, rapport.

pièces interdites sous son prédécesseur, telles, notamment, que les *Satiriques*, les *Philosophes*, la *Veuve du Malabar*, ne goûta plus que médiocrement les bienveillances de la censure. Des ordres durent sans doute être donnés à Suard, car une surveillance plus sévère parut s'appliquer aux œuvres dramatiques. Les tracasseries de jadis reprirent de plus belle, et Grimm écrivait, en 1783, à propos de l'interdiction d'*Elisabeth de France* et *Don Carlos* : « La police de nos théâtres n'a peut-être jamais été honorée d'une attention plus sévère, plus auguste et plus scrupuleuse. Une tragédie nouvelle est une affaire d'État et donne lieu aux négociations les plus graves. Il faut consulter les ministres du roi, ceux des puissances qu'on peut croire intéressées, et ce n'est que de l'aveu de tous ces Messieurs qu'un pauvre auteur obtient enfin la permission d'exposer son ouvrage aux applaudissements et aux sifflets du parterre. »

Quelques années plus tard, Marie-Joseph Chénier, dans un discours éloquent sur la liberté du théâtre condamnait également la censure du dix-huitième siècle :

« Ce n'est donc point assez, s'écriait-il, d'avoir composé, en France, une pièce de théâtre : ce n'est point assez d'avoir à essuyer les intrigues, les cabales, les dégoûts sans nombre, inséparables de la carrière dramatique : ce n'est point assez d'avoir à supporter les tracasseries les plus étranges, les rivalités les plus humiliantes : pour faire représenter une pièce, il faut monter d'échelon en échelon ; de M. le censeur royal à M. le lieutenant général de police ; quelquefois, à M. le ministre de

Paris; quelquefois, à M. le magistrat de la librairie ; quelquefois, à M. le garde des sceaux : voilà pour la ville. Veut-on faire représenter sa pièce à la cour ? c'est une autre échelle à monter. Il faut s'adresser à M. l'intendant des plaisirs dits menus, et à M. le premier gentilhomme de la chambre en exercice. Tous ces messieurs ont leur coin de magistrature, leur droit d'inspection sur les pièces de théâtre, leur privilège; car où n'y en a-t-il pas en France ? Il est bien vrai qu'une pièce peut être représentée à Paris et à la cour, quand il est avéré qu'elle ne contrarie aucune opinion particulière d'aucun des arbitres ; mais on doit sentir, en récompense, que rien n'est moins possible, quand la pièce n'est pas tout à fait insignifiante... » Il ajoutait : « La mission des censeurs est de faire la guerre à la raison à la liberté ; sans talent et sans génie, leur devoir est d'énerver le génie et les talents : ce sont des eunuques qui n'ont plus qu'un seul plaisir, celui de faire d'autres eunuques. »

Tandis, en effet, que *Jeanne de Naples* de La Harpe n'arrive à la scène que mutilée sur les indications de l'archevêque de Paris, *Marie de Brabant*, d'Imbert, *Zoraï* ou les *Sauvages de la Nouvelle-Zélande*, *Marie Stuart* sont interdites.

C'est à dater de 1781 que commence la fameuse discussion du *Mariage de Figaro*. Beaumarchais venait de faire admettre sa comédie au Théâtre-Français. Il ne lui restait plus qu'à la faire jouer. L'œuvre fut examinée par Suard, Coqueley de Chaussepierre, Guidi, Gaillard, Desfontaines et Bret, qui se récrièrent devant l'audace du pamphlet.

On n'admet guère aujourd'hui, du moins en théorie, que des considérations de politique intérieure soient de nature à justifier le maintien d'un examen obligatoire qui constitue une si grave atteinte à la liberté de penser et d'écrire. A la veille de la Révolution, les soutiens du régime, aussi sincèrement libéraux qu'ils fussent, devaient juger différemment. Le péril philosophique n'était plus une vaine menace pour la monarchie de droit divin. L'instinct de la conservation devait, à ce moment, déterminer le pouvoir royal à rayer sans hésitations des affiches les pièces révolutionnaires. Or, le *Mariage de Figaro*, en lequel se résume tout Beaumarchais, était une pièce révolutionnaire. Pour trouver un aussi hardi modèle, a dit M. Lanson (1), il faudrait remonter jusqu'à Aristophane.

Beaumarchais crut, d'ailleurs, qu'il n'arriverait jamais à faire jouer sa comédie. Il dût promener « sa grave personne et son fol ouvrage » de salon en salon où l'on s'étouffait pour le lui entendre lire, s'assurer du crédit de la reine et du comte d'Artois contre la résistance du roi, de Monsieur et du garde des sceaux.

Louis XVI se fit lire la pièce par Mme Campan. Au moment où Figaro explique comment ses rêveries aboutissent à le faire jeter dans un château-fort, le roi se leva :

— C'est détestable, dit-il, cela ne sera pas joué ; il faudrait détruire la Bastille pour que la représentation

1. *Le théâtre au dix-huitième siècle. Rev. des Deux-Mondes* du 15 septembre 1889.

de cette pièce ne fut pas une inconséquence dangereuse.

Cette fois, Louis XVI voyait juste, mais le *Mariage* n'en fut pas moins joué le 27 avril 1784. En dépit d'un nouvel examen défavorable de la censure, l'interdiction n'avait pu résister à la pression violente de l'opinion publique. Partout, à la cour et à la ville, on chantait les couplets du page Chérubin. Les princes du sang, les plus hauts seigneurs avaient osé crier au despotisme, à la tyrannie. Ainsi, dans une curieuse inconscience du danger immédiat, les défenseurs du régime eux-mêmes réussirent à faire représenter une pièce qui aida à en précipiter la chute.

Sophie Arnoult avait prédit que le *Mariage de Figaro* tomberait cinquante fois de suite ; l'œuvre de Beaumarchais obtint le succès, énorme pour l'époque, de soixante-huit représentations consécutives.

Cette victoire dramatique fut la dernière que remporta l'esprit philosophique avant la prise de la Bastille. Deux pièces de Chénier, *Henri VIII* et *Charles IX* sont encore interdites ; mais la foule applaudit avec fureur les tirades du *Tarare* de Beaumarchais et, dans l'*Antigone* de Doigny du Ponceau, cette paraphrase du mot de l'évêque de Senez : « Le silence des peuples est la leçon des rois ».

CRÉON
Les grands l'ont approuvé, pourrait-il vous déplaire ?
Vous avez vu le peuple obéir et se taire.

HÉMON
La voix des courtisans soutient d'injustes lois
Quand le peuple se tait, il condamne ses rois.

Dans le *Roi Théodore*, le roi et son écuyer qui manquent d'argent cherchent à sortir d'embarras.

— Assemblez les notables, s'écrie-t-on du parterre. Et toute la salle applaudit.

Mais les mois s'écoulent. Les notables sont assemblés ; puis, les États-Généraux se réunissent. L'effervescence du peuple augmente et bourdonne autour des Tuileries ; des hommes nouveaux développent les théories nouvelles ; des orateurs improvisés traduisent en langage populaire la philosophie de Montesquieu, les rêveries humanitaires de Jean-Jacques Rousseau. Le Contrat social devient la Bible d'une religion séductrice où l'on ordonne de croire à la liberté des hommes, à leur égalité, à leur amour.

C'est dans cet état d'esprit que le peuple envahit les théâtres. Tout, d'ailleurs, y est prétexte aux manifestations. Les opinions ennemies se donnent rendez-vous au parterre. Les acteurs en quête d'applaudissements soulignent les passages séditieux ; des acclamations enthousiastes et redoutables saluent insolemment les allusions haineuses au régime qui tombe. Mais ces allusions, on les découvre dans les scènes les plus innocentes. Une tirade banalement philantropique devient une véhémente satire ; l'auteur le plus sincèrement royaliste, un révolutionnaire, son œuvre, un pamphlet. Pour étouffer l'émeute qui, chaque soir, gronde au théâtre, il faudrait non point interdire telle ou telle pièce audacieuse, mais décréter la clôture générale de tous les théâtres, exiler les auteurs, abolir l'art dramatique. La censure est ridiculement impuissante. Ce n'est plus qu'une inutile vexation dont les hommes nouveaux délivreront le théâtre en même temps qu'ils proclameront le principe intangible de toutes les libertés.

CHAPITRE V

LE RÉGIME DU THÉATRE SOUS LA RÉVOLUTION

(*De l'Assemblée Nationale au Directoire*)

La philosophie du dix-huitième siècle a triomphé dans la nuit du 4 août. La liberté du théâtre, comme toutes les autres libertés, est à l'ordre du jour. En attendant qu'une disposition législative supprime la censure, Suard, maintenu à son poste, fait preuve de la plus grande indulgence au sujet des pièces qu'il examine.

Éricie ou la Vestale et plusieurs des œuvres précédemment interdites peuvent être jouées. C'est d'ailleurs le sort commun de la presque totalité des pièces interdites de voir un soir ou l'autre les feux de la rampe, et les interdictions les plus définitives dans l'esprit des censeurs ne sont, la plupart du temps, que des suspensions temporaires.

La police du théâtre avait été rattachée à la municipalité et le maire de Paris, Bailly, hésitait à autoriser la représentation du *Charles IX* de Joseph-Marie Chénier, qu'il croyait être un danger pour la royauté.

L'opinion publique était alors très divisée sur l'opportunité de cette tragédie. Les comédiens français ne lui étaient guère favorables et sans doute ils n'eussent pas songé à mettre l'ouvrage en répétition de leur propre mouvement. Mais un certain nombre de spectateurs ayant réclamé la pièce à grands cris, Chénier demanda au comité de police la permission de la faire jouer. Chénier avait déjà signé, à la date du 15 juin 1789, un opuscule qui contenait une déclaration virulente contre la censure et les censeurs (1). Le discours qu'il prononça devant les représentants de la commune en leur soumettant Charles IX renouvelle courtoisement cette protestation contre toute sorte d'examen préalable (2).

1. Cet essai sur la liberté du théâtre en France figure en appendice de l'édition de *Charles IX* de 1789, P. Fr. Didot jeune, Paris.
2. « Messieurs, leur dit Chénier, je suis l'auteur de la tragédie de *Charles IX* que le public a bien voulu demander. Je viens vous l'apporter. Je ne me dessaisirai point de mon manuscrit, mais je suis prêt à lire la pièce devant les personnes qu'il vous plaira de nommer pour en prendre connaissance ; ou bien, si vous l'aimez mieux, l'un de vous, Messieurs, la lira devant des arbitres pourvu que je sois présent à la lecture.... La confiance que vous avez méritée peut justifier, jusqu'à un certain point, cette mesure provisoire et vos avis sont faits pour m'éclairer. Mais je parle devant des citoyens aussi instruits que vertueux : je dois leur parler en citoyen.... Les citoyens ne doivent être soumis qu'aux lois, et l'opinion d'un seul homme ou de plusieurs hommes n'est point une loi. Il n'est pas question de changer de censeurs ; il est question d'abolir la censure. Toute espèce de censure est une atteinte au droit des hommes ; et qu'importe le nom, quand la chose est exactement la même ?... Je publierai mon discours, pour faire savoir comment je me

La permission sollicitée n'en fut pas moins ajournée en raison des circonstances et de l'agitation des esprits. Ce ne fut qu'après d'assez longues négociations que la *première* de cette tragédie put être annoncée pour le 4 novembre. On redoutait des troubles. Presque tous les spectateurs étaient venus à la représentation avec des pistolets dans leur poche. Madame Vestris, qui tenait le rôle de Catherine de Médicis, fut avertie qu'on tirerait sur elle. Les amis et les adversaires de Chénier se réunirent au théâtre avec la ferme intention d'engager les hostilités sous le moindre prétexte. Eh! bien cette représentation, commencée dans une anxiété générale, se poursuivit fort paisiblement. Au cours du quatrième acte, un honorable commerçant de Paris, M. Maumenée, proposa d'appeler la pièce l'*Ecole des rois*. Chénier adopta ce titre et ce fut le seul incident notable de la soirée. Les partisans de la liberté avaient, une fois de plus, gagné leur cause.

Chénier s'empressa de remercier le public de cette attitude. L'édition de sa tragédie de 1789, porte une épître à la nation française. L'auteur dédie « l'ouvrage d'un homme libre à une nation devenue libre ». Il se flatte de rompre ainsi avec la tradition toute puissante sous les

---

soumets à l'examen qu'on a demandé... Si par un malheur que j'aime à croire impossible, vous jugiez la représentation d'une telle pièce dangereuse en ce moment, j'ose vous prier, messieurs, de vouloir bien publier vos motifs afin que je puisse y répondre publiquement. Je vous respecte beaucoup, messieurs, mais je respecte encore plus la justice et la vérité. Votre estime me sera bien chère, mais celle du public que vous représentez, m'est encore plus précieuse ».

régimes précédents où l'on avait vu le sublime Corneille comparer Jules César à Jules Mazarin et Voltaire mettre *Tancrède* sous la protection des maîtresses de Louis XV. L'esclavage amoindrissait alors la nation entière et jusqu'à ses hommes de génie. Chénier, lui, n'adresse point ses flagorneries aux grands ; il les réserve pour le peuple, ce qui est un peu la même façon de courtiser le puissant du jour. Le poète explique qu'il a conçu et exécuté avant la révolution, une tragédie que la révolution seule pouvait faire représenter. Il parle de l'inquisition et du fanatisme. Quel était le crime de Voltaire ? D'avoir lutté soixante ans contre le fanatisme. Qu'est-ce qui s'est vengé ? Le fanatisme. Qu'est-ce qu'il importe d'écraser ? Le fanatisme. Il rampe, mais il existe encore ; il écrit de plats libelles anonymes, des mandements d'évêques contre l'Assemblée nationale et d'infâmes journaux où tous les bons citoyens sont outragés à tant la feuille. Voilà pourquoi, conclut Chénier, il importait de faire jouer *Charles IX* et de déshonorer en scène les personnages odieux de la Saint-Barthélémy. L'œuvre emprunte au sujet et aux circonstances une envergure nouvelle ; il convient que toute la nation assiste aux représentations de la pièce qui lui est dédiée : « Femmes, sexe timide et sensible, ne craignez point cette austère et tragique peinture des forfaits politiques... Pères de famille, laisser fréquenter à vos enfants ce spectacle sévère. Avec le respect des lois et de la morale, ils y puiseront le goût de notre histoire, étrangement négligée dans les collèges. ....Nation spirituelle, industrieuse et magnanime, vous avez daigné accueillir les prémices d'un faible talent. Soutenez-moi dans la carrière pénible que je veux fournir ». Et pour être sûr de faire salle comble, l'auteur invite Louis XVI lui-même à venir entendre la pièce : « O Louis XVI ! roi plein de justice et de bonté, vous êtes digne d'être le chef des Français. Mais des méchants voulurent toujours établir un mur de séparation entre votre peuple et vous. Ils cherchent à vous persuader que vous n'êtes point aimé de ce peuple. Ah ! venez au théâtre de la Nation quand on y représente *Charles IX* : vous entendrez les acclamations des Français ; vous verrez couler leurs larmes de tendresse ; vous jouirez de l'enthousiasme que vos vertus leur inspirent ; et l'auteur patriote recueillera le plus beau fruit de son travail » (1).

Dans cette pièce que Chénier nous dit avoir dirigée contre le fanatisme, le chancelier de l'Hospital attaque vivement les doctrines de Rome dans une longue tirade ; comme le remarque judicieusement M. Jauffray (2), si le chancelier avait tenu en plein conseil un pareil langage, à la veille de la Saint-Barthélémy, il n'est pas douteux qu'il eut été sa première victime :

>Accumulant les biens, vendant les dignités,
>Ils osent commander en monarques suprêmes,
>Et, d'un pied dédaigneux, foulant vingt diadèmes,
>Un prêtre audacieux fait et défait les rois.
>. . . . .

1. Peu d'années après, le même auteur signait les vers suivants :
>Quand du dernier Capet la criminelle rage
>Tombait du trône impur écroulé sous nos coups,
>Ton invincible bras guidait notre courage
>   Tes foudres marchaient devant nous.

2. Le théâtre révolutionnaire, p. 47.

> Il n'est qu'une raison de tant de frénésie,
> Les crimes du Saint Siège ont produit l'hérésie.
> L'Evangile a-t-il dit : prêtres, écoutez-moi
> Soyez intéressés, soyez cruels, sans foi,
> Soyez ambitieux, soyez rois sur la terre,
> Prêtres d'un dieu de paix, ne prêchez que la guerre.
> Armez et divisez par vos opinions,
> Les pères, les enfants, les rois, les nations.
> Voilà ce qu'ils ont fait...
> . . . .
> Si Genève s'abuse, il la faut excuser,
> Et sans être coupable, on pouvait s'abuser.

Un roi sanguinaire, un prélat qui ordonne et absout le meurtre au nom de l'Eglise, des vers énergiques qui flétrissent la tyrannie et l'assassinat religieux... cela suffisait assurément pour motiver une interdiction avant la prise de la Bastille ; après le 4 août, c'était plus qu'il n'en fallait pour assurer le succès d'une pièce.

Dès ce moment, les événements se poursuivent avec une rapidité vertigineuse, et la scène, influencée par la tribune, va bientôt refléter tous les contrastes des passions politiques.

En 1790, Chénier, chargé du discours de rentrée de la Comédie française, fait un très violent réquisitoire contre la censure qui n'était bonne, disait-il, qu'à tuer les chefs-d'œuvre et à protéger l'immoralité des théâtres de bas étage. La Comédie avait alors des tendances réactionnaires ; elle se plaisait à composer un répertoire royaliste et refusait de jouer les pièces dans les idées du jour. Elle évinça Talma qui devait prononcer le discours de Chénier et le remplaça par Naudet ; il en résulta, à la représentation, un tumulte épouvantable. Lorsque la fête de la Fédération fait éclore, sur toutes les scènes, des pièces patriotiques, la Comédie française affiche des pièces agréables aux Tuileries : le *Siège de Calais, Gaston et Bayard*. L'assistance, debout, siffle la Comédie, les auteurs et le répertoire. Mirabeau, de sa loge, demande l'*École des Rois* au nom des fédérés de Provence. Le peuple applaudit. Les comédiens jouent l'*École des rois*, mais ils se séparent de Talma qu'ils accusent d'avoir excité le public. Les sympathies populaires ne reviennent à la Comédie française que lorsque Talma, reconcilié avec ses camarades, joue avec eux la *Liberté conquise* ou le *Despotisme renversé*.

Le 24 août 1790, une pétition rédigée par La Harpe fut présentée, au nom des auteurs dramatiques, à l'Assemblée Nationale Constituante. Cette pétition demandait qu'on pût jouer *tout* et *partout*.

Parmi les signataires, on retrouve les noms de Sedaine, de Cailhava d'Estandoux, de Chamfort, de Fenouillot de Falbaire, de Ducis, de Collot d'Herbois, de Marie-Joseph Chénier et de Beaumarchais. La majorité de ces écrivains dramatiques ne tenait qu'au premier terme de la proposition : jouer tout. Le second terme, jouer partout, fut ajouté par La Harpe de son autorité privée (1). Deux mois après le dépôt de la pétition, Rabaud-Saint-Etienne, Chapelier et Target, membres de la commission nommée pour l'étudier, présentèrent leur rapport tendant à ce que tout homme pût établir un spectacle et y faire jouer les pièces qu'il jugerait convenables, sous la surveillance de la police. La question fut mise à l'ordre du

1. A. Delpit, la liberté des théâtres et des cafés concerts, *Revue des Deux Mondes*, 1ᵉʳ février 1878.

jour de la séance du 13 janvier 1791 et provoqua une discussion à laquelle prirent part Robespierre, Mirabeau et l'abbé Maury. L'abbé Maury défendit l'institution de la censure. Après la lecture du rapport, il rappela que le comité de constitution qui désirait rassurer les auteurs dramatiques en disant que tout citoyen était libre d'élever un théâtre et d'y représenter telles pièces qu'il jugerait convenables, avait ajouté qu'en attendant les règles particulières qu'il se proposait de présenter, les théâtres seraient soumis au règlement de police. Or, l'orateur fit remarquer que les théâtres n'étaient soumis à aucun règlement de police. « Il serait nécessaire, ajouta-t-il, qu'il existât une loi de police pour empêcher d'outrager les mœurs, la religion et le gouvernement, et, avec la liberté, ces choses seront outragées sur certains théâtres. »

Mirabeau renversa les objections de l'abbé Maury : « Il serait fort aisé, s'écria-t-il, d'enchaîner toute espèce de liberté en exagérant toute espèce de danger, car il n'est pas d'acte d'où la licence ne puisse résulter. La force publique est destinée à la réprimer et non à la prévenir aux dépens de la liberté. Quand on s'occupera des questions d'enseignement public, alors on verra que les pièces de théâtre peuvent être transformées en une morale très active et très rigoureuse. »

Robespierre soutint également que l'opinion publique était seule juge de ce qui est conforme au bien : « Je ne veux donc pas, dit-il, que, par une disposition vague, on donne à un officier municipal le droit d'adopter ou de rejeter tout ce qui pourrait lui plaire ou lui déplaire. Par là, on favorise les intérêts particuliers et non les mœurs publiques. »

A la suite de ces discours fut votée la loi du 13 janvier 1791 proclamant la liberté des entreprises dramatiques et l'abolition de la censure. « Tout citoyen, aux termes de l'article 1er, pourra élever un théâtre et y faire représenter des pièces de tous les genres en faisant préalablement à l'établissement de son théâtre, sa déclaration à la municipalité du lieu. » Et l'article 6 dispose que « les entrepreneurs ou les membres des différents théâtres seront, à raison de leur état, sous l'inspection des municipalités ; ils ne recevront des ordres que des officiers municipaux qui ne pourront arrêter ni défendre la représentation d'une pièce, sauf la responsabilité des auteurs et des comédiens. »

Ce fut cette dernière phrase de l'article 6 mettant en jeu la responsabilité des auteurs et des comédiens qui devait attirer sur l'art dramatique et ses interprètes toutes les persécutions des autorités révolutionnaires.

Pendant trois ans, jusqu'à l'arrêté de la Convention du 14 mai 1794, le théâtre jouit, en principe, d'une liberté absolue. Dans son intéressant rapport sur la censure, M. Guillemet soutient que la scène n'a pas abusé de cette indépendance, surtout si l'on tient compte de l'époque fiévreuse où la censure fut supprimée. Peut-être quelques excès ont-ils eu lieu. Il a fallu interdire des pièces après la première représentation. Mais, conclut M. Guillemet, si la liberté du théâtre comporte quelques abus, elle vaut encore mieux que l'arbitraire et il est préférable d'agir sur des faits que sur des hypothèses. Que l'on compare, d'ailleurs, ces trois années avec celles qui suivirent le rétablissement de la censure en 1794, et quelque opinion qu'on professe, le choix sera vite fait (1). L'article 6 de la loi du 13 janvier 1791 avait invité le comité de constitution à préparer immédiatement un projet d'instruction en matière de théâtre et prescrivait que, jusque-là, les anciens règlements resteraient en vigueur.

On ne les observa guère, cependant. Aussi y eut-il quelque désordre dans les théâtres que le public convertit en clubs. Peu de jours avant le vote de la loi sur les théâtres, le 4 janvier, le théâtre de la Nation avait représenté pour la première fois une pièce à tendance ouvertement révolutionnaire. C'était une assez mauvaise rapsodie qui s'intitulait la *Liberté conquise ou le despotisme renversé*, drame héroïque en cinq actes par Harny et Favart. Harny, le vieil Harny, que de petites œuvres précédentes avaient classé parmi les écrivains médiocres, put enfin s'enivrer des applaudissements du parterre et s'enorgueillir de l'enthousiasme des foules. La *Liberté conquise* qui faisait salle comble tous les soirs fut élogieusement appréciée par les vrais patriotes. Harny obtint, en cette circonstance, une réputation nationale et presque européenne. Ce fut d'ailleurs moins une renommée littéraire qu'une notoriété politique. Le vieux poète se transforma, du coup, en homme public. Par la suite, on songea même à récompenser, sinon son talent méconnu, du moins l'éclat de son civisme. Sur le déclin de ses jours,

1. Guillemet, Rapport du 20 octobre 1891.

Harny devint un fonctionnaire. Et quel fonctionnaire !
Dans la liste des juges du tribunal révolutionnaire, on
trouve le nom du bonhomme. Du paisible écrivain on
avait fait un instrument de mort.

La *Liberté conquise* nous raconte à peu près la prise
de la Bastille. Seulement, l'action se passe en Dauphiné.
Un rassemblement de troupes effraye le peuple qui se
réunit en armes. Le gouverneur s'enferme dans une forteresse ; il y est assiégé ; les soldats qui le défendent
passent du côté du peuple. On sonne le toscin ; on bat
la générale ; on tire le canon. La forteresse est prise.
Acclamations triomphales du peuple victorieux ; rondes
et chansons patriotiques, illuminations sur toute la
ligne.

Rarement un pièce excita un pareil enthousiasme.
L'orchestre, au milieu du délire de la salle avait exécuté
le *Ça ira* entre le troisième et le quatrième acte. Lorsque
les insurgés prêtent le serment civique avant de com-
mencer l'attaque, tout le public debout, agitant cha-
peaux et mouchoirs, répéta le même serment aux cris
de vive la nation ! vive le roi ! Enfin, l'auteur fut couronné sur la scène, tout comme Voltaire, et l'on faillit le
faire mourir de gloire (1).

Le triomphe de la *Liberté conquise* devait exciter

1. A la troisième représentation de cette pièce, le nommé Arné
un des vainqueurs de la Bastille avait eu le bon esprit de se trouver dans la salle. Le public le fit monter sur la scène et mademoiselle Sainvol, l'actrice qui avait déjà couronné Harny, dut
recommencer la cérémonie pour Arné qu'elle coiffa d'un bonnet
d'honneur.

l'émulation des auteurs. Le 25 août suivant, on remet en scène la *Prise de la Bastille* et cette fois l'action se passe à Paris et non plus en Dauphiné. L'auteur, Pierre-Mathieu Parein, est un homme de loi qui, après s'être laissé entraîner dans le mouvement du 14 juillet se fourvoie maintenant dans la littérature dramatique : « Après avoir combattu, dit-il, sous les murs de cette redoutable forteresse, j'ai réfléchi que je ne pouvais mieux faire que de remettre ce grand événement en scène ». Il semble bien que, tout d'abord, la municipalité se soit opposée aux représentations de cette pièce. L'auteur parle d'une démarche de M. Camerani, semainier du Théâtre Italien qui, « par un indigne abus de confiance », avait porté la pièce dans les bureaux de la mairie. La représentation de l'ouvrage en aurait été retardée pendant quelques semaines. Une chose certaine, c'est que la pièce fut jouée. Delaunay y tient le rôle de champion du despotisme. Flesselles est le traître au peuple. Le roi ignore tout, comme d'habitude ; on le trompe. Tambours, défilé du peuple en armes, chansons :

> Liberté, sainte liberté,
> Toi, pour qui tout mortel soupire
> Règne toujours sur cet empire
> Et fais notre félicité.
> Fille du ciel, Vierge chérie,
> Dont la main a béni nos fers,
> Puisses-tu, dans tout l'univers,
> Triompher de la tyrannie [1].

Au théâtre de la rue de Richelieu, le 27 avril, on joua la *première* d'une tragédie nouvelle de Chénier,

---

1. V. Jauffret, *op. cit.*, p. 121, et 122.

Henri VIII. Encore qu'elle eût un but ouvertement révolutionnaire, cette œuvre n'était cependant pas une pièce de circonstance. On voit sur la scène un roi que le fanatisme arme contre son peuple, un prince cruel et luxurieux qui ne refusa jamais la vie d'un homme à sa haine, ni l'honneur d'une femme à ses désirs. Il était bien dans l'idée directrice de l'œuvre de condamner la monarchie que Chénier ne séparait pas de ses abus.

On connaît l'histoire sur laquelle cette pièce fut construite. Henri VIII, lassé de l'amour d'Anne de Bolen la fait arrêter avec son frère Norris sur une accusation fantaisiste d'adultère et d'inceste, pour pouvoir épouser la jeune Seymour qu'il aime éperdûment. Norris proclame, devant le roi, l'innocence de sa sœur et il ajoute :

> J'ai dit la vérité, je suis prêt à mourir.
> J'ai mérité mon sort, car j'ai pu te chérir.
> Je touche avec plaisir à ce moment suprême,
> Ou finit la puissance, où naît l'égalité.
> Où l'homme assujetti reprend sa liberté.
> . . . .
> La vie est-elle un bien, quand on vit sous ta loi.
> Adieu donc, roi coupable et reine infortunée,
> A qui le ciel devait de plus heureux destins.
> Voilà comme un tyran gouverne les humains.

Il y eut, à la première représentation, quelques troubles que Palissot qualifia de tumulte indécent (1). Chose bien autrement grave, le même Palissot accusa les comédiens d'en avoir été les auteurs pour nuire au succès de l'ouvrage. Les comédiens s'émurent vivement de cette ac-

1. V. Jauffret, p. 125 et 126.

cusation et répondirent au provocateur dans le *Journal de Paris*. Ils y disaient :

« M. Palissot qui se donne avec M. Chénier les honneurs du protectorat a cru devoir réprimander le public de l'accueil qui a été fait à la première représentation d'*Henri VIII*, au théâtre de la rue de Richelieu, et, ne voulant pas que la faute en fut à la pièce, il imagina de nous l'imputer. M. Palissot est un imposteur. En parlant ainsi, nous ne croyons pas blesser, mais soutenir les gens de lettres qu'il déshonore, et dont il est assez singulier que, sur ses vieux jours, il ait la prétention d'être le défenseur, après en avoir été toute sa vie le fléau ».

Chénier, en sa qualité d'écrivain révolutionnaire et d'homme politique, s'était fait beaucoup d'ennemis. Son œuvre fut jugée avec plus de passion que de justice :

« M. Chénier, dit l'auteur des *Sabbats Jacobites* fait de très grands progrès dans son art. La dernière pièce est toujours la plus mauvaise ; témoin *Henri VIII*, tragédie jouée avec accompagnement de sifflet, sur le Théâtre Français de la rue Richelieu, vis-à-vis l'épicier. Précepteur des rois dans *Charles IX* ou l'*Ecole des rois*; précepteur des reines dans Henri VIII ou l'*Ecole des reines*; précepteur des juges dans l'*Ecole des juges* ; précepteur des peuples des *Caïus Gracchus* ou l'*Ecole des peuples*, M. Chénier prépare une nouvelle farce tragique avec M. Palissot, son précepteur en impudence et en démagogie. Quand se lassera-t-il de faire des écoles ? »

Le théâtre suit le mouvement révolutionnaire. Les pièces cruellement agressives qui vont se succéder sur toutes les scènes seront, en grande partie, des œuvres de circonstance qui emprunteront leurs aspirations aux événements du jour. Si même certaines des pièces politiques jouées jusqu'alors avaient contenu des audaces toutes nouvelles, cependant l'indépendance de ces compositions se conciliait encore avec le respect de la personne des souverains. Il n'était point rare d'entendre chanter au milieu d'une scène des couplets louangeurs pour Louis XVI. Le public était, d'ailleurs, assez coutumier de les applaudir. On avait bien fait, il est vrai, des drames sur la Bastille, mais il était entendu que le roi devait partager les sentiments du peuple sur la fameuse journée de même qu'il avait sanctionné le nouvel état de choses. La population parisienne était encore en coquetterie avec la royauté constitutionnelle. C'était une lune de miel, où parfois, malgré de fréquentes bouderies, il y eut de belles heures d'enthousiasme, d'attendrissement et d'amour (1).

1. Dès lors, cependant, commençaient à circuler contre la famille royale, des factums obscènes et grossièrement injurieux. Citons simplement : *l'Autrichienne en goguette ou l'Orgie royale* ; *les Enragés aux enfers* ; *la Chasse aux bêtes puantes et féroces* ; *le Branle des capucins ou le mille et unième tour de Marie-Antoinette*, *les Fantoccini français ou les grands comédiens de Marly*, intermède héroï-histori-tragi-comique, dédié au *Vénérable réverbère*. « On est fortement convaincu, est-il dit dans la *Chasse aux bêtes puantes et féroces*, qu'une panthère échappée de la cour d'Allemagne, a été aperçue à Versailles, dans plusieurs parcs et quelquefois aux promenades. La douceur du climat paraissait avoir apaisé sa férocité. Le roi lui-même se plaisait à la voir ; mais depuis un certain temps, elle a repris toute sa rage germanique. Elle est forte, puissante, a les yeux enflammés et porte un poil roux. Fixons sa mort à

Après la fuite de la famille royale et son arrestation à Varennes, tout changea. Ce qui restait à Louis de son prestige s'était évanoui dans cette malheureuse équipée, dans ce retour lamentable au milieu des baïonnettes et des malédictions populaires. Bientôt, la police s'émut à la seule annonce de certaines pièces : *La journée de Varennes ou le maître de poste de Sainte-Menehould ; le pont de Varennes.* Le commissaire de police reçut l'ordre d'assister à la première représentation ; on lui signalait certaines phrases dont il devait apprécier l'effet et demander la suppression s'il le jugeait utile.

« Malgré la liberté du théâtre décrétée, est-il dit dans un rapport de police du temps, cette liberté doit, cependant, avoir des bornes ; et il pourrait y avoir le plus grand inconvénient à remettre sur la scène ce qui a déjà excité tant de mécontentement. » Ainsi donc, tout en exécutant la loi de 1791, la municipalité se croyait le droit de faire des suppressions dans les pièces après la première représentation. Bientôt, d'ailleurs, elle viola nettement la loi des théâtres, en interdisant un opéra d'Hofmann, *Adrien, empereur de Rome*, sous ce prétexte qu'il offrait le spectacle d'un empereur triomphant et qu'il était de nature à troubler l'ordre public.

Louis XVI était alors prisonnier au Temple ; les autorités révolutionnaires qui s'apprêtaient à consommer la ruine du trône trouvaient fort inopportun qu'une pièce ramenât les esprits vers la superstition monarchique :

40.000 livres qui seront payées, sur-le-champ, au Palais Royal, au chasseur assez habile pour ne pas la manquer ». — Conf. Jauffret, p. 971.

« M. Manuel, dit l'auteur des *Sabbats Jacobites*, en sa qualité de procureur syndic de la commune de Paris, et d'ennemi de tous les rois passés, présents et futurs, assemble le Conseil municipal et lui prouve, dans un discours bien long, bien pédantesque, bien illogique, que tout dans *Adrien* était inconstitutionnel, ballets, poème, musique, décorations et même les chevaux qui devaient traîner le char de l'Empereur. »

Hoffmann pria David d'intervenir en faveur de sa pièce. Mais il reçut cette réponse :

— Nous brûlerions l'Opéra, plutôt que d'y voir triompher des rois.

— Le choix d'un sujet lyrique, protesta Hoffmann, ne prouve pas plus contre le civisme d'un écrivain que le sujet d'un tableau contre un peintre, témoin le *Serment des Horaces*, un des chefs-d'œuvre de l'école moderne.

L'auteur d'*Adrien* écrivit au maire qu'il refusait à la municipalité le droit d'arrêter une pièce quelconque sans jugement. « La loi est formelle, disait-il à Pétion, et si c'est comme chef de la commune que vous avez agi, vous avez outrepassé vos pouvoirs ; je vous dénonce à l'autorité supérieure ».

Dans une seconde lettre, pour réduire à néant les motifs d'ordre public que l'on opposait à la représentation d'*Adrien*, Hoffmann ajoutait : « C'est sur des menaces que l'on proscrit mon ouvrage et que l'on me signale à la haine publique; mais qui vous a fait ces menaces? Quels sont les gens qui doivent exciter des troubles? Celui qui menace mérite seul la sévérité des lois. Faites donc respecter la loi et l'on cessera de me menacer ; ou, du moins, on ne menacera plus impunément. S'il suffit, pour faire tomber une pièce, de calomnier ou de faire peur, un directeur, un écrivain jaloux, n'aura plus qu'à soudoyer quelques insulteurs. Voilà pourtant les principes qui ont servi de base à l'arrêté du 12 mars ; mais je ne laisserai pas l'opinion publique s'égarer sur mon compte. S'il est décidé qu'on ne me rendra pas justice, je veux au moins que le public sache que je l'ai demandée, que j'y avais droit, et que je ne l'ai pas obtenue ».

Pétion, qui avait été cependant l'un des plus zélés défenseurs de la liberté de la presse ne répondit pas. Hoffmann dut retirer sa pièce du répertoire. Une autre mesure de l'autorité municipale, interdisant une nouvelle pièce allait provoquer une déclaration de la Convention nationale sur l'application de la loi de 1791.

Dès le commencement du mois de janvier 1793, une excitation extraordinaire régnait dans Paris. L'attention passionnée du public se partageait alors entre deux événements sensationnels : d'une part, le procès de Louis XVI à la Convention ; d'autre part, la représentation de l'*Ami des Lois* à la Comédie-Française.

L'*Ami des Lois*, comédie en cinq actes en vers, du citoyen Laya, fut joué du 2 au 12 janvier au milieu d'une affluence énorme de spectateurs. Dans cette pièce, l'auteur semblait s'être proposé d'arracher le masque à tous les intrigants politiques, à cette dangereuse faction dont la puissance reposait sur le meurtre et la terreur (1).

1. Jauffret, p. 204.

La femme d'un personnage de la pièce, Versac, engouée de la Révolution, allait au club. Elle y rêvait volontiers d'une haute position sociale, tandis qu'elle écoutait :

> ..Les discours emphatiques
> De ces nains transformés en géants politiques.
> L'un, dans sa vue étroite et ses goûts circonscrits,
> Claquemure la France aux bornes de Paris,
> L'autre, plus décisif, plus large en sa manière,
> Avec la France encor régit l'Europe entière ;
> L'autre, en petits États coupant trente cantons,
> Demande trente rois pour de bonnes raisons ;
> Et tous, jouant les mœurs, étalant la science,
> Veulent régénérer tout, hors leur conscience.

Le portrait de ces grands politiques est précisé en des vers satiriques : « Vous allez voir, dit Versac, un bon original, Plaude :

> ...Esprit tout de corps qui maraude, maraude
> Dans l'orateur romain, met Démosthène à sec,
> Et n'est, quand il écrit, pourtant latin ni grec

— Ni Français, n'est-ce pas ? interrompit quelqu'un.

> ...Animal assez triste
> Suivant de ses gros yeux les procès à la piste
> Cherchant partout un traître et courant à grand bruit
> Dénoncer le matin ses rêves de la nuit...
> Vous connaissez les autres...
> C'est d'abord,
> Duricrane de Plaude audacieux support
> Journaliste effronté qu'aucun respect n'arrête.
> Je ne sais que son cœur d'aussi dur que sa tête.
> . . . .
> Oui, la délation et l'emprisonnement,
> Voilà de quoi fonder un bon gouvernement ;
> Voilà les vrais ressorts. Il ne faut point de grâce,
> De l'apparence même au besoin on se passe.
> . . . .

Pour monsieur Nomophage, oh ! passe encor. Voilà
Ce que j'appelle un homme, un héros, l'Attila
Des pouvoirs et des lois ! grand fourbe politique
De popularité semant sa route oblique.

— Mais, dit madame de Versac, contesterez vous qu'ils ne soient bons patriotes ?

Forlis indigné :

— Patriotes !

Descendons, vous et moi, franchement dans notre âme.
Patriotes ! ce titre et saint et respecté,
A force de vertus veut être mérité.
Patriotes ! Eh ! quoi ! ces poltrons intrépides,
Du fond d'un cabinet prêchant les homicides,
Ces Solons nés d'hier, enfants réformateurs,
Qui, rédigeant en lois leurs rêves destructeurs,
Pour se le partager voudraient mettre à la gêne
Cet immense pays rétréci comme Athènes.
Ah ! ne confondez pas le cœur si différent
Du libre citoyen, de l'esclave tyran.
L'un n'est point patriote et vise à le paraître ;
L'autre tout bonnement se contente de l'être.
Le mien n'honore point comme ces messieurs font,
Les sentiments du cœur de son mépris profond.
L'étude selon lui, des vertus domestiques
Est notre premier pas vers les vertus civiques.
Il croit qu'ayant des mœurs, étant homme de bien,
Bon parent, on peut être alors bon citoyen.
Compatissant aux maux de tous, tant que nous sommes,
Il ne voit qu'à regret couler le sang des hommes,
Et du bonheur public posant les fondements,
Dans celui de chacun en voit les éléments.
Voilà le patriote ! Il a tout mon hommage.
Vos messieurs ne sont pas formés à cette image.

Les hommes les plus dangereux, les ennemis de l'Etat et du bien public, ce sont, clairement désignés dans les vers qui suivent, Robespierre, Marat et leurs amis :

> Ce sont tous ces jongleurs, patriotes de places,
> D'un faste de civisme entourant leurs grimaces,
> Prêcheurs d'égalité, pétris d'ambition,
> Qui, pour faire haïr les plus beaux dons des cieux,
> Nous font la liberté sanguinaire comme eux.
> Mais nou, la liberté, chez eux méconnaissable,
> A fondé dans nos cœurs son trône impérissable.
> Que tous ces charlatans, populaires larrons
> Et de patriotisme insolents fanfarons,
> Purgent de leur aspect cette terre affranchie !
> Guerre ! guerre éternelle aux fauteurs d'anarchie !
> Royalistes tyrans, tyrans républicains,
> Tombez devant les lois : voilà vos souverains.

Voici bien la virulence audacieuse et crâne de la bonne satire. L'écrivain courageux, armé du fouet d'Aristophane, en cinglait les jésuites rouges, aussi malfaisants et sectaires que les jésuites noirs et les jésuites blancs. Ah ! comme cette indignation généreuse devait retentir éloquemment en cette époque de terreur, de dénonciations, de haines et de supplices. Plus de sang ! Plus de vengeance ! Le pardon ! Une fraternité sans fratricides ! Une liberté qui ne déshonore point l'esclavage de la pensée ni le déguisement du cœur. Etrange formule que celle-ci : « Tous les Français sont libres, tous les Français sont égaux, tous les Français sont frères sous peine de mort ! »

La pièce honnête et cinglante fut accueillie avec reconnaissance. Et le peuple, le peuple paisible et bon, celui qui fuyait les exécutions politiques, qui déplorait en silence les cruautés officielles, qui se rappelait avec attendrissement les fêtes sublimes de la Fédération où, dans un soleil de joie, s'élevait le culte d'une humanité nouvelle, embellie et divisée par l'amour, ce peuple qui croyait encore en la philosophie de Jean-Jacques et souffrait des dictatures implacables, venait applaudir les paroles réconfortantes et vengeresses de Laya.

L'enthousiasme s'accrut jusqu'au délire. Dès l'après-midi, une foule impatiente encombrait les rues voisines du théâtre. A chaque représentation, l'auteur, réclamé à grands cris, était couvert d'applaudissements.

Les Jacobins, dénoncés à la haine publique, furent stupéfaits de l'audace. Mais ils se ressaisirent bien vite et s'efforcèrent d'arrêter les représentations. La loi sur la liberté des théâtres était toujours en vigueur. Qu'importe ! On tournerait la loi dont cette pièce gênante se déclarait l'amie. Les Jacobins pensèrent d'abord que ce serait facile ; ils dénoncèrent le parterre comme un rassemblement de contre-révolutionnaires et d'émigrés. Il y eut une grosse émotion à la commune. Anaxagoras Chaumette demanda et obtint que le conseil prît un arrêté pour défendre les représentations de l'avenir. Mais il comptait sans les sympathies du public et l'énergie de l'auteur.

Le soir du 12 janvier, une foule encore plus considérable que d'habitude envahit le théâtre et réclame à grands cris l'*Ami des Lois*. Quelques jacobins protestent et sifflent. On les jette à la porte. La toile se lève. Un comédien qui vient lire l'arrêté de la commune est accueilli par les huées ?

On crie :

— La pièce ! La pièce !

Mais voici que Santerre se présente, Santerre, empanaché, solennel et grotesque, au milieu d'une escorte tumultueuse de gardes nationaux.

Il est salué par un formidable éclat de rire de toute la salle. Une grêle de quolibets s'abat sur le personnage.

— A bas le général mousseux, hurle-t-on, à la porte ! A la brasserie ! Nous voulons la pièce, rien que la pièce, la pièce ou la mort.

Santerre s'empresse de disparaître suivi de son état-major.

Le maire Chambon qui lui succède, est également fort malmené et doit se retirer aussitôt.

Pendant ce temps, Laya, qui avait dedié sa pièce à la Convention, lui adressait une protestation véhémente contre l'arbitraire de la commune. « Un grand abus d'autorité, disait-il, vient d'être commis contre un citoyen dont le crime est de proclamer les lois, l'ordre et les mœurs. Les faux monnayeurs en patriotisme ont affecté de faire croire que j'avais imprimé à la place de leur effigie celle des plus honnêtes patriotes. C'est ainsi que, du temps de Molière, les tartufes prétendirent que le poète avait voulu jouer l'homme pieux. Qu'ai-je fait ? J'ai marqué du fer chaud de l'infamie le front des anarchistes *démembreurs*. La commune, en suspendant les représentations de mon ouvrage, argumente d'une prétendue fermentation alarmante dans les circonstances. Le trouble qui se manifeste aujourd'hui n'est dû qu'à son arrêté, placardé à l'heure même où le public était déjà rassemblé pour prendre des billets. C'est à la cinquième représentation, après quatre épreuves paisibles, qu'elle ose suspendre l'*Ami des Lois*. Comment justifiera-t-elle, cette commune, l'ordre qu'elle vient d'intimer aux comédiens de lui soumettre, tous les huit jours, le répertoire de la semaine, pour censurer, arrêter ou laisser passer, au gré de ses caprices, les pièces de théâtre? Ainsi, l'ancienne police vient de ressusciter. A-t-elle donc oublié que les despotes de Versailles voyaient chaque jour représenter *Brutus*, la *Mort de César* et *Guillaume Tell*? Il est temps de s'élever contre ces modernes gentilshommes de la Chambre. Où en sommes-nous donc, citoyens, si celui qui prêche l'obéissance aux lois est condamnable. Non, je n'ai point fait la satire des individus. Je n'ai point vu tel ou tel, j'ai vu des hommes. Ma plume ne sera jamais vouée qu'au seul amour des lois et de la liberté; je ne connais que ma conscience. Ceux qui m'attaquent, ce sont les gens qui ont intérêt à ce que le peuple soit méchant, parce que j'ai prouvé qu'il est bon, et que je l'ai vengé des calomnies qui lui attribuent les crimes des brigands ».

Le maire de Paris écrivait en même temps au président de la Convention : « Citoyen président, je suis retenu au Théâtre Français par le peuple qui veut que la pièce l'*Ami des Lois* soit jouée. Un arrêté du corps municipal, en conformité de celui du Conseil général irrite les esprits. Une députation de citoyens se porte en ce moment à l'Assemblée nationale. Je vous prie de prendre en considération cette députation dont le peuple attend les effets avec impatience. Je suis bien convaincu que l'espérance d'obtenir une décision favorable est la seule cause qui l'engage à rester réuni autour du Théâtre Français ».

Après une courte délibération, l'Assemblée reconnut

sans difficulté qu'il n'y avait point de loi autorisant les corps municipaux à censurer les spectacles. La pièce fut remise à l'affiche, mais Laya n'avait pas encore gagné sa cause.

Le 14 janvier suivant, en effet, le Conseil exécutif prit un arrêté qui, décidait que les spectacles continueraient d'être ouverts. Seulement, cet arrêté enjoignait, au nom de la paix publique, aux directeurs des différents théâtres, d'éviter la représentation des pièces qui, jusqu'à ce jour, avaient occasionné quelques troubles et qui pourraient les renouveler dans le moment présent ; il chargeait le maire et la municipalité de Paris de prendre les mesures nécessaires pour assurer son exécution. C'était la remise en interdit de l'*Ami des Lois*.

Deux jours après, cet arrêté du Conseil exécutif fut cassé par la Convention nationale (1) sur ce motif que l'injonction faite aux directeurs des différents théâtres, donnerait lieu à l'arbitraire, et était contraire à l'article 6 de la loi du 13 janvier 1791 qui porte que « les entrepreneurs ne recevront des ordres que des officiers municipaux, qui ne pourront arrêter ni défendre la représentation d'une pièce, sauf la responsabilité des auteurs et des comédiens, que conformément aux règlements de police »

En protégeant les représentations de l'*Ami des Lois*, la Convention avait obéi peut-être moins à un esprit de justice qu'à un sentiment de rivalité. Les droits de l'auteur furent défendus par les Girondins qui professaient

1. Décr. 16 janvier 1793.

l'amour de l'ordre, mais si Laya obtint satisfaction ce fut surtout, dit Arnault, parce que « les anarchistes de la Convention s'indignaient que ceux de la commune rivalisassent avec eux de tyrannie (1) ». L'*Ami* continua donc d'être joué.

Le triomphe de cet ouvrage ne pouvait, toutefois, être de longue durée. La mort de Louis XVI y mit un terme. Sous prétexte de maintenir l'ordre et la tranquillité publique menacés, la commune résolut d'employer la force pour faire cesser les représentations de l'*Ami des Lois* qu'elle considérait comme une cause permanente de troubles. Le théâtre fut entouré par la garde nationale et menacé par son artillerie. En dépit des baïonnettes et des canons, la foule revint, comme tous les soirs, réclamer sa pièce favorite. Les comédiens refusèrent de jouer. Il s'ensuivit un horrible tumulte pendant lequel Santerre et ses troupes firent irruption dans la salle.

On leur cria :

— A bas les gueux du 2 septembre ! A bas les assassins !

— La pièce n'étant pas sur l'affiche ne sera pas jouée, répondit Santerre. Et je ferai arrêter le premier qui se permettra d'interrompre !

— Brigand ! assassin ! cria-t-on de toutes parts.

Des jeunes gens s'élancèrent sur la scène et l'un d'eux lut la pièce au milieu d'un enthousiasme indescriptible.

Ce fut pourtant la fin de ces représentations. Laya eut

---

1. Arnault, *Souvenirs d'un sexagénaire*.

la prudence de se soustraire aux vengeances du parti dont il avait osé livrer les actes à la risée publique. Il ne se montra plus à son domicile. Le danger était si réel que Danton, allant visiter madame Laya, lui dit :

— Citoyenne, si ton mari qui est mon ami ne trouve point d'asile, qu'il vienne chez moi; ce n'est pas là qu'on viendra le chercher.

L'académicien Arnault a rappelé, dans ses mémoires, une conservation significative qu'il eut, au sujet de Laya, avec Fabre d'Eglantine (1). L'auteur du *Calendrier républicain* s'était fait, à plusieurs reprises, le patron des gens de lettres auprès des comités du gouvernement. Aussi, comme Arnault le rencontrait un soir aux Italiens, il crut devoir lui parler de plusieurs écrivains qui ne se croyaient plus en sûreté, Desfaucherets et Laya notamment. D'Eglantine s'exprima avec quelque indifférence sur le premier.

— Bien, dit Arnault, mais Laya ?
— Oh! pour Laya, c'est autre chose ; Laya qui a fait l'*Ami des Lois !*
— N'aimeriez-vous pas les *Lois* ?
— Laya qui a attaqué Robespierre !
— Vous aimez donc bien Robespierre.
— Robespierre !

Et regardant Arnault avec une expression singulière :

— Savez-vous ce que c'est qu'attaquer Robespierre ! Peut-on se cacher trop soigneusement quand on a attaqué Robespierre ?

1. Ou de l'Eglantine, surnom que s'était donné le conventionnel en mémoire d'un prix remporté par lui aux jeux Floraux.

— Est-ce donc un crime de lèse-majesté que d'attaquer Robespierre ? Robespierre est-il un roi ?

— Robespierre... est Robespierre, répliqua Fabre en élevant l'index de la main droite. Attaquer Robespierre !... répéta-t-il d'une voix qui devenait plus grave à mesure qu'il répétait ce nom.

Arnault n'en pu obtenir d'autre réponse. Il tira de cette conversation deux conséquences qui ne manquaient pas de justesse ; l'une que le pauvre Laya était infailliblement perdu si on le découvrait ; l'autre, que Robespierre était devenu un objet d'inquiétude et de jalousie pour ses soupçonneux collègues et que, n'osant encore l'accuser comme usurpateur de l'autorité, ils s'étudiaient à le désigner pour tel, par la déférence qu'ils affectaient envers lui, par l'importance qu'ils feignaient d'attacher à sa personne (1). En enlevant de l'affiche l'*Ami des Lois*, les Jacobins n'avaient obtenu qu'une demi-satisfaction. L'agitation à laquelle avait donné lieu cette pièce persistait encore après son interdiction ; bien des gens avaient appris par cœur les vers séditieux et ne se gênaient point pour les réciter partout. Il fallait à tout prix empêcher un tel scandale de se reproduire.

Les Jacobins, d'autre part, s'étaient promis une revanche et leur rancune se tourna contre une pièce fort inoffensive que l'on jouait au Vaudeville, la *Chaste Suzanne*. Cet ouvrage, signé par Barré, Radet et Desfontaines, ne contenait pourtant absolument rien de politique ; il ne s'occupait point des événements du jour et

1. *Souvenirs d'un sexagénaire.*

ne condamnait aucun des personnages révolutionnaires. Mais il y avait, dans une scène, une phrase, une pauvre petite phrase, qui fit tout le mal et provoqua aux représentations un tumulte épouvantable.

On venait de juger Louis XVI à la Convention nationale et l'un des défenseurs du roi, s'adressant aux membres de l'Assemblée, s'était courageusement écrié :

— Je cherche partout des juges et je ne vois ici que des accusateurs.

C'était cette phrase que les auteurs de la *Chaste Suzanne* avaient transportée sur la scène. Un personnage de la pièce, Azarias faisait, en effet, cette déclaration :

— Vous êtes ses accusateurs, vous ne pouvez être ses juges.

De nombreux applaudissements accueillirent la phrase. Des protestations et des sifflets leur répondirent. On fit évacuer le théâtre.

La pièce ne fut rendue au public qu'après des modifications et La Harpe nous donne sur cette reprise les détails qui suivent :

« Nous avons vu, il y a deux ans, et moi j'ai vu de mes propres yeux, à la représentation d'une pièce qui avait paru contre-révolutionnaire, parce qu'on y disait que des accusateurs ne pouvaient pas être juges, j'ai vu quatre Jacobins, appelés officiellement et siégeant gratis au premier banc du balcon, avec toute la dignité que des Jacobins pouvaient avoir, pour juger si les corrections que les auteurs avaient promises étaient suffisantes pour permettre que l'on continuât de représenter la pièce ; et le lendemain, les journaux annoncèrent que les commissaires jacobins avaient été contents de la docilité des auteurs et des changements qu'ils avaient faits ».

Maintenant, les hommes de la Révolution, énervés par l'exaltation des passions populaires, exigent que tout le monde, en France, ait la même admiration pour le nouveau régime, les mêmes rancunes pour les institutions abolies, les mêmes haines pour les hommes de ces institutions. La scène indépendante ne doit plus servir de tribune aux audaces de la critique individuelle ; le souvenir du passé lui-même doit être exclu des ouvrages nouveaux où l'on n'admettra plus que la magnification du présent.

Aussi, lorsque Génissieux dénonce à l'Assemblée, *Mérope*, qui donne le spectacle d'une reine en deuil pleurant son mari et appelant le retour de ses deux frères absents, la Convention s'émeut de cette pièce réactionnaire. Sur la proposition de Boissy d'Anglas, elle adopte un décret qui ordonne au comité de l'instruction publique de présenter une loi sur la surveillance des spectacles. Et le décret du 2 août 1793, considérant que les théâtres « ont trop souvent servi la tyrannie » dispose qu'ils donneront trois fois par semaine les tragédies de *Brutus, Guillaume Tell, Caïus Gracchus*, et autres pièces dramatiques qui retracent les glorieux événements de la Révolution et les vertus des défenseurs de la liberté. Le texte ajoute que tout théâtre sur lequel seraient représentées des pièces tendant à dépraver l'esprit public et à réveiller la honteuse superstition de la royauté, sera fermé et que les directeurs seront arrêtés et punis suivant la rigueur des lois (1).

Peu de jours après la promulgation du décret, François de Neufchâteau fait jouer *Paméla ou la vertu récompensée*; le succès n'en fut pas très brillant d'abord, quoique cette pièce ait été merveilleusement interprétée par Fleury et par la toute gracieuse Mlle Lange. Cependant, elle attira bientôt quelque attention parce que certains personnages s'y montraient décorés des ordres anglais, appareil qui frappait d'autant plus les yeux que toutes les décorations françaises avaient disparu, les institutions auxquelles elles appartenaient ayant été proscrites par la nouvelle législation. Les jacobins se prévalurent de cela pour imputer à l'esprit contre-révolutionnaire la vogue de la pièce nouvelle.

Cette comédie accusée de glorifier les Anglais et de tendre à faire regretter les privilèges de la noblesse fut enlevée de l'affiche le 30 août après huit représentations qui n'avaient donné lieu à aucun trouble. Elle fut reprise cependant le 2 septembre après de nombreuses modifica-

1. Pendant la Révolution, la Comédie française s'appela successivement *Théâtre de la Nation, Théâtre du peuple, Théâtre de l'Egalité*. En 1794 l'Opéra devint le *Théâtre de la République*. Le Théâtre Molière, sacrifiant aux flatteries du jour, prit le nom de Théâtre des Sans Culottes. On eut encore : le Théâtre de la Montagne, le Théâtre de la liberté, le Portique français ou Club de la Révolution, le Théâtre des comédiens républicains, le Théâtre des Victoires Nationales, le Théâtre patriotique. En 1798, le directeur du Théâtre de la Pantomime nationale écrivait au ministre de l'Intérieur qu'il fallait « nationaliser la pantomime ». — Rambaud. *Histoire de la civilisation contemporaine*, p. 182.

tions auxquelles avait facilement consenti l'auteur. L'incident eût été clos si le public ne s'était avisé d'applaudir d'une façon trop significative certains vers sur la tolérance :

> Pour la morale au fond, votre culte est le mien,
> Cette morale est tout et le dogme n'est rien.
> Ah ! les persécuteurs sont les seuls condamnables
> Et les plus tolérants sont les plus raisonnables.

Pendant que retentissaient les bravos, une voix cria durement :

— Point de tolérance politique, cette tolérance est un crime.

L'interrupteur était le patriote Jullian de Carentan. Conspué par toute la salle il fut soutenu, dès le lendemain, par le *Salut public* qui jeta le cri d'alarme. « Un patriote, lit-on dans cette feuille, a été insulté, hier, dans une salle où les croassements prussiens et autrichiens ont toujours prédominé ; où le défunt Véto trouva les adulateurs les plus vils ; où le poignard qui a frappé Marat a été aiguisé lors du faux *Ami des Lois*. Je demande en conséquence :

> Que ce sérail impur soit fermé pour jamais

Que, pour le purifier, on y substitue un club de sansculottes des faubourgs ; que tous les histrions du théâtre de la Nation, qui ont voulu se donner les beaux airs de l'aristocratie, dignes par leur conduite d'être regardés comme gens très suspects, soient mis en état d'arrestation dans les maisons de force ; qu'enfin, le citoyen

François veuille bien donner à sa philosophie une pente un peu plus révolutionnaire ».

L'article eut de l'écho dans les milieux jacobins qui dénoncèrent une seconde fois la pièce à la commune. Dans la nuit du 3 au 4 septembre tous les comédiens du théâtre de la Nation, à l'exception de Molé furent arrêtés et conduits à Sainte-Pélagie.

Un rapport de Barrère, présenté à la Convention sur cet événement, est un véritable réquisitoire: « Que voit-on dans cette pièce, dit-il. Tous les insignes de l'aristocratie, cordons rouges, cordons noirs, toutes les distinctions proscrites par l'égalité. La noblesse y est récompensée, non la vertu ; les plus belles maximes de morale y sont mises dans la bouche du lord ; on y entend les éloges du gouvernement anglais; et quel moment choisit-on pour cela? Celui où le duc d'York ravage notre territoire. Quant aux comédiens, *il se pourrait* que quelqu'un d'entre eux fût d'intelligence avec les ennemis de la liberté pour corrompre l'esprit public ».

A la suite de ce rapport, la Convention approuva les mesures prises par la commune et décréta, en outre, la fermeture d'un théâtre qui n'avait cessé de donner des preuves d'incivisme (1).

1. C'est également sur le rapport de Barrère que François de Neufchâteau fut arrêté. Il eut payé son imprudence de sa tête sans le 9 thermidor. Le premier usage qu'il fit de sa liberté fut de célébrer par des vers à l'adresse de Barrère l'excès de sa reconnaissance. Selon M. Jauffret, sa détention l'avait rendu plus attentif à suivre le mouvement de l'opinion publique : « Ministre sous le Directoire, dit l'auteur du *Théâtre révolutionnaire*,

La représentation de *Paméla* fut moins la cause que l'occasion de cet acte de rigueur. Ce qu'on voulait surtout détruire, c'était le théâtre sur lequel avait été accueilli et représenté l'*Ami des Lois*. Un incident qui passa inaperçu au milieu des exécutions monstrueuses dont chaque journée était alors remplie provoqua l'explosion d'un ressentiment que les terroristes n'avaient jusqu'alors réprimée qu'avec peine et qui n'attendait que le moment favorable pour éclater.

A la suite d'une représentation de *Paméla*, on avait donné le *Somnambule*, de Pont-de-Veyle. Un bonhomme, dans cette pièce, est tourmenté de la manière de détruire et de construire. Ses plus grands soins consistent dans les changements qu'il peut opérer dans ses jardins. La vue de son château est masquée par une montagne. Comme il n'a en tête que cette montagne, dans un moment où il s'agit de tout autre chose entre les person-

puis directeur lui-même il obéit à l'impulsion de son cœur, en jurant, le 21 janvier 1796, fidélité à la République et haine à la royauté, et, lorsque, huit ans plus tard, il vint, au nom du Sénat, supplier Bonaparte de se revêtir de la pourpre impériale, il ne fit que sacrifier ses propres sentiments au bonheur de la nation, qui ne pouvait s'opérer que par cet acte de servilité. Si, dans la la suite, il obtint la faveur de faire hommage de ses fables au roi Louis XVIII, ne voyez dans ce fait qu'un acte de déférence, l'hommage d'un homme de lettres à un prince lettré. Le comte François de Neufchâteau était si éloigné de toute intention politique qu'il avait eu soin de supprimer de ce recueil une fable intitulée *le Porc et la Panthère*. Le porc c'était Louis XVI ; la panthère, Marie-Antoinette. C'était une heureuse application de la tolérance qu'il avait prêchée autrefois ».

nages avec lesquels il est en scène, il s'écrie du ton le plus résolu :

— La montagne sautera.

Or, la dénomination de montagne, comme on le sait, désignait dans le public le groupe qui, dans une partie de la salle où s'assemblait la Convention formait la faction dominée par Marat. Par un rapprochement subit, le parterre fit application à cette montagne de la détermination prise à propos de l'autre, et manifesta par des applaudissements redoublés le désir qu'il avait de la voir *sauter*. On devine le reste. Le parterre fut châtié, comme l'étaient, disent les bonnes gens, les fils de France sur le derrière d'autrui. Les comédiens payèrent pour le prince (1).

Arnault qui nous conte le fait dans ses mémoires, courut grands risques de partager leur sort et cela pour une simple chanson. Voici comment : Le futur académicien avait rassemblé dans un cahier quelques essais poétiques de sa façon, des pièces fugitives et des romances qui, dans le temps, avaient obtenu certain succès. Mlle Lange ayant témoigné le désir de lire ce recueil, Arnault le lui prêta et il était encore en la possession de l'actrice lorsqu'elle fut arrêtée avec ses camarades. Or toutes les pièces du recueil ne devaient point paraître des plus innocentes aux yeux des gens au pouvoir, car leurs susceptibilités s'accommodaient mal de l'esprit de satire. Quelques chansons se rapportaient aux événements du jour et n'en faisaient point l'éloge. Il y avait entre autres

---

1. Arnault, *Ibid.*

certain couplet où la promotion de Robespierre à la dignité de juge au tribunal de Versailles était célébrée de manière à ne pas concilier au chansonnier la bienveillance du législateur. Ces vers avaient été insérés dans les *Actes des apôtres.* Les voici :

> Monsieur le député d'Arras,
> Versailles vous offre un refuge ;
> De peur d'être jugé là-bas,
> Ici constituez vous juge.
> Juger vaut mieux qu'être pendu :
> Je le crois bien, mon bon apôtre,
> Mais différé n'est pas perdu,
> Et l'un n'empêchera pas l'autre (1).

La plaisanterie pouvait paraître un peu vive à celui qu'elle visait, et son auteur devait se rappeler avec quelque frisson les dangers qu'avait courus Laya pour avoir voulu obscurcir l'auréole quasi divine de Robespierre.

Quand Arnault apprit que les scellés avaient été mis chez les acteurs arrêtés, il lui parut impossible que le

1. Arnault, auteur de plusieurs tragédies dont l'une *Germanicus*, fit beaucoup de bruit et souleva de violentes polémiques, excellait surtout dans de petites fables ingénieuses et spirituelles et plus encore épigrammes que fables. Celle du *Hanneton* qui est demeurée célèbre mérite d'être citée comme type de l'esprit d'Arnaud.

> « Tu bourdonnes n'es-tu pas libre ? »
> Disait un écolier au hanneton, fâché
> D'avoir toujours un fil à la patte attaché.
> Ainsi parlait Octave à ses sujets du Tibre.
> Ainsi naguère encor j'entendais raisonner
> D'honnêtes gens qui, tous, n'étaient pas sur le trône,
> La liberté pour eux, c'est un fil long d'une aune
> Au bout duquel on laisse un peuple bourdonner.

maudit recueil échappât aux recherches des agents du gouvernement et que le salut de l'actrice ne fût pas compromis par cette découverte. La perte de l'écrivain, d'autre part, semblait inévitable. Bien que ce cahier ne fût pas écrit de sa main et qu'il ne portât pas son nom, Arnault s'apprêtait à en revendiquer la responsabilité. Son silence eût laissé tomber sur la tête d'autrui une vengeance qu'il avait provoquée. Torturé par ces idées, l'imprudent poète attendait depuis vingt-quatre heures les perquisitions de la police lorsque son manuscrit lui fut remis. Au lever des scellés, Mlle Lange avait eu l'adresse de l'escamoter « comme Rosine escamote un billet sous les yeux même de son auteur ». Plus fière de son habileté qu'effrayée du péril, elle remit en riant les chansons au poète et, dit Arnault, « me rendit deux fois la vie, car ce tour de passe-passe ne sauvait pas moins sa tête que la mienne ».

Le 26 avril 1794, une circulaire des administrateurs de police enjoint aux directeurs de théâtres de faire disparaître sur le champ de toutes leurs pièces soit en vers soit en prose les titres de ducs, barons, marquis, comtes, monsieur, madame et autres qualifications proscrites, « ces noms de féodalité émanant d'une source trop impure pour qu'ils souillent plus longtemps la scène française ».

Faro et Lelièvre, administrateurs de la police, refusent, en conséquence, de laisser représenter une pièce qui s'appelle l'*Entrevue des patriotes* attendu qu'elle est remplie de ducs, de duchesses et d'abbés et qu'on y représente les gardes nationaux comme des ivrognes.

Il n'y avait plus grand inconvénient à rétablir expressément la censure qui, déjà, s'exerçait en fait et avec tant de rigueur. Un arrêté du 14 mai 1794 rendit à cette institution son existence légale, et la confia à la commission de l'instruction publique agissant au nom de la Convention.

D'abord spéciales à Paris, ces dispositions furent étendues, le 27 nivôse, à tous les théâtres de la République. Un troisième arrêté du 25 pluviôse an IV enjoint au bureau central de la police dans les cantons où il existe et aux officiers municipaux dans les autres cantons de la République de veiller à ce qu'il ne soit représenté sur les théâtres établis dans les communes de leur arrondissement aucune pièce dont le contenu puisse servir de prétexte à la malveillance et occasionner du désordre. Ils peuvent arrêter les représentations de tous les ouvrages qui, d'une manière quelconque, troubleraient l'ordre public.

On peut affirmer qu'à nulle autre époque, la censure ne fut aussi violemment tyrannique que pendant les années révolutionnaires. Sur 151 pièces qu'elle examine en trois mois, elle en rejette 33 et en mutile 25 (1). D'ailleurs, la censure officielle ne fut point la seule redoutable : les comités de gardes nationaux, le club des Jacobins, la Commune de Paris surtout, s'arrogèrent le droit de dénoncer et de faire interdire les pièces. Le théâtre est malmené par le fanatisme de tous les partis. Presque toutes les comédies de Molière, *Mahomet* de Voltaire, *Bever-*

---

1. Conf. Vivien, *Etudes administratives.* — Delpit, *La liberté des théâtres et des cafés-concerts*, op. cit., p. 610.

ley de Saurin, le *Jeu de l'amour et du hasard* de Marivaux, *la Dissipation, le Joueur, l'avocat Pathelin, Andromaque, Phèdre, Britannicus*, etc., etc., effrayent les autorités révolutionnaires qui déclarent ces ouvrages « mauvais ».

En revanche, dès le mois d'août 1793, le *Dernier jugement des rois*, de Sylvain Maréchal, est imposé au théâtre. Trois membres de la Convention accompagnent l'auteur lorsqu'il lit sa pièce aux comédiens. Un des acteurs, Grandmesnil, ose présenter quelques imprudentes objections disant qu'il a peur d'être pendu si les rois revenaient.

— Veux-tu être pendu pour n'avoir pas reçu la pièce? répond un des conventionnels.

La pièce, naturellement, est acceptée à l'unanimité, et, le lendemain de la première représentation, le *Moniteur Universel* en donne un compte-rendu enthousiaste.

« Au temps passé, dit l'auteur du *Dernier jugement*, sur tous les théâtres, on avilissait, on dégradait, on ridiculisait les choses les plus respectables du peuple souverain, pour faire rire les rois et leurs valets de cour. J'ai pensé qu'il était temps de leur rendre la pareille et de parodier ainsi un vers de la comédie du *Méchant* :

Les rois sont ici bas pour nos menus plaisirs ».

Maréchal suppose qu'à la suite d'un congrès universel de sans-culottes, Paris est déclaré le chef-lieu de tous les peuples désormais constitués en république. Les rois détrônés sont déportés dans une île volcanique, qui, depuis vingt ans, est la retraite d'un vieillard victime du pouvoir des despotes. Ce vieux jacobin a judicieusement gravé sur le roc qu'il valait mieux avoir pour voisin un volcan qu'un roi. Or, voici justement que le destin lui envoie tous les rois de la terre. Ceux-ci ne tardent point d'ailleurs à se disputer entre eux. On leur a laissé un peu de biscuit. Ils se l'arrachent. L'impératrice de Russie et le Saint-Père esquissent un pugilat.

— Faquin de prêtre, dit cette furie de Catherine, je ne te laisserai tranquille qu'après que tu auras avoué qu'un prêtre n'est qu'un charlatan, qu'un joueur de gobelets. Allons ! confesse-le.

Le pape le confesse.

Un coup de tonnerre. Des éclairs. Le volcan demi éteint rentre en activité. Il vomit une lave brûlante

Le roi d'Espagne pousse des cris affreux.

— Bonne dame ! invoque-t-il. Secourez-moi ! Si j'en réchappe, je me fais sans-culotte.

— Et moi je prends femme, sanglote le Saint-Père.

Mais le volcan fait explosion. Tous les tyrans sont engloutis dans les entrailles de la terre.

A cette pièce incohérente et stupide, la presse jacobine rendit tous les honneurs qui sont dus aux chefs-d'œuvre (1).

1. Dans le même ordre d'idées, une curieuse circonstance servit une pièce encore plus dépourvue de bon sens et de style que celle de Maréchal. Au mois d'octobre 1793, on mit à la scène le *Divorce du Tartare ou le Hulla de Samarcande*, comédie en cinq actes et en vers de dix syllabes. Cette pièce échoua pitoyablement malgré un luxe de costumes et de décors. Comme le public fort mécontent commençait à siffler, un des acteurs vint lui apprendre que l'auteur actuellement en Vendée se battait

Tout le répertoire du théâtre classique est remanié au goût du jour.

Au lieu du vers suivant :

> Nous vivons sous un prince ennemi de la fraude

On fait dire à Molière :

> Ils sont passés ces jours consacrés à la fraude.

Un patriote retouche le *Misanthrope* qu'il républicanise : les petits marquis, le vicomte, il les supprime ; le roi Henri, il le raye de la chanson ; il rogne l'or qui couvre les basques plissées de l'exempt et habille le style à la mode du temps. « Plus de commandement du roi, plus de roi même, plus d'État : un décret, Paris, des mots vagues ; enfin, c'est un effort continuel pour faire descendre l'immortel chef-d'œuvre au niveau de l'époque (1) ».

Dans le *Menteur* de Corneille, on remplace la place Royale, par la place des Piques, et l'on estropie ainsi un vers pour le salut de la République. L'auteur du *Bourru bienfaisant* qui joue aux échecs doit dire « Echec au tyran » ! et non plus « Echec au roi ! » Dans le *Déserteur*, aux mots : « Le roi passait, » on substitue cette ineptie : « La loi passait ». Gohier, le président du tribunal révolutionnaire refait lui-même le discours d'Antoine, dans la *Mort de César*, parce qu'il le trouve trop modéré.

contre les ennemis de la République. Des applaudissements retentirent aussitôt dans la salle et la pièce put ainsi être jouée jusqu'à la fin.

1. Hallays-Dabot, *op. cit.*

Timoléon est proscrit à cause de ces vers dits par un personnage de la pièce :

> Songeons que la terreur ne fait que des esclaves...
> La tyrannie altière et de meurtres avide
> D'un masque révéré couvrant son front livide
> Usurpant sans pudeur le nom de liberté
> Roule au sein de Corinthe un char ensanglanté.

Sur la plainte de Julien, de Toulouse, et de plusieurs de ses collègues, Chénier doit retirer sa tragédie.

Les pièces qui tournent au grotesque ou à l'odieux la ci-devant noblesse ou le ci-devant clergé ont toutes les faveurs officielles ; les patriotes applaudissent notamment la *Papesse Jeanne, Encore un curé ! La journée du Vatican* ou le *Mariage du pape, Fénelon ou les religieuses de Cambrai,* les *Dragons et les Bénédictines,* les *Crimes de la noblesse,* les *Emigrés aux terres australes,* etc., etc. (1).

Les œuvres antireligieuses avaient précédé au théâtre les œuvres révolutionnaires.

Dès les premiers mois de l'année 1790, Bertin d'Antilly avait présenté au Théâtre italien une comédie des plus libres qui s'appelait la *Communauté de Copenhague.* Suard, encore en fonctions, refusa d'autoriser la pièce : « J'ai peine à croire, monsieur, écrivait-il à l'auteur, que vous ayez pensé sérieusement qu'il fût possible de mettre sur le théâtre une scène de libertinage dont les acteurs

---

1. La chute de la royauté avait déjà inspiré *la Journée du 10 août 1792* et la *Réunion du 10 août, sans culottide dramatique,* « dédiée au Peuple-souverain. » A la suite de l'arrestation de Varennes, on met en scène la *Ligue des Fanatiques et des Tyrans,* et la *Voyageuse extravagante corrigée.* — Rambaud, p. 178.

sont un évêque, un moine et des religieuses. Je n'imagine pas que la liberté du théâtre aille jusque-là. Cependant, si vous persistez dans votre demande, j'écrirai les motifs de mon refus d'approuver que je vous communiquerai avant de les envoyer à l'administration de la police. Vous les combattrez comme vous le jugerez convenable et M. le maire prononcera ». La pièce soumise en appel au jugement de quatre commissaires n'en demeura pas moins interdite.

Après l'abrogation des vœux monastiques, on n'hésita plus à transporter les couvents sur la scène. Le goût de l'époque est pour les parodies antireligieuses. Les moines défroqués tiennent des propos grivois aux nones hystériques qui dansent le cancan. Dans les *Victimes cloîtrées*, dans la *Mélanie* de la Harpe, remise en scène, les religieuses sont cependant présentées sous un autre jour; on en fait les infortunées victimes de la superstition, dignes de l'attendrissement des spectateurs. L'auteur de la *Journée du Vatican ou le mariage du Pape* prend pour épigraphe ces trois vers de Voltaire :

> J'ai désiré souvent dans ma verte jeunesse
> De voir notre Saint-Père au sortir de la messe
> Avec le grand Lama danser un cotillon.

« Notre règne est passé, dit le prieur d'un couvent dans les *Fourberies monacales*. On y voit trop clair aujourd'hui. Nous avons tant attrapé les autres, qu'il est bien juste que nous soyons attrapés à notre tour. »

Le clergé de la constitution civile n'est pas davantage épargné. L'évêque d'Autun est un coureur de tripots ;

l'abbé Fauchet, un coureur de femmes ; l'abbé Gouttes un prêtre plus indigne encore, athée et voleur de mitre. Dans une pièce intitulée : *L'Eau à la bouche et la pelle au cul*, un personnage affirme que le patriotisme des prêtres constitutionnels se réduit à déchirer hypocritement la réputation des anciens pasteurs. Dans une opérette, on chante de joyeux couplets sur l'évêque de Paris :

> De Paris l'abbé Gobel
> Est donc l'évêque actuel,
> Comme à Lyon Lamourette,
> Turlurette, turlurette.
>
> Il avait très hautement
> Prêché contre le serment
> Mais l'or nous tourne la tête,
> Turlurette, turlurette.
>
> L'or n'est pas seul de son goût ;
> On prétend qu'il aime itout
> Un tantinet la fillette,
> Turlurette, turlurette.
>
> N'est-ce pas là ce qu'il faut ?
> Jeûner, prier est d'un sot.
> Vive, vive Lamourette !.
> Turlurette, turlurette.
>
> Par une route de miel
> Nous irons tout droit au ciel
> Front levé, cœur en goguette,
> Turlurette, turlurette.

Le 7 novembre 1793, Gobel, coiffé du bonnet rouge, se rend à la Convention en grande cérémonie, suivi de ses grands vicaires et d'une foule de prêtres. Solennellement, il abjure ses anciennes croyances et rend hommage à la raison. Ce haut exemple est suivi par le clergé parisien et par de nombreux prélats constitutionnels. La religion est, dès lors, considérée comme une superstition lointaine et ridicule, bonne tout au plus à mettre en vaudeville. C'est un ancien curé de Beaupréau, Coquille d'Alleux, qui écrit le *Prêtre réfractaire ou le Tartufe nouveau*. Aux Variétés amusantes, on joue une comédie en un acte : *A bas la calotte ou les déprêtrisés* ; l'auteur, un vieillard, est encore un abbé défroqué, qu'on appelle maintenant le citoyen Rousseau. Enfin c'est un ex petit collet, le citoyen Léger, qui signe la *Papesse Jeanne* (1).

Les œuvres dramatiques de l'époque révolutionnaire si violemment troublée par l'exaltation des partis ont été souvent proposées comme le type des pièces que mettraient scène désormais le théâtre devenu libre. Rien

---

1. Dans cette dernière pièce, un certain Florello refuse de s'éloigner du Vatican où se tient le conclave. Un prêtre l'interpelle :

> Las de votre premier état
> Venez-vous auprès du Saint-Siège
> Des honneurs de l'épiscopat
> Briguer l'auguste privilège ?
> Je vous préviens qu'en ce moment
> Il n'est guère aisé d'y prétendre ;
> De dix évêchés maintenant
> Il ne nous reste qu'un à vendre.

> D'ailleurs, si l'évêché ne fait pas votre affaire,
> On met en ce moment le Saint-Siège à l'enchère ;
> Et vous pourriez sans peine avec quelques ducats
> Vous mettre comme un autre au rang des candidats.
> C'est un joli métier que le métier de pape.
> A nos yeux clairvoyants ici-bas rien n'échappe,
> Et, dans tous les climats de l'univers connu,
> Le plus léger péché nous rapporte un écu.

La satire religieuse n'était pas toujours aussi galamment tournée ; bien souvent, de basses plaisanteries, un rire grossier et facile y tenait lieu d'esprit

n'est plus faux historiquement ni plus injustifiable en théorie. Les ouvrages les plus choquants de cette période ceux que la critique postérieure n'hésita pas à qualifier d'infâmes et qui nous paraîtraient aujourd'hui devoir être arrêtés dès la seconde représentation, furent librement joués sous le régime de la censure rétablie. D'autre part, la question de l'indépendance de la scène ne doit pas être préjugée par les excès qui se commirent alors, pas plus que les théories républicaines ne peuvent être rendues responsables de la tourmente terroriste.

Le théâtre est le miroir de la société au milieu de laquelle il se dresse. Le théâtre de la Révolution reflète la rue et se fait l'écho de la tribune. On entend sur la scène comme en bien d'autres endroits, un langage ordurier à l'usage des déclamations outrancières. Le discours se pare d'une carmagnole et l'orateur enveloppe son civisme dans une chemise sale. Entre les frises et la rampe, on déshonore des principes, on souille des croyances jadis vénérées et respectées encore par certains. Les commissaires de 1794 laissent passer, indifférents, ce flot d'inepties grossières. Peu leur importe que l'innocence des enfants et des jeunes filles en reçoive quelque blessure. L'examen ne tend son crible qu'au-devant des pièces politiques. C'est le rôle en vue duquel il a été spécialement rétabli et peu lui chaut d'étendre sa mission au delà. Il lui suffit de frapper de mort dramatique les œuvres indépendantes qui risquent un pamphlet contre les puissants du jour.

Des tableaux de circonstance où l'on célèbre quelques hautes actions de républicanisme, des satires, haineuses et commandées, des ennemis du gouvernement, des pièces éphémères, au dialogue emphatique et banalement déclamatoire, telles sont les œuvres qu'autorise ou qu'inspire la censure de la Convention.

CHAPITRE VII

LE DIRECTOIRE ET LES PIÈCES ANTI-JACOBINES

On est généralement un peu las, sous la constitution nouvelle, d'avoir si intensivement vécu les années écoulées. L'œuvre de la Révolution est accomplie ou peu s'en faut. La société parisienne se repose de tant de philosophie, de tant de démocratisme, de tant de civisme sanguinaire. On est toujours républicain. Certes! Mais on n'est plus sans-culotte. Un vent de frivolité emporte la jeunesse élégante dans un tourbillon de plaisir et de luxe. Barras lui-même, qui donne le ton, remet à la mode l'ingéniosité et le faste des fêtes galantes. Sur plus d'un point, les muscadins du Directoire rappellent les roués de la Régence.

L'exemple de la jeunesse dorée est suivi par toutes les classes de la société parisienne. On se lance dans les distractions avec une sorte de frénésie. La *Dansomanie*, le ballet de Gardel, exprime assez exactement cette fureur de plaisir. On danse partout, en effet, et les idées de fête se familiarisent étrangement avec les idées de mort. Sur l'emplacement de l'ancien cimetière Saint-Sulpice, s'est établi le bal des *Zéphirs*. Un sablier vide, une tête de mort, deux os en croix sont sculptés sur la porte. Chaque soir une foule bruyante se réunit en ce lieu et danse sur des tombeaux, car on ne s'est même pas donné la peine d'arracher du sol les pierres tumulaires. Un bal champêtre, le bal des *Tilleuls*, est organisé dans l'ancien jardin des Carmes. Le sang des prêtres égorgés brunit encore les marches de la sacristie sur lesquelles tous les dimanches, retentissent les flons-flons de l'orchestre. Il y a aussi un bal réactionnaire fameux, le bal des *Victimes*. Pour y être admis, il faut avoir perdu un proche parent au champ d'honneur, c'est-à-dire sur l'échafaud. On y salue *à la victime* avec le mouvement du condamné qui passe son cou dans la lunette. On y porte les cheveux rasés sur la nuque, en souvenir de la coupe du bourreau (1).

Ainsi la folie des plaisirs s'accommode curieusement du macabre en lequel elle recherche un contraste malsain.

Ces distractions spéciales n'empêchent point, toutefois, les théâtres de faire de jolies recettes. On y vient applaudir les acteurs qui sortent de prison, Larive, Dazincourt, les jolies Contat et Devienne que n'avaient point épargnées la fureur révolutionnaire.

Le nouveau gouvernement essaie de réagir contre ces tendances réactionnaires. La censure se montre peut-être plus indulgente pour la moralité de la scène, mais n'en demeure pas moins tracassière pour tout ce qui concerne de près ou de loin la politique.

1. V. Jauffret, p. 325 et 326.

A l'exemple de la Convention, qui avait ordonné la représentation des pièces patriotiques et affecté à cet usage, par décret de 3 pluviôse an II, un crédit de 100.000 fr., le Directoire exécutif prend, à la date du 18 nivôse an IV, un arrêté ainsi conçu :

« Tous les directeurs, entrepreneurs et propriétaires des spectacles de Paris sont tenus, sous leur responsabilité individuelle, de faire jouer, chaque jour, par leur orchestre, avant le lever de la toile, les airs chéris des républicains, tels que la *Marseillaise*, *Ça ira*, *Veillons au salut de l'Empire* et le *chant du Départ*. Dans l'intervalle des deux pièces, on chantera toujours l'hymne des Marseillais ou quelque autre chanson patriotique. — Le théâtre des Arts donnera, chaque jour de spectacle, une représentation de l'*Offrande à la Liberté* avec ses chœurs et accompagnement, ou quelque autre pièce républicaine. — Il est expressément défendu de chanter, laisser ou faire chanter l'air homicide dit : le *Réveil du peuple*. Le ministre de la police générale donnera les ordres les plus précis pour faire arrêter tous ceux qui, dans les spectacles, appelleraient, par leurs discours, le retour de la royauté, provoqueraient l'anéantissement du Corps législatif ou du Pouvoir exécutif, exciteraient le peuple à la révolte, troubleraient l'ordre et la tranquillité publique, et attenteraient aux bonnes mœurs ».

Dans toutes les pièces antérieures à 1792, il est encore interdit aux acteurs de se donner, dans leurs rôles, les dénominations de Monsieur et de Madame. Gaston de Foix, Bayard, deviennent des citoyens. « Phèdre ne déclare sa flamme à Hyppolite que la poitrine ornée d'une immense cocarde tricolore ». (1) Une pièce intitulée *Minuit* est censurée parce qu'on y souhaite la bonne année, usage aboli par le calendrier républicain.

Dans une pièce, *Alexis ou l'Erreur d'un bon père*, un personnage avait à donner dix louis. « Pourquoi, dit un rapport de police, cette monnaie qui rappelle aux royalistes leur idole ? L'auteur ne peut-il donner tout simplement une bourse ? » Dans *Léon ou le Château de Montenero*, l'amoureux reçoit la défense de s'appeler Louis. Les pièces anciennes à sujet chrétien doivent apostasier et faire profession de paganisme. Et ce n'est pas ce qu'il y a de moins étrangement curieux, dans cette inintelligente persécution, que de voir interdire *Zaïre*, la tragédie de Voltaire, qu'on soupçonne de cléricalisme.

Après la réaction thermidorienne, cependant, le public se soucie assez peu d'aller au théâtre pour y faire de la politique officielle. Aux pièces imposées on préfère la folie des vaudevilles ou l'intrigue des pièces amoureuses. Depuis qu'il n'y a plus de terreur, d'accusateur public et de suspects, depuis que la guillotine chôme, depuis que l'on ne risque plus de payer une chanson de sa tête, on chante, on critique, on raille. Un vent de fronde a passé sur Paris et gronde contre les Jacobins en détresse. Le Parisien relève son visage gouailleur et sape de son éclat de rire toute la fortune politique du sectarisme vaincu. Le jacobinisme est accommodé en méchants vers. Il subit cette loi de l'inconstance humaine qu'un

1. Rambaud, p. 183.

homme d'esprit appelait la loi du pendule. Les grands hommes de la veille ont, à leur tour, le rôle ingrat sur toutes les scènes. Comme jadis les contre-révolutionnaires et les fédéralistes, ils jouent maintenant les fourbes et les traîtres :

> Lorsque l'on voudra dans la France
> Peindre des monstres destructeurs,
> Il ne faut plus de l'éloquence
> Emprunter les vives couleurs.
> On peut analyser le crime ;
> Car tyran, voleur, assassin,
> Dans un seul mot cela s'exprime
> Et ce mot là, c'est... Jacobin (1).
>
> . . . .
> Le charme de la comédie
> Du chant les sensibles accords
> Glissant sur leur âme flétrie
> Par la rage et par les remords.
> L'art affreux d'enfanter les crimes
> Pour leur cœur a seul de l'attrait ;
> Les cris plaintifs de la victime
> Voilà le concert qui leur plaît.

« Le régime du grand tyran est passé, s'écrie la *Pauvre femme* de Marsollier (2). C'est bien alors qu'il était heureux d'être une pauvre femme... Quand ces messieurs à bonnets rouges et à moustaches noires, à grands sabres et à portefeuilles bien garnis, allaient fouillant

---

1. C'est en ces vers de mirliton que s'exprimaient les citoyens Hector Chaussier et Martainville, dans le *Concert de la rue Feydeau ou l'agrément du jour*, vaudeville en un acte représenté sur le théâtre des Variétés le 1ᵉʳ ventôse an III (19 février 1795). V. Jauffret, p. 329.

2. Représentée sur le théâtre de l'Opéra comique, le 19 germinal an III (8 avril 1795). V. Jauffret, p. 331.

partout, taxant, injuriant, incarcérant, ce n'était pas dans mon grenier qu'ils seraient venus ».

Dans les *Jacobins aux enfers*, de Chaussier, on voit les Furies, Tisiphone en tête, poursuivre les Jacobins jusque dans le palais de Pluton.

> Ah ! Pluton, je t'en conjure;
> Eloigne ce jacobin
> Ce monstre de la nature,
> Abreuvé de sang humain ;
> Ecarte cette gangrène
> Ou crains mille maux divers
> Car sa dégoûtante haleine
> Infecterait les enfers.

Dans l'*Ecole de la société ou la Révolution de la France*, de Rey, Robespierre et ses partisans sont désignés sous des noms odieux, tels que Tigredins et Scoquini. *Pausanias* de Trouvé est un récit du 9 thermidor ; quand il fait imprimer sa pièce, l'auteur écrit dans la préface : « La seule différence entre *Pausanias* et le monstre dont cet ouvrage retrace les horreurs, c'est que ce dernier fut un lâche et vil scélérat au lieu que Pausanias avait l'énergie du crime et mêlait de l'éclat à ses vices ». Le citoyen G... met en scène *La mort de Robespierre ou les Journées des 9 et 10 thermidor*, pièce insipide qui contenait un monologue de cent vingt-quatre lignes. Une scène de carnage, des orgies nocturnes, avec des filles de joie, des baladins et des bourreaux, Tibère, Néron et Caligula, unis en un seul monstre, Collot d'Herbois, voici la tragédie de Fonvielle, *Collot dans Lyon* (1). Une « bagatelle civico-parade » en un acte est intitulée : *Plus de mandarins où*

1. Jauffret, p. 341.

la Chine sauvée. « J'ai consacré trois ans de ma vie, dit l'auteur, à lire l'histoire des révolutions ; je déclare que je n'en ai trouvé aucune marquée de ce caractère de terreur et de sang que ces exécrables Jacobins ont imprimé à la Révolution de 1789 ». « Réjouissez-vous, s'écriait l'auteur d'un drame en trois actes, l'*Appel à l'honneur ou les Remboursements en assignats*, réjouissez-vous ; la France n'est plus cette bête sauvage qui dévore ses habitants. Il a cessé pour elle le spectacle de cette légion de corsaires farouches, armés en course contre leurs propres concitoyens, avec des lettres de marque signées Robespierre, Carrier, Lebon. Ses regards ne sont plus souillés de la présence de ces proconsuls exterminateurs qui colportaient la mort, le deuil et le ravage dans nos cités. Elle n'est plus en permanence sous nos yeux cette faux redoutable, l'effroi de l'innocence et de la justice, de l'homme riche, de l'homme de génie ».

Une nouvelle comédie, l'*An II ou le tribunal révolutionnaire*, de Ducancel, reçue au théâtre Feydeau, émut plus vivement encore que les précédentes ceux des Jacobins qui avaient conservé de hautes situations dans le gouvernement. L'autorisation avait été demandée et obtenue.

« Le but de cet ouvrage, disait le rapport qui fut fait à cette occasion, est d'inspirer l'horreur de la tyrannie en vouant à l'exécration les auteurs des misères et des calamités qui ont été versées sur le peuple français, pendant dix-huit mois, du plus honteux et du plus lourd esclavage. Une peinture effrayante du système dévastateur et sanguinaire des tyrans de l'an II, la mise en action d'un tribunal voué à tant d'horreurs et coupable de tant de forfaits que la postérité n'osera y croire, les plus vils intrigants dévoilés : voilà ce qui constitue l'ouvrage du citoyen Ducancel » (1).

Les Jacobins annoncèrent que le sang coulerait si la représentation de cette pièce avait lieu. Ils en avaient assez versé, remarque M. Jauffret, pour qu'on les crût sur parole. A la veille de la représentation, un message du ministre de la police, le citoyen Cochon, prévint le directeur et l'auteur qu'ils seraient responsables des troubles qui pourraient se produire. L'ouvrage fut retiré de l'affiche, mais, à la date de l'an III, une pièce presque identique, *Encore un Brutus ou le tribunal révolutionnaire de Nantes* se joue sans difficulté aucune.

Le 4 floréal de la même année, Martainville, jadis arrêté comme suspect dès les bancs du collège, donne aux Variétés un petit acte spirituel sur la recherche des suspects. Dans ce vaudeville, une circulaire du département prescrit d'arrêter les suspects. Il est facile de les reconnaître :

> Si vous avez dans le village
> Quelque citoyen opulent
> Qui met tout son bien en usage
> Et le prodigue à l'indigent
> Par sa largesse
> Sa coupable adresse
> Brigue la faveur, le respect
> C'est un suspect.

C'est un bon métier que d'être agent du gouverne-

1. Jauffret, p. 349.

ment à la recherche des suspects. Les vers qui suivent en témoignent :

> C'est un charmant métier, d'honneur !
> On fait bombance, on fait figure
> Et puis on met à la hauteur
> Les autorités qu'on épure.
> En fait de vin, en fait d'amour,
> On peut se passer son caprice,
> En mettant à l'ordre du jour
> La tempérance et la justice.
> Sur de beaux meubles d'acajou
> Pour les scellés, quel délice !
> Recevoir un petit bijou,
> Rien que pour promettre service.
> Moi, je prends de tous les côtés ;
> Mais surtout, million de pipes !
> Respectons les propriétés,
> Car il faut avoir des principes.

L'agent aperçoit Damis, sage, éclairé, généreux, aimé de tous, en un mot le type idéal du suspect :

> Mais qui s'avance dans ces lieux
>
> DAMIS
> Ciel ! Quel objet frappe mes yeux.
>
> COURANTIN
> Une cravate !
>
> DAMIS
> Une moustache !
>
> COURANTIN
> Cet air bénin.
>
> DAMIS
> Cet air bravache !
>
> COURANTIN
> Du linge blanc, un habit fin,
> Oh ! cet homme est un muscadin.

DAMIS
Un pantalon, un air coquin
Oh ! cet homme est un jacobin.

Courantin veut arrêter Damis, mais celui-ci a reçu la nouvelle des événements de thermidor. Le délégué s'esquive et Damis explique aux bonnes gens du village ce qu'était la France sous le régime de la Terreur :

L'un était suspect pour se taire,
L'autre l'était pour babiller ;
L'un est suspect pour ne rien faire
L'autre est suspect pour travailler ;
Tel est suspect, car il se mire ;
Tel car il porte un habit sec ;
Mon voisin est suspect pour rire ;
Moi, pour pleurer, je suis suspect.

La faveur avec laquelle le public accueillit cette pochade, avait mis l'auteur en goût de rimer contre les autorités révolutionnaires. La *Nouvelle Montagne ou Robespierre à plusieurs* fut la première pièce que Martainville composa contre le Directoire. Les *Assemblées primaires* vinrent ensuite, plus hardies encore, et obtinrent, dès leur première représentation, en 1797, un retentissement considérable. Dans l'ouvrage, il y a un Basile, le journaliste *Sincère*, qui s'entend à merveille à faire et à détruire les réputations :

Par un récit enjolivé
De trois ou quatre circonstances
On change en un crime prouvé
Les plus légères apparences ;
Et, pour en augmenter l'effet
Et le rendre encor plus funeste
Avec un faux air de regret
On débite tout ce qu'on sait,
Et puis on invente le reste.

Il ne faut pas plus de temps au journaliste pour démolir une réputation que pour en édifier une. En France, il existe une douzaine de grands hommes de sa façon. Sincère compte sur les élections prochaines pour faire réussir tous ses projets d'ambition et de fortune. Élu, il deviendra peut-être ministre, ministre des finances naturellement.

>	Comme mes états franchement
>	Ne sont pas dans un ordre extrême
>	Je rendrai fort commodément
>	Mes comptes à moi-même.

Le malheur pour lui, c'est que le pot au lait se renverse. Il ne sort du scrutin qu'une voix, la sienne, et ce sont — indice d'un nouvel état de choses — des citoyens honorables qui sont élus.

>	Il fut un temps où, dans la France,
>	Le nom sacré de magistrat
>	Était le prix de l'ignorance,
>	Du vol et de l'assassinat.
>	Espérons de ces jours horribles
>	Ne revoir jamais le fléau,
>	Non, les intrigants, les bourreaux
>	Ne seront jamais éligibles.

Le public, toujours plus séditieux que les auteurs, montra, par ses applaudissements, combien il était satisfait de toutes ces malices. Il accueillit par l'approbation de son rire jusqu'au couplet de goût douteux que Simplot, l'ancien balayeur du comité révolutionnaire, venait chanter sur la scène :

>	A balayer le comité
>	Je prenais bien d'la peine.

> Mais je peux dire en vérité
> Qu'elle était toujours vaine ;
> Tout était propre à s'y mirer,
> Grâce aux peines les plus dures .
> Mais dès qu'les membres venaient d'entrer
> Il était plein d'ordures.

Les personnages au pouvoir ne goûtèrent aucunement la satire. On défendit la pièce. Martainville fut mandé au bureau central de police pour y recevoir des explications. Il ne voulut rien entendre, s'emporta, déclara que sa pièce serait jouée en dépit des révolutionnaires, des directeurs et de la police.

— Le public la demande, ajouta-t-il, vous n'avez pas le droit de l'en priver.

Impatienté, le secrétaire du bureau, Limodin, répondit avec une grossièreté imprudente :

— Que m'importe le public ? qu'il soit content ou non je m'en fous.

La phrase ne fut pas oubliée ; Martainville se chargea de lui faire une fortune ; il l'emporta précieusement comme une bonne proie et, dès le soir, la mit dans les journaux et sur les affiches : « Le public dont il se fout, déclarait-il, et qui je crois le lui rend bien, a demandé hier à grands cris la pièce défendue. Moi qui ne suis pas membre du bureau central et qui ne me fous pas du public, pour le mettre à même de juger la pièce, je l'ai fait imprimer. Elle se vend chez Barba, rue Saint-André-des-Arts, 27 ». Et chaque jour, après l'annonce du spectacle, on ajoutait sur l'affiche du théâtre : *En attendant les assemblées primaires ou les élections, vaudeville du citoyen Martainville, défendu par ordre du gouvernement* (1)

Une pièce de Beffroi de Régny fit également quelque bruit. Elle s'appelait *Turlututu, folie, bêtise, farce et parade, comme on voudra,* en prose et en trois actes, avec une ouverture, des chœurs, des marches, des ballets, des cérémonies, du tapage. Turlututu, copie de Sancho Pança fait consciemment des balourdises et dit des naïvetés avec finesse. Il chasse du conseil d'Etat les intrigants et les vendus, les mirliflors, trop occupés de leurs parures, les lâches incapables de justice et les remplace par des hommes honnêtes, instruits et courageux.

On ne sait trop pourquoi cette pièce, tellement inoffensive à la lecture, déchaîna la fureur des Jacobins au point que la première représentation ne put être achevée. L'auteur se vengea de la cabale dans une spirituelle diatribe contre les cabaleurs :

« La voilà, dit-il, cette pièce pitoyable, abominable, exécrable, infâme, horrible, tendant à exciter la guerre civile, payée par Pitt et Cobourg. La voilà cette pièce que ces scélérats d'acteurs n'ont pas rougi de représenter même après sa chute. Voilà vraiment un acte de résistance à la volonté nationale, qui n'est pas excusable ! Car on sait que la volonté de tout coquin payé à trois et quatre livres par tête pour faire du bruit dans les spectacles est bien certainement la volonté de tous les Français, surtout depuis que ces messieurs,... R... de L... et M..., qui étaient à la tête des enragés, ont opiné qu'ils étaient seuls toute la nation ».

1. Jauffret, p. 393 à 397.

« D'abord cette pièce est intitulée *Turlututu*. A ce titre seul on doit lever les épaules jusqu'au point de devenir bossu. En effet, comment un ouvrage peut-il avoir du mérite et s'appeler *Turlututu*? Ah! si je l'avais appelé *Caton* ou *Fabricius*, *Aristide* ou *Epaminondas*, et qu'au lieu de mettre sur l'affiche *Folie en trois actes*, on eût mis *Tableau moral, politique, métaphysique, philosophique et patriotique du cœur humain, de la nature humaine et du genre humain*, avec cette devise : *Peuples, nations, despotes, tyrans, coalition, royalisme, Vive la fraternité! Vive la mort!* Oh! pour le coup, c'est alors que tous les grands hommes du jour m'eussent ôté respectueusement leur chapeau en me voyant passer dans les rues et, de quelques plates balivernes dont j'eusse farci ma pièce, on l'eût prôné dans tous les clubs... Mais *Turlututu*. Ah! bon Dieu! cela fait pitié ! »

Après ce badinage sur le titre de la pièce, la verve de Beffroi s'adresse à ceux qui sifflent, au théâtre, les allusions politiques.

« Il est évident, concède-t-il, railleur, que mes intentions sont on ne peut plus criminelles. Dès la première scène, qui ne voit pas que j'ai voulu jouer le gouvernement passé et tous les gouvernements futurs? Quel est le nigaud qui ne s'aperçoit pas que j'ai voulu traîner dans la boue l'Assemblée constituante, l'Assemblée législative, l'Assemblée conventionnelle et toutes les assemblées qui s'assembleront jusqu'à la fin du monde? Où est le butor qui ne devine pas, au premier coup d'œil, que ma pièce est une satire atroce contre toutes les puissances alliées de la France, contre leurs ambassadeurs, contre l'empereur de la Chine, contre le Grand Lama, et même contre Poulaho, roi des trois cents îles des *Amis* de la mer du Sud. On m'a même assuré que les conférences de lord Malmesbury, à Lille, étaient tout à fait rompues, et que l'Angleterre renonçait à la paix pour 50 ans à cause de *Turlututu*; de sorte qu'il n'y a pas de supplice capable d'égaler le crime d'un auteur qui a eu l'audace de provoquer sur un théâtre le courroux de l'Europe, de l'Asie, de l'Amérique et de la mer du Sud.

« Aussitôt voilà des applications saisies avec avidité par le malin public de Paris, qui a le diable au corps pour applaudir, quand on lui parle des coquins, des charlatans et des hypocrites, qui trompent le peuple à cinq mille lieues d'ici, comme si ces choses-là pouvaient regarder notre bienheureuse patrie; comme s'il y avait le moindre rapport entre les fripons du pôle antarctique et les honnêtes et braves Jacobins de notre hémisphère; comme s'il y avait, en France, des hypocrites, des charlatans dans les places; ce qu'à Dieu ne plaise » (1)!

L'arrêté du Directoire aux termes duquel les entrepreneurs des théâtres de Paris devaient faire jouer ou chanter avant le lever du rideau les airs *chéris* des républicains était encore en vigueur en 1798. Mais il ne s'exécutait pas toujours sans incident. Ainsi, lorsqu'il arrivait à la strophe:

Tremblez tyrans, et vous perfides !

Duchaume, l'acteur du Vaudeville, n'oubliait jamais de désigner du poing l'endroit du parterre où se réunis-

1. Cité par Jauffret, p. 99 et s.

saient les Jacobins. Et le geste était toujours souligné d'applaudissements. Au théâtre Feydeau, Gaveau remettait audacieusement à la mode les couleurs de l'ancien régime. Il n'était même point rare en certains endroits d'entendre huer la *Marseillaise*. Aux représentations du *Glorieux* cette réponse de Pasquin : « Apprenez, faquin, que le mot de monsieur n'écorche pas la bouche » recevait l'approbation de toute la salle. Et c'est très mélancoliquement qu'un rapport de police constate l'aversion du public pour le mot de « citoyen ».

Le 18 thermidor an V, on représenta les *Trois frères rivaux* au Théâtre français de la rue de Louvois. Un valet de la pièce s'appelait Merlin, exactement comme le ministre de la justice d'alors.

— Monsieur Merlin, dit un personnage de la comédie, vous êtes un coquin !

On applaudit en riant.

— Monsieur Merlin, continue l'acteur un peu interloqué, vous finirez par être pendu.

— Bravo ! bravo ! crie toute la salle qui trépigne.

La pièce fut retirée de l'affiche, mais un arrêté du 5 fructidor n'en prononça pas moins la fermeture du théâtre pour punir le public d'avoir manifesté aussi vivement ses sentiments sur un ministre.

Ces manifestations, remarque M. Jauffret, étaient des signes de l'opinion publique dont le Directoire ne savait pas mesurer la portée : « Tantôt, il ordonnait la suppression des passages les plus applaudis, tantôt il menaçait de faire fermer le théâtre où ces scènes s'étaient passées. Il ne parvenait qu'à se rendre odieux et ridicule ».

C'est ainsi, notamment, que les directeurs jugent à propos d'interdire une autre pièce de Beffroy de Régny pour des motifs qui paraissent avoir été bien futiles : « Le personnage chargé de la police, dit l'auteur dans une protestation, ne veut pas que Colas dise naïvement *qu'il n'est pas un sabreur.* Si ce citoyen ne veut pas qu'on parle de sabreurs, pourquoi donc sabre-t-il impitoyablement tout ce qu'il y a de saillant dans mes ouvrages ? Nous autres Français nous n'aimons que les bons sabreurs, qui ne sabrent que l'ennemi sur le champ de bataille, et non pas ceux qui voulaient sabrer leurs concitoyens et que le gouvernement a dû comprimer. Si tout prête aux allusions, il faudra donc ne plus faire d'ouvrage. Si l'on ne peut plus parler ni de vertu, ni de vice, ni de probité, ni de brigandage, que restera-t-il ? »

La politique inquiète et maladroite du Directoire lui avait valu une magnifique impopularité. On lui reprochait à la fois les revers militaires et le désastre financier, l'expédition d'Egypte, la mutilation du corps législatif, les désordres intérieurs et le brigandage impuni qui, dans les départements de l'Ouest et du Midi avait atteint des proportions effrayantes. Aussi, lorsque Bonaparte eut accompli son coup d'Etat, applaudit-on avec enthousiasme l'acte audacieux du jeune général. Sur tous les théâtres on joue des pièces de circonstance qui font l'éloge de la journée de Brumaire ; à l'Opéra comique national, on donne les *Mariniers de Saint-Cloud,* au Vaudeville, la *Girouette de Saint-Cloud,* au théâtre des Troubadours de la rue de Louvois, la *Journée de Saint-Cloud.* La période révolutionnaire est à son terme. La

République a vécu. Le peuple, excédé de toutes les luttes politiques et des exigences d'une guerre qui ne finit pas, ne demande plus que la paix, l'ordre et le repos ; il est prêt à leur sacrifier son attachement aux institutions nouvelles et à remettre le soin de ses destinées qui l'accable entre les mains puissantes d'un César.

CHAPITRE VIII

LA CENSURE DRAMATIQUE SOUS LE CONSULAT ET LE PREMIER EMPIRE

Le théâtre mutilé de la Révolution ne pouvait espérer retrouver sous la dictature de Bonaparte ni sous le règne de Napoléon la saine indépendance indispensable à l'éclosion des œuvres fortes. Le Consulat d'abord, l'Empire ensuite, devaient être le règne de la littérature officielle et commandée.

Dès le lendemain du coup d'Etat de brumaire, la censure de la police est secondée par celle du bureau des mœurs, comme nous l'apprend un document relatif aux pièces sur la Révolution :

(Archives de la Comédie française) (1)

BUREAU DES MŒURS

« *Paris, le 14 frimaire an VIII (5 déc. 1799).*

« Aux entrepreneurs du théâtre de la République :

« Le ministre de la police générale nous charge, citoyens, de suspendre la représentation des pièces qui

1. Conf. Welschinger, *La censure sous le Premier Empire* p. 263.

pourraient devenir un sujet de *dissention* (sic) et il nous autorise à exiger, des entrepreneurs de spectacles, qu'ils soumettent à notre examen tous les ouvrages dramatiques relatifs à la Révolution qu'ils voudraient remettre au théâtre à quelque époque qu'ils aient été composés depuis le 14 juillet 1789... Nous pensons que pour exercer l'action salutaire de la surveillance morale des théâtres il est indispensable que les nouveautés dramatiques nous soient soumises avant la représentation. Nous vous invitons, en conséquence, à nous adresser sans délai et faire remettre à notre bureau des mœurs et opinions publiques les pièces relatives à la Révolution, ou à quelque époque de la Révolution, et toutes les nouveautés que vous êtes dans l'intention de représenter.

« Salut et fraternité.

« *Les administrateurs* : Piis, Thurot. »

Une communication des consuls du 5 avril 1800 au ministre de l'Intérieur, Lucien Bonaparte, l'engage à faire connaître aux entrepreneurs des différents théâtres de Paris qu'aucun ouvrage dramatique ne devait, à l'avenir, être mis ou remis au théâtre qu'en vertu d'une permission donnée par lui. Le chef de la division de l'instruction publique était rendu personnellement responsable de tout ce qui, dans les pièces représentées, serait contraire aux bonnes mœurs et aux principes du pacte social [1].

Au début du Consulat, la direction des théâtres appartenait donc au ministère de l'intérieur. Le chef de la

---

1. Welschinger, *op. cit.*, p. 209 et 210.

division de l'instruction publique que l'on rendait responsable des audaces de la scène, était alors un piètre littérateur, Félix Nogaret, auteur du *Pater républicain*. Les adversaires de la censure ont généralement dénoncé le zèle de ce fonctionnaire à faire naître les allusions et ne lui ont jamais pardonné d'avoir empêché un auteur de donner le nom de Dubois à un valet fripon pour ne pas manquer de respect au préfet de police Dubois. La commission d'examen fut complétée par Brousse-Desfaucherets, Lemontey, Lacretelle jeune et Esménard (1). En 1811, on leur adjoignit un certain M. Coupart, dont le nom malheureux devait, en signant les amputations littéraires, servir de prétexte à des plaisanteries faciles.

En 1803, le directeur de l'instruction publique, Rœderer, adressa une circulaire aux entrepreneurs de spectacles où ils les informait qu'ils eussent à soumettre au ministère de l'intérieur un répertoire trimestriel, le gouvernement se réservant le droit de donner son approbation à la représentation des pièces. Lorsqu'en 1804, Fouché reprit possession du ministère de la police, la direction des théâtres revint au bureau de la presse qui faisait partie de son ministère (2).

Le décret du 8 juin 1806 confirma ce déplacement du pouvoir supérieur en matière d'autorisation dramatique. Aucune pièce ne pourrait être jouée désormais sans avoir reçu l'approbation du ministre de la police générale. Le décret disposait, en outre, qu'aucun théâtre ne pourrait

1. Esménard fut remplacé après sa mort par le poète d'Avrigny.
2. Welschinger, p. 211.

plus s'établir à Paris sans l'autorisation spéciale de l'Empereur ; les répertoires de l'Opéra, de la Comédie française et de l'Opéra comique devaient être arrêtés ministériellement, avec défense à tout autre théâtre de jouer des pièces comprises dans ces répertoires. Les théâtres étaient réduits à deux dans les grandes villes, dans les petites villes à un seul.

L'arrêté du 25 avril 1807 qui vint ensuite, divisa les théâtres en grands théâtres et en théâtres secondaires. Le Théâtre français, le Théâtre de l'Impératrice ou Odéon, l'Opéra, l'Opéra comique, l'Opéra Buffa, composaient le premier groupe. Les théâtres secondaires étaient les Variétés, la Porte-Saint-Martin, le Vaudeville, la Gaîté et les Variétés étrangères. Aucun théâtre ne pouvait jouer de pièces en dehors du genre qui lui était assigné. L'arrêté déterminait, à cet effet, les répertoires et les genres. Le ministre de l'intérieur devait recevoir un exemplaire des ouvrages que les directeurs, comptaient représenter, afin qu'il fut permis de s'assurer de leur genre. Les directeurs n'étaient aucunement dispensés par cet examen de soumettre leur répertoire au ministère de la police où les pièces devaient être examinées *sous d'autres rapports* (1). L'arrêté du 25 avril 1807 et le décret du 29 juillet suivant réduisirent considérablement le nombre des théâtres de Paris ; en cette année 1807 disparurent le théâtre Sans Prétention, le Boudoir des Muses, le théâtre Molière, le théâtre Mareux, les théâtres de la Cité, du Marais, de la Société Olympique, des Jeunes

---

1. Welschinger, p. 213.

élèves, des Jeunes comédiens, des Jeunes artistes, des Jeunes troubadours, de la Victoire, des Victoires nationales, du Panthéon, de la Rue du Bac, de la Jeune Malaga et de l'Hôtel des Fermes (1).

La surintendance des grands théâtres fut confiée au comte de Rémusat, le 1er novembre 1807. L'organisation particulière du Théâtre Français fit l'objet du décret de Moscou du 15 octobre 1812.

La suppression des scènes de troisième ordre par l'arrêté de 1807 devait singulièrement faciliter la mission de la censure. Ce sont, en effet, les pièces données dans les petits théâtres qui, le plus souvent, ont suscité les inquiétudes des commissions d'examen. Mais nous verrons que, délivré de cette partie de son fardeau, le bureau du ministère de la police n'en fit pas moins beaucoup de besogne.

On a vivement reproché aux censeurs du Consulat et de l'Empire d'avoir étouffé l'art dramatique de l'époque et de l'avoir énervé de mille tracasseries. Il est bien évident que les moins mauvaises des pièces représentées alors, les *Templiers* de Raynouard, la *Mort de Henri IV*

---

1 « Pendant l'Empire, dit Maxime du Camp, la censure ne fut pas douce aux petits théâtres que Napoléon n'aimait guère. D'un trait de plume, par décret du 8 août 1807, il en supprima vingt-deux ; le coup était rude, mais on peut croire qu'il visait surtout l'impératrice Joséphine qui s'amusait beaucoup aux « bambochades ». L'Empereur ne l'entendait pas ainsi, et, le 17 mars 1807, il lui avait écrit d'Osterode : « Mon amie, il ne faut pas aller en petites loges aux petits spectacles ; cela ne convient pas à votre rang : vous ne devez aller qu'aux quatre grands théâtres et toujours en grande loge. »

de Legouvé, *Omasis* de Baour-Lormianr, *Bruëis et Palaprat*, et les *Deux Gendres* d'Etienne, *Artaxerce* de Delrieu, *Hector* de Luce de Lanciral, ne dépassèrent point le niveau d'une honnête médiocrité; mais, en admettant même que l'inspiration des auteurs ait souffert de l'arbitraire administratif, les censeurs de la division de l'instruction publique ne doivent pas être rendus seuls responsables de cet étranglement littéraire. Les susceptibilités des hommes politiques du Consulat et la censure personnelle de Napoléon pesèrent lourdement sur la scène, et continuèrent l'intolérance des clubs qui, sous la Révolution, avait travesti les programmes et déshonoré l'interprétation.

Une lettre de Lambrecht à Fouché en 1802 (1), est un témoignage probant des influences qui, souvent, motivèrent les décisions de la censure.

« Paris, le 8 ventôse an X de la République
(27 février 1802)

« Citoyen ministre, j'ai quelquefois eu occasion de remarquer que, dans certains spectacles de Paris, on voit paraître des acteurs avec l'habit militaire de l'ancien régime français, ce qui me semble très inconvenant, lorsqu'il s'agit d'une pièce nouvelle qui ne rappelle pas un trait historique de l'ancien régime. Cela donne matière à des applications et des réflexions dont il serait bon de détourner les citoyens. C'est ce que je viens de remarquer au théâtre du Vaudeville dans une pièce nouvelle inti-

1. Archives nationales, F. 7. 3325.

tulée *Sophie*, où l'on voit un officier avec un habit blanc ayant précisément la forme ancienne. Si vous trouvez mon observation de quelque importance, je vous prie d'y donner la suite que votre sagesse vous suggérera.

« Salut et fraternité,

« LAMBRECHT ».

Ce sont également des influences au zèle mal éclairé qui, le 6 juillet 1801 firent interdire la pièce intitulée 1, 2, 3, 4, ou les *Quatre constitutions*, parce que cet ouvrage tendait, disait-on, à avilir les premières autorités de la République.

En janvier 1801, mû, sans doute, par la pensée de relever le Théâtre français, le premier consul avait fait écrire par son ministre Chaptal une lettre aux comédiens pour les engager à reprendre l'ancien répertoire et à laisser de côté les petites pièces qui ne convenaient qu'aux théâtres secondaires. Le même conseil fut adressé à l'Opéra où, dès lors, on donna des pièces graves, ennuyeuses bien souvent, dont les sujets étaient naturellement empruntés à l'histoire grecque ou romaine, tels que : *Hercule, Praxitèle, Flaminius, Astyanax*, etc. (1).

Un employé de Félix Nogaret proposa même de retrancher *Tancrède* et *Tartufe* du répertoire du Théâtre Français.

« La première de ces pièces, alléguait-il, doit être supprimée, parce que c'est un proscrit qui rentre dans sa patrie sans avoir préalablement obtenu l'autorisation du

1. Welschinger, p. 214.

gouvernement ; la seconde, parce qu'elle peut déplaire au clergé et que le Concordat qui vient de le rétablir en France a pour but principal d'étouffer tous motifs de discorde qui pourraient naître du pouvoir spirituel en contact avec l'autorité civile ».

Ce rapport, nous assure M. Welschinger (1), mit Bonaparte en fort méchante humeur.

« Quel galimatias ! s'écria-t-il. Il faut que ce monsieur soit bien bête. Comment se nomme-t-il ?... C'est une place à la halle qui convient à cet homme. Remplacez-le immédiatement. Encore une fois, il est trop bête ».

Cette colère du premier consul n'empêcha d'ailleurs ni les rapports de ce genre de se succéder fréquemment ni Bonaparte lui-même de les approuver et de les susciter.

Lorsque, après une lecture dans le salon de Chaptal, la pièce d'Alexandre Duval, *Edouard en Ecosse*, fut représentée au Théâtre Français, la censure n'avait supprimé que la phrase suivante dans le rôle de Mlle Contat : « Nous de notre côté comme femmes, sans nous mêler des querelles politiques, nous remplissons les devoirs que le ciel et l'humanité doivent inspirer à tous les cœurs sensibles ». A la première représentation, un vif incident se produisit au cours de la scène suivante.

Le colonel levant son gobelet :

— Au succès des armes de Georges sur terre et sur mer, et à la mort de tous les partisans des Stuarts.

Edouard, emporté par la colère, jette son gobelet :

---

1. Welchinger, p. 214.

— Je ne bois à la mort de personne.

Les royalistes applaudirent aussitôt la réponse avec une insolence significative.

La phrase malheureuse est supprimée par la censure; mais le seul geste de l'acteur qui brise son gobelet sans mot dire est plus applaudi encore. Le consul, furieux, interdit la pièce et Duval, menacé, s'enfuit en Russie d'où il ne revint qu'en 1803.

La première page du manuscrit d'*Edouard en Ecosse*, que l'on peut consulter dans les archives de la Comédie française, porte cette note manuscrite, écrite en 1813 de la main de l'auteur :

« Témoin des crimes causés par les dénonciations et les proscriptions, l'auteur ne craignit pas de mettre sur la scène l'exemple d'une courageuse générosité ; mais comme on y voyait d'illustres proscrits, la pièce fut défendue. Ce n'était plus qu'à la Cour d'Alexandre que l'on pouvait espérer de la magnanimité. L'auteur l'y porta et trouva en l'auguste bienveillance de Sa Majesté un dédommagement honorable qui pouvait compenser la persécution que lui avait fait éprouver cet ouvrage. A son retour de Saint-Pétersbourg, l'auteur permit à M. de Kotzebue de le traduire. Ce drame a été joué successivement sur les théâtres d'Italie et même d'Angleterre. Enfin on le trouve partout, excepté en France. N'est-ce donc qu'en ce pays qu'il n'est pas permis d'appeler l'intérêt et le respect sur le malheur » (1).

L'émotion causée par l'interdiction d'*Edouard en*

1. *Archives de la Comédie française.*

Écosse n'était point encore calmée lorsque des amis maladroits de Bonaparte provoquèrent un nouveau scandale. Le 27 février 1802, on donna à l'Opéra-Comique une pièce d'Emmanuel Dupaty, *l'Antichambre ou les valets entre eux*, dont Dalayrac avait écrit la musique. Ne s'avisa-t-on pas d'imaginer que le costume des trois valets copiait le costume même des trois consuls! D'autre part, un militaire interrogé sur sa profession par un des valets répondait : « Je suis au service. — Et moi aussi répliquait le valet. Nous sommes collègues ». Bien d'autres accusations étaient lancées contre la pièce et son interprétation ; on assurait notamment que les manières du général Bonaparte étaient tournées en ridicule par l'acteur Chénard.

Cette fois, il ne suffisait plus d'interdire une pièce aussi malhonnête ; il était urgent de sévir. Selon Thibeaudeau, le premier consul dit « qu'il fallait vérifier les habits, que s'ils étaient semblables aux costumes consulaires on en revêtirait les acteurs place de grève et qu'on les ferait déchirer sur eux par la main du bourreau. » L'auteur reçut l'ordre de s'embarquer pour Saint-Domingue comme réquisitionnaire à la disposition du général en chef. Enfin, on mit à l'ordre du jour de l'armée la scène : « Je suis au service. — Et moi ausssi. — Nous sommes collègues ». Le poète Campenon, qui était alors au bureau des théâtres, fut destitué et menacé de la déportation. Peu de jours après tout cet éclat, on s'aperçut que les malencontreux costumes étaient de simples

1. Welschinger, *op. cit.*

livrées, que la pièce avaient été composée avant le Consulat et que les innocentes malices du dialogue avaient été défigurées par un zèle blâmable.

Dupaty, qui était déjà sur les pontons de Brest, n'alla pas jusqu'à Saint-Domingue. Sa pièce put même être reprise à l'Opéra-Comique ; seulement, désormais, la scène se passa en Espagne, Belval s'appela Don Guzman et la pièce *Picaros et Diego* ou la *Folle Soirée*.

Après l'interdiction momentanée de *l'Antichambre*, les officieux et les flatteurs demandèrent l'interdiction de *Mérope*, de la *Mort de César*, d'*Héraclius*. Dans *Héraclius* on avait signalé, notamment, cette tirade de Phocas à propos de la couronne :

> ... Mille et mille douceurs y semblent attachées
> Qui ne sont qu'un amas d'amertumes cachées.
> Qui croit les posséder les sent s'évanouir,
> Et la peur de les perdre empêche d'en jouir
> Surtout qui, comme moi, d'une obscure naissance,
> Monte par la révolte à la toute puissance
> Qui, de simple soldat à l'empire élevé,
> Ne l'a que par le crime acquis et conservé.

Selon Bourrienne, des poètes à gage apportèrent aux pièces des maîtres d'étranges changements. *Héraclius* ne fut joué qu'après mutilation. *Richard Cœur de Lion* ne put voir la scène et le théâtre d'Amiens reçut défense de représenter *Athalie*. Dans *Les Maris en bonne fortune*, Etienne dut supprimer la phrase suivante :

LASCARILLE

« Un procurateur de police qui n'entend pas ce qu'on dit !... Il y a tant de ses confrères qui entendent ce qu'on ne dit pas ».

La censure de l'Empire devait être moins libérale encore que celle du Consulat.

En 1804, un avocat parisien, Marie-Jacques-Armand Boïeldieu, publia une assez curieuse étude sur « l'Influence de la chaire, du théâtre et du barreau dans la société civile, ouvrage politique et moral. » Ce petit traité qui, adressé à l'archichancelier Cambacérès, emprunte à cette dédicace un caractère presque officiel, donne des détails intéressants sur l'état d'esprit des adversaires de la liberté du théâtre au début de l'Empire. L'auteur fait un choix entre les pièces qui, à son avis, devraient seules être jouées et celles qu'il conviendrait de rigoureusement interdire. Il y a là une certaine formule du théâtre tel qu'il devrait être toléré et de la littérature dramatique telle qu'elle devrait être conçue, qu'il est intéressant de signaler, car, si toutes ces indications n'ont pas été littéralement observées sous l'Empire, du moins motivèrent-elles pour la plupart les décisions postérieures de la censure impériale.

M. J. Boïeldieu se plaint vivement de la licence actuelle du théâtre : « De nos jours, dit-il, la scène est travestie, et il n'est pas rare d'y voir les assassins dans leurs cavernes ou les fous dans leur hôpital. Ne pouvons-nous donc laisser aux tribunaux criminels le soin de punir ces monstres qui déshonorent jusqu'au nom d'homme ; aux médecins, celui de tenter la cure de ces malheureux dont le délire même en peinture affecte toujours péniblement l'humanité ? Quel charme si puissant et si doux peut donc avoir pour des spectateurs le tableau déchirant de tous les maux qui, dans l'ordre moral et physique, désolent partout l'espèce humaine, et dont, à chaque instant, le plus léger dérangement d'un de nos organes affaiblis peut nous rendre nous-mêmes les déplorables victimes? Qu'avons-nous besoin de courir au théâtre pour voir et des *Brigands* et des *Folles* et des *Malades par amour*. Un spectacle pareil est affreux; il attriste l'âme, il oppresse le cœur, il fait naître les plus tristes réflexions; il ne saurait, pour peu qu'on éprouve encore quelque sentiment d'affection pour ses semblables, véritablement intéresser qu'au succès du traitement des auteurs qui, sans avoir eux-mêmes le transport au cerveau, n'ont évidemment pu mettre au jour des productions dont je n'attaque pas le mérite particulier, mais dont le genre me paraît réellement déplorable et dangereux. »

Après avoir signalé le danger, il était urgent d'indiquer le remède. M. Boïeldieu, dans son opuscule dédié à l'archichancelier Cambacérès, réclame l'intervention de l'État plus active encore, et justifie cette intervention en termes emphatiques :

« Mais après tout, si c'est au public seul qu'appartient incontestablement le droit d'orner ou de flétrir leur couronne, n'est-ce pas toujours à l'autorité souveraine conservatrice, par sa nature, des mœurs et du repos de la société, qu'appartient non moins évidemment celui de s'opposer à ce qu'on altère la morale publique. Et quand, pour l'intérêt commun, chaque individu, dans un État civilisé, fait le sacrifice de partie de ses droits naturels; quand le charlatan et l'empirique n'y peuvent débiter leurs drogues empoisonnées, comment se ferait-il que des docteurs sans commissions comme sans principes auraient la faculté si dangereuse de prêcher impunément et publiquement sur le théâtre une morale propre à corrompre la masse générale des citoyens » (1).

Cet avocat rigoriste se lamente d'entendre, dans *Fanchon la Vielleuse,* ce joyeux couplet que l'auteur fait chanter par un homme d'église (l'abbé de Latteignan) :

> Ennuyé du maudit sermon
> D'un jésuite à voix aigre
> Sans façon
> Chez vous, Fanchon,
> Pour avoir l'âme allègre
> Je dînerai
> Et j'oublierai
> Que c'est aujourd'hui maigre.

Il recommande, en revanche, d'aller applaudir *Médiocre et Rampant,* l'*Entrée dans le monde,* la *Diligence de Joigny,* le *Vieillard et les Jeunes gens,* toutes pièces d'une bonne morale « que n'eût point désavouées le célèbre Molière », les deux *Deux Pages* et les *Petits Savoyards,* apothéose de l'amour filial ; il engage tout Paris à prendre des billets pour le *Chaudronnier de Saint-Flour,* le *Diable couleur de Rose,* punition de la sottise et de l'envie, triomphe de la vertu (2).

A cet austère morigéneur, on pouvait répondre que, bientôt, le théâtre n'offrirait plus d'intérêt ni de plaisir au spectateur, s'il était circonscrit et renfermé dans les

1. M. J. Boïeldieu, p. 106.
2. *Ibit.*, p. 74.

bornes d'une morale ennuyeuse et qu'autant vaudrait, désormais, chercher des délassements dans les discours des prédicateurs religieux s'il n'était plus permis de rire au spectacle. Napoléon ne devait point permettre, d'ailleurs, de rire de toutes sortes de choses ni de toutes sortes de gens. Il protège, sur les théâtres, l'habit ecclésiastique, et le 4 mai 1805 écrit à Fouché : « Faites connaître au préfet de Nîmes mon mécontentement de ce qu'il laisse mettre sur la scène les sœurs hospitalières. Ces bonnes filles nous sont trop utiles pour les tourner en ridicule. »

Les soucis de la politique intérieure le font intervenir fréquemment dans les représentations théâtrales ; il considère que les auteurs dramatiques doivent surtout l'aider à diriger l'opinion publique. Par un caprice à peine motivé, il arrête la représentation de *Pierre le Grand* à la deuxième représentation ; *Rienzi*, la pièce du conventionnel Laignelot, ne peut être jouée « parce qu'elle offre une intention odieuse d'allusions aux circonstances présentes. » On avait, en effet, commenté ces trois vers :

> Son vêtement superbe est celui d'un monarque
> Et quoi qu'il soit du peuple et même le dernier
> Il a quitté le peuple et s'est fait chevalier.

La veuve Petit, éditeur de la pièce, est incarcérée aux Madelonettes « jusqu'à ce qu'on ait empoigné l'auteur (1). » Mais Laignelot s'était déjà soustrait, par la fuite, à toutes représailles.

Dans une pièce faite exprès par Chénier pour le cou-

---

1. *Correspondance de Napoléon*, t. X.

ronnement de l'Empereur, l'auteur conseille en ces termes le souverain :

> Favori des Destins, qu'il soit digne de l'être
> Des Mèdes, des Persans, le père et non le maître
> Qu'en s'appuyant du peuple, il lui serve d'appui
> Qu'il règne par la loi, qu'elle règne sur lui.

La pièce, outrageusement sifflée, tombe devant la cabale coalisée des libéraux, des royalistes et des agents des Tuileries.

Les *Templiers* de Raynouard, trop applaudis au gré de Napoléon, lui inspire, la lettre suivante qu'il adresse au ministre de la police :

« Milan, 1er juin 1805.

« Il me paraît que le succès de la tragédie *les Templiers* dirige les esprits sur ce point de l'histoire française. Cela est bien, mais je ne crois pas qu'il faille laisser jouer des pièces dont les sujets seraient pris dans des temps trop près de nous. Je lis dans un journal qu'on veut jouer une tragédie de Henri IV. Cette époque n'est pas assez éloignée pour ne point réveiller des passions. La scène a besoin d'un peu d'antiquité et sans trop porter de gêne sur le théâtre, je pense que vous devez empêcher cela, sans faire paraître votre intervention ».

Bien que la scène « ait besoin d'un peu d'antiquité », *Athalie* n'eût cependant jamais été représentée sous ce règne si Lemontey n'avait eu l'idée géniale de corriger Racine. Il supprime d'abord quelque vers impolitiques qui contiennent une bien involontaire allusion de l'auteur à la mort de Louis XVI. Par exemple ceux-ci dans la bouche de Joab :

> Quel fruit me revient-il de tous vos sacrifices
> Ai-je besoin du sang des boucs et des génisses
> Le sang de vos rois crie et n'est point écouté
> Rompez, rompez tout pacte avec l'impiété.

Vingt-cinq vers sont encore supprimés au 4° acte parce que Joas invite les Juifs à sortir de l'esclavage. Il en résulte qu'un vers n'a plus de rime.

> Prêtres saints, c'est à vous de prévenir sa rage,

Lemontey, pour combler la lacune, imagine l'héxamètre suivant :

> De proclamer Joas pour signal du carnage.

Et le reste est à l'avenant.

Dès que Napoléon a résolu de divorcer, il ne permet plus que le théâtre s'occupe des séparations matrimoniales. Le prince de Neufchâtel offre au souverain une fête pendant laquelle les acteurs du Théâtre Français jouent *Cadet Roussel.* L'empereur paraît d'abord s'amuser beaucoup du spectacle, mais il devient subitement maussade, lorsque le comédien Brunet, dans le rôle de Cadet Roussel, a dit cette phrase : « Il est malheureux pour un homme comme moi de n'avoir personne à qui transmettre l'héritage de sa gloire. Décidément, je vais divorcer pour épouser une jeune femme avec laquelle j'aurai des enfants ».

Après la représentation, l'empereur demanda depuis quand on jouait cette pièce : « Depuis un an, Sire »,

LA CENSURE DRAMATIQUE, CONSULAT ET PREMIER EMPIRE 177

répondit Berthier. « Et elle a eu du succès ? » — « Un immense succès ». — « C'est fâcheux, si j'en avais eu connaissance, je l'aurais interdite. Il semble que MM. les censeurs prennent à tâche de ne faire que des bêtises ».

Hélas ! le théâtre classique lui-même n'épargnait pas les allusions fâcheuses au divorce impérial. Talma qui jouait à la Cour le rôle de Néron dans Britannicus déchaîna une auguste colère en confiant à Narcisse ses sentiments pour Octavie.

NÉRON

Non que pour Octavie un reste de tendresse
M'attache à son hymen et plaigne sa jeunesse ;
Mes yeux depuis longtemps fatigués de ses soins
Rarement de ses pleurs daignent être témoins
Trop heureux, si, bientôt, la faveur d'un divorce
Me soulageait d'un joug qu'on m'imposa par force
Le ciel même en secret semble la condamner ;
Ses vœux depuis quatre ans, ont beau l'importuner
Les dieux ne montrent point que sa vertu les touche
D'aucun gage, Narcisse, ils n'honorent sa couche ;
L'Empire vainement demande un héritier.

NARCISSE

Que tardez-vous, Seigneur, à la répudier.

Du coup, Napoléon prend la résolution de faire sa censure lui-même. Il commence par se faire lire à Saint-Cloud la tragédie de Raynouard, les *États de Blois*, et l'interdit immédiatement. Mais les événements de la politique extérieure ne permirent point à l'empereur de prolonger ce caprice et de remplacer à lui seul toute la commission d'examen.

La censure s'exerça avec non moins de rigueur dans

les départements comme en témoignent plusieurs documents émanés du ministère de la police.

Note de la police sur la comédie : la *Partie de chasse de Henri IV*.

Archives nationales, F.' 3301.
10 août 1810.

« Au Préfet de la Côte d'Or,

« On me rend compte, Monsieur, qu'on vient de jouer sur le théâtre de Dijon la *Partie de chasse de Henri IV*. La représentation de cet ouvrage n'étant point autorisée, vous voudrez bien donner des ordres pour qu'il ne puisse être donné sur les théâtres qui se trouvent dans votre département » (1).

Le 25 janvier 1815 le ministre de la police tance vertement le préfet d'Indre-et-Loire pour avoir laissé représenter sur le théâtre de Tours le *Masque de Fer* et le *Souper d'Henri IV*, deux pièces interdites (2). Le 2 février suivant, il adresse au même préfet une lettre interdisant les *Pruneaux de Tours ou la Faillite en Vaudeville*, opéra vaudeville nouveau n'ayant point reçu l'autorisation spéciale du ministre de la police et dont on annonçait la première représentation dans le journal d'Indre-et-Loire du 23 janvier 1811.

1. Welschinger, p. 293 et 294.
2. Le Directeur du Spectacle de Caen ayant demandé en 1811 la permission de faire mettre au répertoire de son théâtre la *Partie de chasse de Henri IV*, cette autorisation lui fut également refusée par le ministre de la police, duc de Rovigo (Welschinger, *loc. cit.*).

Dans cette même année, le commissaire général de police à Hambourg reçoit du ministre la communication suivante :

« Je vous invite, Monsieur, à prendre les mesures nécessaires pour empêcher dans les nouveaux départements récemment réunis à l'Empire la représentation de certains ouvrages dramatiques de Werner, de Kotzebue, de Goethe et de Schiller dont l'effet moral est évidemment de troubler l'ordre social en étouffant le respect qu'on doit aux autorités légitimes. Plusieurs de ces pièces contiennent, d'ailleurs, d'insolentes déclarations contre le gouvernement et le peuple français. Je vous signale expressément les pièces intitulées : Les *Brigands*, *Marie Stuart* et *Guillaume Tell*, de Schiller ; *Faust*, de Goethe ; *Attila*, de Werner ; les *Heureux*, la *Comédienne par amour*, la *Croisée murée*, l'*Epreuve du feu*, *Crainte sans nécessité* et le *Pauvre Troubadour* de Kotzebue ».

Au comte de Rémusat, le Chambellan de l'Empereur, qui le prie d'autoriser la tragédie de *Tippo-Saëb*, le ministre de la police répond par un refus courtois et longuement motivé :

« ... Je ne doute point, lui écrit-il, des intentions patriotiques de l'auteur, que vous honorez de votre amitié ; mais je pense qu'une tragédie, dont le sujet n'est au fond et ne peut être que le triomphe de nos éternels ennemis et l'affermissement de la puissance colossale des Anglais dans le continent de l'Inde serait aujourd'hui déplacée sur la scène française. Je crois aussi que, malgré l'éloignement des lieux, un événement récent et presque contemporain, auquel peuvent avoir contribué des personnes qui vivent encore au milieu de nous, qui réveille à la fois et le souvenir de Louis XVI, allié de Tippo Saëb et le souvenir du parti révolutionnaire qui avait envoyé ses agents dans l'Inde, ne saurait convenir au théâtre. Racine fut blâmé d'avoir mis Bajazet sur la scène plus d'un demi siècle après la mort de ce prince, quoique la politique du gouvernement français fut très étrangère à cet événement. On sait, au contraire, qu'elle fut liée quelque temps à la destinée de Tippo-Saëb dont le sang fume encore, et le talent de Racine lui-même ne suffirait pas dans un tel sujet pour éviter tout ce qui peut donner lieu à des applications ou rappeler des souvenirs douloureux... ».

Les examinateurs de pièces ne se contentent même plus de faire de la censure politique. Ils ne craignent point de prononcer des jugements littéraires et créent ainsi un précédent à la censure du romantisme. Dans un rapport sur *Clovis* de Depuntis, on lit :

« Nous devons déclarer que cette production ne décèle point le génie dramatique. L'action en est embarrassée et languissante. Aucune grande catastrophe ne s'y annonce ; aucune situation ne fait naître ni l'intérêt ni l'étonnement. Quoique plusieurs circonstances historiques y soient rapportées avec une fidélité minutieuse, le Clovis de cette tragédie n'est en rien le Clovis de l'histoire. C'est un héros sans physionomie et d'une magnanimité idéale qu'on voit partout. Le style en est extrêmement faible et froidement raisonnable.

Paris, 17 mai 1811.

LACRETELLE, LEMONTEY.

Ainsi, la commission de censure se transforme en académie, les examinateurs en directeurs littéraires. Cette persécution, ajoutée aux autres, fut, sans aucun doute, la plus douloureusement ressentie. Ce régime n'était pas fait pour l'art, l'art ne donna rien au régime.

Lorsqu'arrive l'invasion de 1814, tous les théâtres doivent reprendre par ordre des pièces patriotiques. On joue : *Philippe à Bouvines, Charles Martel à Tours, Villars à Denain, Bayard à Mézières, Gaston et Bayard, Le Siège de Calais, la Rançon de Du Guesclin, l'Oriflamme.*

Napoléon a dit que « ses gendarmes et ses évêques » faisaient la police de son empire. « Ses auteurs dramatiques » durent accepter une mission analogue. L'art de la scène fut désormais employé à diriger l'esprit public vers la gloire du Maître. Aussi, pendant que se multiplient les apothéoses impériales, évocatrices des triomphes militaires et du carillon des *Te Deum*, le génie du théâtre sommeille. Les auteurs de talent comme Lemercier « attendent ». Ceux qui font jouer les productions agréées par le ministère de la police remplacent le talent disparu par une docilité de fonctionnaires. Cette attitude leur réussit ; on les pensionne. Quatorze pièces sur la naissance du roi de Rome, voilà à quoi se réduit, en 1811, l'invention de la scène. Les avis qu'au début du règne l'avocat Boieldieu donnait aux censeurs avaient été scrupuleusement observés. Mais le théâtre souffrit cruellement de cette dictature et si l'on cherche à caractériser les œuvres de l'époque, on n'y trouve guère autre chose qu'une insignifiance lamentable, une adulation de commande ou de pompeuses flagorneries.

CHAPITRE IX

LA RESTAURATION

Le 13 avril 1814, avant même que Louis XVIII se soit installé aux Tuileries, le Théâtre français reprend la *Partie de chasse de Henri IV*, interdite sous l'Empire. Le succès de la première représentation paraît avoir été considérable. « La *Partie de chasse de Henri IV*, dit dans son compte rendu, le *Moniteur officiel* (1), a longtemps été éloignée de la scène ; autrefois, elle avait l'habitude de reparaître dans quelques circonstances solennelles ; sa représentation signalait ordinairement la naissance d'un héritier du trône ou quelque événement heureux ajoutant à la gloire ou signalant la bienfaisance de la Maison royale. C'est donc hier qu'elle devait être donnée. » Il ajoute : « ... Depuis que nos troubles civils et nos dissensions politiques ont permis au spectateur de chercher au théâtre autre chose qu'un délassement littéraire, depuis qu'on a cru devoir y attendre les passages faisant allusion aux vœux ou aux espérances des divers

1. *Moniteur officiel* du 14 avril.

partis qui nous ont successivement agités, un bien grand nombre d'ouvrages animant des passions contraires ont excité tour à tour les acclamations d'une majorité impérieuse ou d'une minorité turbulente ».

La pièce mise à l'index sous le régime vaincu, devait, en conséquence, servir de manifestation aux partisans du nouveau règne. Les émigrés et les officiers des armées étrangères donnèrent le signal des applaudissements.

On ne soutient plus guère aujourd'hui cette opinion que la Charte de 1814 avait aboli la censure dramatique. Certes, depuis que l'article 8 de la constitution avait assuré aux citoyens le droit de publier leurs opinions, les auteurs devaient pouvoir faire imprimer leurs pièces sans requérir l'autorisation des censeurs Mais cet article 8 ne pouvait s'appliquer aux représentations dramatiques. Il n'était ni dans l'esprit de la Charte, ni dans l'intention de ses rédacteurs, de lui donner une telle extension (1). Peut-être d'ailleurs eut-il été dangereux en ce moment pour l'ordre public d'accorder aux auteurs l'entière liberté du théâtre. Les libertés de toute nature exigent un apprentissage. L'autorité dictatoriale avait, sous le règne de Napoléon, lourdement pesé sur la scène. Un libéralisme progressant mieux encore qu'une tolérance

1. Le gouvernement confirma, d'ailleurs, la législation impériale en matière de censure dramatique par une circulaire du 29 octobre 1822 et une ordonnance des 8-11 décembre 1824 qui disposait, dans son article 8, que les pièces nouvelles et celles qui étaient représentées à Paris ne pourraient être jouées dans les départements que d'après un manuscrit ou exemplaire visé au Ministère de l'intérieur.

absolue convenait désormais aux manifestations de l'art dramatique.

La censure de Louis XVIII ne sut même pas être libérale. Elle avait, il est vrai, l'excuse d'exercer la rigueur de son ministère dans une époque tumultueuse et troublée. Dès le retour des Bourbons, l'opposition violente des partis jette une fièvre de haine dans tous les milieux sociaux (1) ; des discussions sanglantes se greffent sur les plus anodines conversations ; des duels s'ensuivent, meurtriers souvent ; les duels ne furent jamais plus nombreux qu'en ces années-là. Les animosités politiques se heurtent dans les salons, dans les cafés, dans la rue ; les officiers en demi solde sont assiégés par les gardes du corps dans le café Lamblin ; à leur tour, ils menacent les hommes du régime restauré en conspirant dans toutes les villes. On massacre dans le Midi ; on exécute partout. Les exaltés de la réaction royaliste ne se contentent point de faire la guerre aux partis ; ils ambitionnent d'anéantir l'arsenal des idées révolutionnaires et philosophiques ; les processions expiatoires des « crimes de la Révolution » sillonnent les paroisses, et, dans les cathédrales, des moines extasiés renouvellent en chaire le geste des croisades.

Le théâtre est spécialement surveillé comme un foyer de jacobinisme. Il est vrai que l'impopularité du régime suscite à tout propos les manifestations du parterre. On se bat à *Germanicus*, la très inoffensive tragédie d'Arnault. Il faut dire qu'Arnault bien que, cependant,

---

1. V. Rambaud, *op. cit.*, p. 502.

il n'eût point été conventionnel, n'en avait pas moins été accusé, on n'a jamais trop su pourquoi, d'avoir voté la mort de Louis XVI. Cette prévention prit même une telle consistance qu'en 1815 l'écrivain fut proscrit comme régicide. C'est ce qui explique la fureur avec laquelle les royalistes se déchaînèrent contre le succès de *Germanicus*. Le fait suivant que relate Arnault dans ses mémoires le démontre d'une façon plaisante. Quinze jours après cette représentation qui, du théâtre, fit descendre la tragédie dans le parterre, et dont le bruit était parvenu jusque dans son exil, le proscrit fit un voyage en Hollande où quelques affaires l'appelaient. Dans la diligence où il avait pris place et où nul ne le connaissait, se trouvait justement un officier français venant de Paris ; comme ce dernier était d'un caractère fort communicatif, les voyageurs l'accablèrent bientôt de questions sur ce qui se passait en France et l'article de *Germanicus* ne fut pas oublié. Ce qu'il dit de la pièce littéraire n'était pas de nature à blesser l'amour-propre de l'auteur : « Les meilleurs royalistes, ajoutait-il, se font un devoir de rendre justice au mérite de cet ouvrage, mais ils ont fait justice aussi de l'auteur, quand les Jacobins ont été le demander et quand ils ont voulu que le nom de ce régicide fut proclamé. »

— C'est donc un régicide que cet auteur ? demanda un Hollandais en secouant sa pipe.

— Mais certainement. C'est un conventionnel qui a voté la mort du roi. Serait-il exilé s'il en était autrement ?

La conversation dont Arnault se garda bien de se mêler changea ensuite de sujet. Comme l'on approchait de La Haye l'officier demanda à ses compagnons de route s'ils n'avaient point de commissions à lui confier pour Paris, où il serait bientôt de retour. Chacun l'ayant remercié, Arnault lui dit avec son meilleur sourire :

— Monsieur, j'userai, moi, de votre obligeance. J'ai quelque chose à faire dire dans ce pays-là. On n'y connaît qu'une partie de l'histoire de *Germanicus*. Permettez-moi de vous la faire connaître tout entière afin que vous puissiez la raconter à votre tour. Personne mieux que moi ne sait ce qu'a fait et ce que veut faire cet homme là. Il ne rêve qu'à des crimes, c'est la vérité ; et non pas seulement à des crimes qui n'ont pour objet que la ruine d'une famille ou la mort d'un homme ; c'est du renversement des Etats, c'est de la mort des princes, c'est de ces grands complots qui bouleversent l'ordre social, qui détrônent les dynasties, qui changent le destin des empires, qu'il est incessamment occupé. Il a ourdi je ne sais combien de conspirations : tantôt c'est une république qu'il veut substituer à un empire, tantôt un empire qu'il veut substituer à une république. Faut-il se délivrer d'un prince ? tous les moyens lui sont bons.

Et jouissant une minute de la stupeur de son auditoire, Arnault, ajouta, confidentiel.

— Tenez, à l'instant même où je vous parle, il prépare justement le poison qui doit terminer les jours d'un personnage des plus illustres.

— Que me dites-vous là ?

— Rien qui ne soit exactement vrai. Notez, toutefois, que cet homme si familiarisé avec les combinaisons les plus atroces, est, d'ailleurs, assez bon diable. Il n'est pas mauvais mari, il est bon fils, bon père, bon ami, bon maître, même pour son chien. Il ne ferait pas de mal à un enfant. Il n'a jamais tué que des rois... Ah! par exemple! cela, c'est sa manie de tuer des rois! Seulement ce sont des rois de théâtre. Voilà ce que je vous prie de dire à vos amis de Paris, sur mon témoignage, et je parle en connaissance de cause, car cet homme et moi nous ne faisons qu'un.

— Quoi! monsieur!

— Oui, monsieur, je suis l'auteur de *Germanicus*.

— Comment? Vous n'avez pas voté la mort du roi?

— Aristocrate comme vous alors, je n'étais pas même membre de l'Assemblée qui l'a jugé

L'officier s'excusa vivement d'avoir partagé jusqu'alors l'erreur commune. Il fit au proscrit les adieux les plus courtois et lui assura qu'à Paris il ferait connaître la vérité.

— Mais, ajouta-t-il, pourquoi êtes-vous exilé?

— Tâchez de le savoir, monsieur, lui répondit Arnault, et quand vous le saurez, vous me l'apprendrez; c'est encore une obligation que je vous aurai (1).

En ces années de réaction violente et de représailles désordonnées, il y eut autant de confusion dans la proscription des ouvrages du théâtre ou de la librairie que dans celle des individus.

Jouy, rédacteur à la *Minerve* met en répétition *Béli*-

---

1. Arnault, grâcié en 1819 put reprendre sa place à l'Académie française en 1829. Il en devint le secrétaire perpétuel en 1833 et mourut l'année suivante.

saire ; Jouy est un électeur influent ; le gouvernement tient à lui être agréable et consent à laisser jouer sa pièce... jusqu'aux élections, du moins, après lesquelles l'autorisation est retirée. On ne peut, bien entendu, songer à présenter au public des pièces qui s'intitulent la *Réconciliation* ou *l'Esprit de parti*. Les dialogues philosophiques de *Tarare* sont supprimés ; le ministre a même l'excessive prudence d'enlever du répertoire de la Comédie française la plus froide et la moins passionnante des tragédies, le *Tibère* de Chénier.

Naturellement, la scène est expurgée de tout ce qui peut rappeler le souvenir exécré de Buonaparte et de l'Usurpation. Les acteurs ne doivent même plus prononcer les noms de Marengo, d'Arcole, d'Austerlitz ; Talma qui sait à merveille se composer le masque de l'Empereur excite la méfiance générale, et, dans les mimodrames du cirque, les artistes reçoivent l'ordre d'éviter toute ressemblance avec les personnages de l'Empire.

Mais voici qu'un malheureux événement vient augmenter encore les inquiétudes de la censure. Le duc de Berry tombe, en 1820, sous le poignard de Louvel. Dans toutes les sphères politiques, l'émotion est à son comble ; les haines de partis se précisent ; les ultras demandent au gouvernement des lois de sûreté contre les libéraux. La presse à laquelle les lois de 1819 avaient fait un régime acceptable retombe sous la surveillance administrative (1). Il faut tuer l'utopie libérale que l'on

---

1. La loi du 31 mars 1820 rétablit l'autorisation préalable du Roi pour tout périodique traitant en tout ou en partie de matiè-

accuse de régicide. Dans ce but, la censure dramatique promène ses ciseaux dans le répertoire. A l'Opéra, elle supprime la *Bergère Châtelaine* ; à la Porte Saint-Martin, les *Petites Danaïdes* ; à la Gaîté, *Calas*. Aux Français, les *Ménechmes* sont substituées aux *Templiers* ; à l'Odéon, l'*Ecole des maris* à *Coriolan*.

L'un des apologistes de la censure, M. Hallays-Dabot, juge sévèrement les rigueurs dont elle fit preuve sous le règne de Louis XVIII : « Il est des barrières opposées à certains courants dramatiques, dit-il, comme de ces machines qui éclatent si l'on n'a ménagé des échappements à la vapeur trop abondante. Il nous semble qu'en ces années difficiles, la censure a parfois manqué de mesure. L'interdiction absolue produisait le même effet que l'interdiction des noms et des œuvres philosophiques, que la proscription de tout ce qui touchait à l'histoire du commencement du siècle ; elle aiguisait l'esprit de parti et le rendait plus âpre et plus mordant. »

Au mois d'avril 1821, l'Europe apprend la mort de l'empereur captif. Sainte-Hélène n'est plus une menace pour la Sainte-Alliance et l'on ne redoute guère le duc de Reichstadt qu'élève Metternich. La Restauration, remise de ses terreurs, semble incliner vers une plus grande liberté du théâtre. On n'interdit plus aux comédiens de se faire la figure de Buonaparte puisqu'il est mort. *Sylla*, la tragédie de Jouy peut même être jouée et le *Régulus* d'Arnault obtient un succès qu'on ne trouble pas.

res politiques. L'autorisation n'était accordée qu'à ceux des périodiques qui fournissaient le cautionnement exigé par la loi de 1819.

D'ailleurs, le public des spectacles que n'intimide plus l'influence discréditée des Ultras, s'insurge contre l'arbitraire de la censure. Le parterre se prépare aux grandes luttes littéraires et prélude au romantisme en réclamant l'indépendance de la scène. Bien que, depuis dix-huit ans, certaines phrases du *Mariage de Figaro* n'aient plus été dites par les comédiens, les spectateurs exigent qu'on les restitue à la pièce ; les acteurs intimidés, hésitent, se troublent et sont chassés de la scène au milieu d'un vacarme épouvantable ; cette fois, la police doit faire évacuer le théâtre.

La censure cependant poursuit son œuvre maussade, inconsciente des aspirations nouvelles. En 1822, on ne peut même plus nommer les œuvres de Voltaire. Le public se fâche et trouve bientôt l'occasion de protestations violentes. A l'Odéon, dans les *Nouveaux Adolphes* de Lesguillon, un valet trace l'itinéraire suivant :

> Le Pont Royal. Fort bien !
> D'un écrivain fameux, voici le domicile :
> De Voltaire ! A ce nom, le monde entier... Mais chut,
> La maison de Voltaire est loin de l'Institut.

En quatre vers, on a prononcé deux fois le nom proscrit. Le parterre est en joie. Les applaudissements éclatent dans un enthousiasme indescriptible. Il faut interrompre la pièce.

La censure riposte en interdisant le *Cid d'Andalousie* où Lebrun manque à la Majesté royale en donnant un rôle ingrat à don Sanche, *Léonidas* de Pichot à cause de quelques maximes républicaines et *Julius dans les Gaules* de Jouy parce que l'auteur ose mettre en scène un empereur apostat (1).

Le règne de Louis XVIII s'achève sur ces interdictions.

Lorsque le comte d'Artois monte sur le trône, ses premiers actes de souverain étonnent l'opinion publique par leur libéralisme inattendu. Malgré l'avis de ses ministres, il rend à la presse une indépendance à peu près complète et les pièces précédemment interdites sont presque toutes autorisées. Les auteurs redoutent tellement peu la censure qu'ils ont l'audace de l'accommoder en vaudeville. Dans les *Personnalités*, un auteur fait jouer une énorme paire de ciseaux et chante :

> Ah ! pour l'honneur de la littérature
> Ces armes-là ne font plus peur.

Quelques mois plus tard, ce divertissement eût semblé du plus mauvais goût. Charles X, en effet, n'avait pas cru devoir prolonger ses essais de libéralisme, et commençait à diriger sa politique sous l'influence de la Congrégation. Son gouvernement laissa cependant encore applaudir par le public ces deux vers du *César de Royan* (2) :

> « ... Plutôt que de subir un joug détesté
> J'irais dans les déserts chercher la liberté. »

1. Arnault ne peut faire jouer non plus son *Laurent de Médicis*. La comédie n'est pas davantage épargnée. La *Princesse des Ursins* et le *Complot de famille* d'Alexandre Duval, les *Intrigues de la Cour* de Jouy sont éloignées de la scène.

2. Il est vrai que Royan était censeur lui-même.

Et cette phrase inquiétante de la *Jeanne d'Arc* de Soumet :

« L'art de la servitude est mortel aux Français ».

Mais comme, dans cette dernière pièce, on traitait de l'Inquisition, il fut interdit de produire en scène des costumes ecclésiastiques. Bien plus, dans un vaudeville, un auteur qui parlait d'une salade en vogue nommait une salade de barbe de capucin. Cela déplut. On pria l'auteur de laïciser la salade.

Dès 1825, le gouvernement qui prépare une loi contre le sacrilège, n'hésite plus à porter la censure sur le terrain religieux. Il éloigne de la scène tout ce qui touche au clergé ; on supprime l'envoyé de Rome dans le *Tasse* d'Alexandre Duval, et les évêques d'*Amy Robsart* (1).

Mais le public se venge en acclamant *Tartuffe* que l'on joue partout. Bientôt naîtront en foule, après les journées de 1830, les charges sanglantes de Gavarni, de Cham et de Daumier qui représenteront la famille royale affublée des costumes interdits sur la scène et coifferont Charles X, détrôné, du chapeau de Basile. En attendant, on appaudit Molière. Et, chaque soir, au pilori de la rampe, le Tartuffe symbolique en lequel les libéraux confondent le roi, le Dauphin, les ministres

1. On peut établir un curieux rapprochement entre les précédentes suppressions de la censure de Charles X et l'interdiction toute récente par la censure républicaine de *ces Messieurs* (1901) de Georges Ancey où l'auteur met en scène le clergé de province.

et les prédicateurs, obtient un effrayant succès d'acclamations ironiques et révolutionnaires.

Impitoyable pour les atteintes du drame à la religion, la censure se montre cependant plus accommodante pour les pièces qui incarnent seulement l'idée de la liberté politique. L'enthousiasme international que provoque l'expédition de Grèce agit efficacement contre l'esprit de la Sainte-Alliance. Le ministère laisse jouer *Masaniello*, la *Muette de Portici*, et dédaigne d'intervenir lorsque, sur un théâtre du boulevard, *Marino Faliero* plaide éloquemment la cause populaire. On s'étonne même un peu de voir défiler au cirque, vers cette époque, les armées de la République. *Les intrigues de la Cour*, *Complot de famille*, *Une journée d'élection* et d'autres pièces interdites obtiennent alors d'être jouées.

Cependant, Victor Hugo qui se méfie de la censure veut faire autoriser directement sa *Marion de Lorme* par M. de Martignac. Mais le ministre libéral est trop tôt remplacé par M. de la Bourdonnaie qui refuse formellement de laisser représenter la pièce.

Si *Marion de Lorme* avait pu être jouée en cette année 1829, la bataille du romantisme eut été livrée dix mois plus tôt à la Comédie française. Le romantisme venait, en effet, de naître avec toutes ses audaces, tous ses emportements lyriques, tout son illuminisme. La préface de *Cromwell* avait été la déclaration de guerre des poètes de la nouvelle école aux conservateurs littéraires de l'école classique. La discussion de *Marion de Lorme* interdite prépara la bataille d'*Hernani*.

Hernani fut autorisé par le gouvernement sur le rapport grotesque du censeur Briffault. Ce document, qui contient une critique de l'œuvre au point de vue littéraire, mérite une citation.

« L'analyse, dit Briffault, ne peut donner qu'une idée imparfaite de la bizarrerie de cette conception et des vices de son exécution. Elle m'a semblé un tissu d'extravagances auxquelles l'auteur s'efforce vainement de donner un caractère d'élévation, et qui ne sont que triviales et surtout grossières. Cette pièce abonde en inconvenances de toute nature. Le roi s'exprime comme un bandit, le bandit traite le roi comme un brigand. Toutefois, malgré tant de vices capitaux, je suis d'avis qu'il n'y a aucun inconvénient à autoriser la représentation de cette pièce, mais qu'il est d'une bonne politique de ne pas en retrancher un mot. Il est bon que le public voie jusqu'à quel point d'égarement peut aller l'esprit humain, affranchi de toute règle et de toute bienséance. »

On connaît les détails de cette fameuse bataille d'Hernani, qui, pendant quarante-cinq représentations, fit de la Comédie française une salle de pugilat. Deux sociétés aussi différentes que celles que mirent aux prises les révolutions de 1789 et de 1830, composèrent deux armées ennemies. Chaque soir, se livrait entre elles un combat passionné. Corrects, bien gantés, bien pensants, les conservateurs armés de sifflets se retranchaient dans les fauteuils de balcon et dans les premières loges. Au parterre, une génération nouvelle des poètes aux chevelures mérovingiennes, se groupaient autour de Théophile Gauthier dont le pourpoint cerise s'étalait « comme le drapeau rouge d'une guerre sociale ». « Dans les ateliers d'artistes, dans les cafés du quartier latin, « on demandait trois cents Spartiates pour fermer aux Philistins les thermopyles de l'art ». On y parlait couramment d'exterminer « l'hydre du perruquisme », on menaçait de couper les têtes pour avoir les perruques. Les conservateurs n'étaient pas moins enragés ». On sifflait, on applaudissait sans entendre, les mêmes morceaux, les mêmes vers. Il y eut quarante-cinq représentations, quarante-cinq combats (1).

L'autorité publique, en présence de ces désordres de chaque soir, ne crut cependant pas devoir intervenir dans la bataille d'Hernani. L'exemple est à retenir et à signaler, chaque fois que, pour quelque menu tapage, la censure répressive provoquera une interdiction aussi prématurée qu'injustifiable. Peut-être, d'ailleurs, cette tolérance du gouvernement d'alors n'était-elle qu'une manœuvre habile. Les rivalités littéraires détournaient les esprits de la politique. Tandis que l'on discutait le romantisme, on oubliait d'applaudir *Tartufe*. Aussi, lorsque, pendant l'affaire de *Marion de Lorme*, sept académiciens, parmi lesquels Arnault, Jouy et Etienne, vinrent présenter au roi une requête tendant à interdire la Comédie française à toute pièce infestée de romantisme, Charles X répondit finement qu'en matière dramatique il n'avait comme tous que sa place au parterre. Le mot royal eut quelque fortune et les romantiques se l'approprièrent comme une adhésion souveraine à leur cause.

La censure, qui n'avait pu se mêler aux querelles du

1. Rambaud, p. 381 et 382.

romantisme, prit sa revanche en s'opposant, sous divers prétextes, à la reprise du *Cid d'Andalousie*, aux représentations d'*Agnès Sorel* et du *Balafré*. Dans *Agnès Sorel*, l'héroïne avait le tort d'être la maîtresse d'un roi ; dans le *Balafré*, on aurait pu établir un rapprochement fâcheux entre le duc de Guise aspirant au trône de France, et le duc Louis-Philippe d'Orléans, dont on soupçonnait déjà la candidature.

CHAPITRE X

LE GOUVERNEMENT DE JUILLET

Dès que le règne de Charles X s'est effondré dans une révolution parisienne, Louis-Philippe, proclamé roi, établit son gouvernement sur une Charte librement votée par les Chambres.

Dans la Constitution modifiée, on a eu grand soin d'enlever les articles susceptibles de porter atteinte aux libertés publiques. Le roi ne pourra plus, désormais, en s'appuyant sur la Charte, faire des coups d'État par ordonnances. Il ne lui sera pas davantage permis d'imposer silence à la presse, car l'article 7, qui supprime la censure, ajoute prudemment qu'elle ne pourra jamais être rétablie.

Mais voici que, presque aussitôt, l'application de cet article 7 fait naître des difficultés. La presse est-elle seule soustraite à l'examen préalable? Ou bien ce mode préventif est-il également aboli, dans les idées de la Constitution, en ce qui concerne toutes les autres manifestations de la pensée, les représentations dramatiques, par exemple?

Lorsque le *Roi s'amuse* fut interdit, en 1832, après les premières représentations, Victor Hugo poursuivit le ministre et le préfet de police. Il s'ensuivit un procès retentissant qui passionna l'opinion publique.

Dans le débat solennel qui s'éleva à cette occasion, M° Odilon-Barrot soutint que la Charte de 1830, qui avait rendu à tout Français et pour toujours l'entière liberté de publier ses opinions, avait supprimé la censure dramatique en même temps que la censure de la presse.

Il lui fut répondu longuement par M° Chaix d'Est-Ange que jamais une représentation dramatique n'avait été une manière de publier ses opinions. Autrement, la Charte de 1814 aurait également aboli la censure dramatique, car elle consacrait aussi le droit de publier ses opinions. Cependant, jamais, sous la Restauration, la légalité de la censure dramatique n'avait été sérieusement mise en question ; elle avait été reconnue par les écrivains les plus indépendants parce qu'on a toujours fait la distinction entre le droit de publier ses opinions et le droit de faire jouer une pièce ; distinction, au reste, qui se trouve formellement établie dans le préambule de la loi du 25 pluviôse an IV. Ainsi ce qu'avait voulu garantir la Charte, c'était la liberté de la presse, grande et salutaire garantie sans laquelle toutes les autres ne sont rien.

Une loi du 10 décembre 1830, rendue sous le ministère de M. Dupont (de l'Eure), fournissait un argument à la thèse précédente. Cette loi défendait d'afficher dans Paris aucun écrit politique et cependant, d'après le système de M. Odilon-Barrot, on aurait pu dire que c'était là une manière de publier ses opinions et que la loi qui l'interdisait portait une atteinte à la Charte.

D'autre part, en janvier 1831, M. de Montalivet avait soumis à la Chambre des députés un projet qui réglait la législation des théâtres. Ce projet qui adoptait le régime répressif ne supposait plus les mesures préventives. N'était-ce de la part du gouvernement que la consécration d'un état de choses ? N'était-ce que la reconnaissance d'un droit de liberté déjà inscrit dans la Charte ?

Personne alors ne le prétendit. Tout au contraire, les journaux de l'opposition, le *National*, le *Courrier Français*, avouèrent que c'était là une innovation ; ce dernier journal écrivait même cette phrase : « L'odieuse censure dramatique, abolie de fait, NE L'ÉTAIT PAS DE DROIT ».

Ainsi la censure dramatique n'avait pas été supprimée en 1830. L'article de la Charte ne lui était pas applicable puisqu'elle existait encore de droit en janvier 1831. Or, comme le projet de loi de M. de Montalivet n'eut pas d'autres suites, le gouvernement était donc bien encore en possession de la censure sous ses deux formes lorsqu'il en usa pour faire cesser les représentations du *Roi s'amuse*.

Il faut convenir cependant que, bien qu'il eut obtenu gain de cause en ce procès dont les frais furent mis à la charge de Victor Hugo, le gouvernement semblait conserver quelque incertitude sur son droit d'interdire les pièces de théâtre. Dans sa déposition devant la commission d'enquête de 1849, un censeur de la Monarchie de

Juillet, M. Florent, déclara que, jusqu'en 1835, il n'y eut point de censure et qu'il était bien difficile de prévenir le danger qui pouvait résulter d'une représentation.

Au début du règne de Louis-Philippe, on devait donner un soir, à la Porte Saint-Martin, une pièce dont le ministre de l'intérieur, M. de Montalivet, redoutait un grand scandale. Effrayé par le titre de la pièce, *Le Procès d'un Maréchal de France en 1815*, il fit interdire l'accès du théâtre par un peloton de la garde municipale. Le directeur poursuivit le ministre devant les tribunaux et les tribunaux se déclarèrent incompétents. On s'adressa aux Chambres ; la majorité passa à l'ordre du jour. Mais le ministre ne pouvait souvent avoir recours à de pareils moyens.

Le gouvernement hésitait, d'autre part, à rétablir une commission d'examen des œuvres dramatiques sans en avoir reçu l'autorisation législative. Aussi, profite-t-il des discussions budgétaires pour réclamer, chaque année, le rétablissement des crédits afférents à la censure théâtrale.

En attendant que la loi de 1835 ait statué sur ce point, les théâtres jouissent d'une liberté à peu près complète. On joue sur toutes les scènes l'épopée impériale qui, depuis quinze ans, en avait été exclue. On donne *Napoléon* de Dumas à l'Odéon, *Joséphine ou le Retour de Wagram* à l'Opéra Comique, l'*Ecolier de Brienne* aux Nouveautés, le *Lieutenant d'artillerie* au Vaudeville. *Schœnbrun et Sainte-Hélène* à la Porte-Saint-Martin ;

l'*Empereur au cirque Olympique* ; *le Fils de l'Homme* aux Nouveautés.

Ce n'est pas d'ailleurs sans inquiétudes que le gouvernement voit l'enthousiasme du public se diriger vers tout ce qui rappelle l'Empire. Et le ministre de l'Intérieur, lorsqu'il présente à la tribune son projet de loi sur la censure constate amèrement « qu'aux Nouveautés, c'est Napoléon II, c'est le duc de Reichstadt qui, proclamation vivante, s'adresse lui-même à la France ».

Le gouvernement n'ose point encore faire enlever de l'affiche, des pièces républicaines à tirades révolutionnaires, comme *Robespierre*, *Camille Desmoulins* et *Charlotte Corday*, mais il empêche de jouer le procès du maréchal Ney et fait interdire le *Roi s'amuse*, comme nous l'avons déjà dit, après quelques représentations.

Le *National* approuva vivement cette dernière mesure dans une violente critique de l'œuvre : « ...Je ne sais trop comment vous introduire dans le lieu où nous mène ensuite M. Victor Hugo... Vous avez à la fois dans le même taudis le meurtre, la prostitution, du vin au litre, c'est-à-dire ce qu'il y a de plus horrible et de plus répugnant au monde. C'est au milieu de cette belle trinité, entre un poignard, une prostituée et un broc de vin que le poète place François Ier. François s'enivre, se salit en embrassant cette femme et se couche tout de son long : le roi s'amuse. On n'a jamais rien imaginé de semblable. Et pas une lueur de morale dans cette nuit ignoble, pas une pensée qui relève l'humanité ainsi traînée à plaisir dans la boue et le sang ».

Lorsque le *Roi s'amuse* fut mis en musique sous le

nom de *Rigoletto* toute « cette nuit ignoble » cette « boue » et ce « sang », se dissipèrent sans doute dans les fades roucoulements du duc de Padoue.

La proposition de M. de Montalivet qui rétablissait formellement la censure en 1831 ne fut pas accueillie par les députés. Lorsque la discussion du budget ramène à la Chambre la question de la censure, MM. Jars et Mauguin réclament la suppression de la liberté théâtrale, M. Garnier-Pagès demande une censure préventive et le garde des sceaux, M. Barthe, une censure répressive. Si M. de Vatimesnil opine pour l'examen préalable, c'est à la condition qu'il soit confié désormais aux municipalités ; il met en elles plus de confiance que dans le gouvernement qui se préoccupe trop, dans le dit examen, de la question politique ; d'ailleurs, la censure des municipalités s'exercera avec plus de justice et plus d'à-propos. Une pièce interdite sur tel point de la France peut être sans inconvénients dans des circonstances et des milieux différents, représentée sur tel autre point du pays. M. Odilon Barrot voudrait par une loi arracher les théâtres à l'arbitraire auquel ils se trouvent livrés. Mais, en 1833, les avis étaient encore trop partagés sur le régime applicable à la scène ; cette année-là, le budget fut voté sans modifications : « Aussi, remarque M. Hallays-Dabot, le théâtre ne s'arrête pas dans la voie scandaleuse qu'il a adoptée. M. Dumas accumule dans la *Tour de Nesle* les débauches, les assassinats, les incestes, enfin tous les crimes qui sont l'inévitable partage des reines et des grandes dames, selon la doctrine du drame moderne. Le héros de l'*Auberge des Adrets*, M. Frédérick-Lemaître continue l'exploitation du type qu'il a créé dans une longue et célèbre folie, Robert Macaire ».

Le directeur des Beaux-Arts, en 1834, rappelle aux directeurs de théâtre que le gouvernement possède le droit d'interdiction et déplore les mesures ruineuses pour eux qu'en certains cas il a fallu prendre. « Vous avez la faculté, insinue-t-il, d'éviter tout dommage en soumettant d'avance les manuscrits des ouvrages nouveaux à la division des Beaux-Arts. Les pièces qui n'auront pas été soumises seront interdites purement et simplement, lorsque, par leur contenu, elles inciteront l'application du décret et vous ne pourrez imputer qu'à vous seuls les dommages qui résulteront d'une mise en scène devenue inutile ». Une protestation générale répondit à la circulaire qui organisait ainsi une censure à peine déguisée.

La satire ne ménageait plus ni les institutions, ni les principes, ni les ministres, ni le roi lui-même (1). Après l'attentat de Fieschi, le gouvernement soumit aux Chambres des mesures qui rétablissaient nettement le censure dramatique. Il s'ensuivit une longue et très intéressante discussion au cours de laquelle Lamartine réclama pour les œuvres du théâtre un jury composé de dix pairs de France, dix députés, dix membres du Conseil d'arrondissement, dix académiciens, dix membres de l'Université, dix auteurs dramatiques. Un comité de vingt membres tiré au sort parmi ces quatre-vingts personnes aurait connu en appel des interdictions dramatiques.

1. V. Guichard, *Législation du théâtre*. p. 68.

Sur les instances de M. Thiers qui démontra la nécessité, pour le gouvernement, de prendre des mesures sévères, la Chambre vota la loi du 9 septembre 1835 dont les articles 21, 22 et 23 constituent, sous ce régime, le code de la censure dramatique. L'autorisation préalable devait être demandée pour la représentation des pièces ; les contraventions à la loi étaient punies d'un emprisonnement d'un mois à un an et d'une amende de 1.000 à 5.000 fr. En outre, l'autorité pouvait toujours, pour des motifs d'ordre public, suspendre la représentation d'une pièce et ordonner la clôture du théâtre.

Les rédacteurs de la loi nouvelle se sont efforcés d'en concilier les dispositions avec l'art. 7 de la Charte de 1830 qui, en supprimant la censure, avait proclamé qu'elle ne pourrait jamais être rétablie. Aussi, l'exposé des motifs de la loi de 1835, qu'il convient de rapprocher de la discussion de l'art. 7 de la Charte, donne-t-il, sinon une justification, du moins une explication de ce qui aurait pu être considéré par certains comme une violation du texte constitutionnel : « Quand la Charte, expose le rapporteur, a déclaré que la censure ne pourrait jamais être rétablie, elle a pris soin d'expliquer que ce grand principe s'appliquait à la presse. En effet, ce n'est pas d'une manière vague, indéfinie, que la Charte parle de la censure ; elle ne s'en explique que par rapport au droit de publier et de faire imprimer ses opinions, ce qui laisse en dehors toute autre manifestation, tout autre acte qu'une opinion qui, par son importance, par ses conséquences sur la vie publique ou privée, sur les mœurs générales du pays, peut exiger des précautions et des garanties. La Charte serait évidemment allée au-delà de son but si elle avait accordé la même protection aux opinions *converties en actes*. Qu'un auteur se contente de faire imprimer sa pièce, il ne pourra être assujetti à aucune mesure préventive... Mais lorsque les opinions sont converties en actes par la représentation d'une pièce... il y a plus que la manifestation d'une opinion, *il y a un fait, une mise en action, une vie*, dont ne s'occupe pas l'article de la Charte et qu'il confie par cela même à la haute direction des pouvoirs établis. »

Dans l'enquête de 1849, le témoignage de M. Florent qui fut examinateur des théâtres de 1835 à 1848, nous a donné quelques détails sur le fonctionnement de la censure sous le règne de Louis-Philippe. Dès la promulgation de la loi, on nomma quatre examinateurs, MM. Perrot, Florent, Haussmann et Basset et un secrétaire, auxquels, tout d'abord, on ne donna pas d'instructions précises. On leur laissa le soin de fixer eux-mêmes leur mode de procéder. Les manuscrits des pièces étaient, à l'origine, déposés en double entre les mains du secrétaire de la commission ; ils étaient ensuite distribués au hasard entre les quatre examinateurs qui conféraient entre eux, le cas échéant, lorsque la pièce soulevait des difficultés. Les modifications ou coupures étaient discutées avec les auteurs : « De cette manière, dit M. Florent, nous pouvions beaucoup mieux nous entendre avec eux, leur exposer loyalement nos motifs, faire appel à leur raison, à leur goût, au besoin à leur patriotisme ; nous pouvions ainsi, en faisant de notre côté quelques concessions dans la limite de nos devoirs et des licences théâtrales, obtenir à l'amiable ce qu'on aurait peut-être refusé à l'exigence administrative : aussi y avait-il rarement des pièces supprimées tout à fait ; il n'y en a guère eu qu'une trentaine en douze ans. On nous communiquait en moyenne deux pièces par jour à peu près 600 ou 700 par an. »

Quelles étaient les idées générales d'après lesquelles, sous ce régime, opérait la censure ? La suite de déposition de M. Florent va nous l'apprendre :

M. Florent. — Nous sommes arrivés au ministère de l'intérieur comme des jurés et nous avons agi comme tels ; nous n'avions d'autre guide que notre conscience. En voyant un passage scabreux, nous nous demandions : « Mènerions-nous notre femme et nos filles à un théâtre pour entendre de pareilles choses ? C'était pour nous un critérium. En voyant des passages d'une signification politique ou sociale, nous nous demandions : « Ceci n'a-t-il pas pour objet de soulever les unes contre les autres les diverses classes de la société, d'ameuter les pauvres contre les riches, d'exciter au désordre ? » Nous demandâmes, dès le principe, s'il était possible de laisser ridiculiser sur la scène les institutions du pays, et, en particulier, celles qui maintiennent le plus efficacement l'ordre ; s'il fallait laisser désarmer à l'avance ces dernières en les exposant aux rires et aux moqueries de la foule. La négative n'était pas douteuse. Et c'est pourquoi, si nous empêchions qu'on mît sur la scène, dans des conditions inconvenantes, des députés ou des pairs de France, nous empêchions aussi qu'on y tournât en ridicule des gardes nationaux, des gendarmes ou des sergents de ville.

. . . .

M. le Président de la commission d'enquête. — On nous a dit aussi que vous vous êtes montrés plus faciles au commencement de votre mission que vous ne l'avez été ensuite.

M. Florent. - Effectivement, nous n'avons fait que suivre la voie naturelle ; il fallait bien faire une transition entre une liberté illimitée et une censure même peu sévère. Nous avons commencé par être indulgents ; mais témoins des impressions d'un public encore ému par des excès récents, nous nous sommes vu forcés de devenir plus rigides et de serrer de plus en plus le frein pour arriver, sans la dépasser, à la limite de ce qu'il faut raisonnablement permettre.

M. le Président. — Vous occupiez-vous autant de la morale que de la politique et du fond que des détails ?

M. Florent. — Nous avions surtout à nous préoccuper des questions de morale ; les pièces politiques étaient fort rares ; nous en avons eu trente au plus en douze ans ; directeurs, auteurs, public, personne ne s'en souciait ; on en avait assez dans les Chambres et dans les journaux. Lorsqu'il s'en présentait, un rapport était adressé au ministre, qui statuait sur le fond. Quant aux détails et allusions, nous faisions disparaître ce qui nous paraissait porter atteinte à la tranquillité publique et aux institutions du pays. On admettait généralement les épigrammes qui n'atteignaient que le ministère. On nous a reproché bien souvent et bien vivement de ne faire qu'une guerre de mots. Mais, dans beaucoup de pièces qui nous étaient soumises, le fonds n'était rien ; il n'y avait que des mots, en particulier dans les vaudevilles. Il fallait bien nous attacher aux mots, nous attacher aux détails qui faisaient toute la pièce ou en déterminaient le sens.

M. le président. — Votre avis était-il habituellement adopté par le ministre ?

M. Florent — Il était rare que les pièces passassent sous les yeux du ministre. C'était seulement quand les auteurs réclamaient avec insistance que M. le directeur des Beaux-Arts lui soumettait la difficulté. Quelquefois alors, le ministre se montrait plus sévère que nous ; le plus souvent, plus indulgent. Nous avons insisté par trois fois pour qu'on arrêtât la pièce de *Vautrin*. M. de Résumat, alors ministre, cédant aux instances dont il était l'objet et, surtout, touché de la situation critique de la Porte-Saint-Martin, permit à titre d'épreuve seulement qu'elle fut représentée. On disait de tous les côtés que c'était une grande œuvre littéraire une étude savante et profonde. Il résulta de la première représentation un tel scandale qu'on fut forcé de supprimer la pièce.

. . . .

M. le conseiller Béhic. — M. Florent conçoit-il le théâtre sans la censure ?

M. Florent. — Non, monsieur.

De fait, aussitôt installée, la censure de M. Florent et de ses collègues justifia de son utilité en faisant retirer des affiches toutes les pièces désagréables au gouvernement ; les drames de l'épopée, chers à l'imagination populaire, tels que le *Fils de l'Homme*, *Schœnbrun* et *Sainte-Hélène*, le *Fils de l'Empereur*, la *Bataille d'Austerlitz*; des satires politiques comme les *Commettants*, une *Guerre des Clochers*, une *Démission*, le *Député*, sont rayés des répertoires. Il fallut, pour être joué, que Scribe, dans les *Huguenots*, remplaça, par Saint-Bris, Catherine de Médicis, et Madame de Girardin ne put pas faire représenter l'*Ecole des journalistes*. On alla jusqu'à trouver que Frédérick Lemaître dans le *Vautrin* de Balzac s'était fait la tête d'un forçat qui ressemblait à Louis-Philippe et quelques murmures à la première représentation suffirent pour faire interdire la pièce. De l'enquête de 1849, il résulte que 123 ouvrages présentés à la censure de 1835 à 1848 ont subi des refus partiels, conditionnels ou absolus.

En résumé, sous la monarchie de Juillet, le théâtre qui avait profité d'abord d'une indépendance à peu près complète, grâce à la rédaction ambiguë d'un article de la Charte, ne semble pas avoir abusé de cette liberté. Ce sont des considérations de politique intérieure, il convient de le retenir, qui provoquèrent le rétablissement de l'examen préalable. Le gouvernement royal s'effrayait des pièces bonapartistes ; le procès impopulaire d'un maréchal de France, remis en scène, lui donnait des inquiétudes ; les représentations du *Roi s'amuse* succédant aux tableaux de la grande armée victorieuse, les aventures d'un roi malfaisant, ivre, et débauché, après les chevauchées glorieuses de Napoléon à travers l'Europe conquise, l'orgie du cabaret après le martyre de Sainte-Hélène, établissaient un contraste qu'en dépit de ses nouveaux principes, la dynastie régnante ne pouvait tolérer plus longtemps. La censure dramatique, cette atteinte à la liberté de pensée, fut donc rétablie sous ce règne par politique de même que, pour cette cause prédominante, elle s'était exercée sous les règnes précédents et devait se perpétuer sous les gouvernements monarchiques ou républicains qui suivirent.

Ajoutons, pour être juste, que, malgré la façon bien étroitement personnelle dont M. Florent et ses collègues envisageaient l'immoralité du théâtre et son action nocive, la censure de Louis-Philippe, en fait, se montra généralement plus libérale et plus éclairée que la censure du Premier Empire et de la Restauration. Elle eut, du moins, la prudente intelligence de n'interdire aucun chef-d'œuvre (1).

1. Sous le règne de Louis Philippe furent librement jouées : la *Camaraderie* et *Une chaîne* de Scribe ; *Ruy Blas*, *les Burgraves*, de V. Hugo ; *Mademoiselle de Belle-Isle* et *les Demoiselles de Saint-Cyr* de Dumas ; la *Ciguë* d'Emile Augier ; *François le Champi* de Georges Sand ; *Lucrèce* de Ponsard. *Le Roi s'amuse* interdit en 1832, n'a point obtenu par la suite, lorsqu'il fut librement représenté, le succès qui consacre les chefs-d'œuvre de la scène. En décembre 1847, M. Camille Doucet fit représenter à l'Odéon une pièce qui, pendant une heure, déchaîna un effroyable tapage. Elle ne contenait pas une allusion politique. Inquiétée par son titre seul, le *Dernier banquet de 1847*, la jeunesse des écoles voulut en empêcher la représentation. Le matin à l'école de droit et à l'école de médecine, sur les marches du Panthéon, on discourut contre l'auteur ; le soir, au bout d'une heure de bruit horrible dans la salle, le régisseur s'écria : « Frappez, mais écoutez ! » On se mit à rire et l'on écouta la pièce. Elle était fort gaie et nullement politique. On l'applaudit beaucoup. — Camille Doucet, enquête de 1891.

CHAPITRE XI

LA LIBERTÉ DU THÉATRE SOUS LA RÉPUBLIQUE DE 1848

La loi de 1835 ne devait pas survivre à la révolution de Février. Un décret du gouvernement provisoire du 6 mars 1848 en prononça l'abrogation.

C'était au moment où la philosophie humanitaire de Proudhon et de Barbès faisait si vivement sentir son influence. On avait déjà ouvert ces ateliers nationaux qui devaient produire de si funestes résultats. Ce n'était point assez encore ; il ne suffisait plus de nourrir le peuple ; il fallait le distraire : *Panem et circenses*.

Dès le 24 mars 1848, le ministre de l'intérieur « considérant que, si l'État doit au peuple le travail qui le fait vivre, il doit aussi le faire participer aux jouissances morales qui relèvent l'âme », ordonnait de faire représenter gratuitement et à des intervalles rapprochés les principaux chefs-d'œuvre des maîtres.

La liberté restituée au théâtre fut atteinte bientôt par un arrêté ministériel du 22 juillet 1848, établissant auprès de la direction des Beaux-Arts une commission provisoire des théâtres qui, dans l'intérêt de la morale publique et de la sûreté de l'État, devait surveiller les théâtres de Paris. D'ailleurs, cette commission dont la légalité était douteuse et les attributions assez mal définies, cessa bientôt de fonctionner.

Parmi les pièces qui furent alors représentées sur les scènes parisiennes, certaines œuvres, signées par Félix Pyat et Léon Gozlan, effrayèrent quelques esprits par leur hardiesse ou leur licence. Le parti conservateur qui se reconstituait autour du prince-président et reprenait toute son influence, considérait, d'autre part, la liberté du théâtre comme incompatible avec le rétablissement d'un gouvernement autoritaire.

En 1849, un projet de loi sur la censure dramatique fut soumis par le gouvernement au Conseil d'Etat qui fit, à ce sujet, auprès des hommes compétents, une enquête des plus intéressantes et des plus complètes. M. Vivien, président du Conseil d'Etat, dirigea cette enquête au cours de laquelle trente deux personnes furent entendues :

5 directeurs de théâtres : MM. Seveste, régisseur général de la Société du Théâtre-Français ; Roqueplan, directeur de l'Opéra ; Montigny, directeur du Gymnase ; Dormeuil, directeur du théâtre de la Montansier ; Hostein, directeur du théâtre de la Gaîté ;

2 sociétaires de la Comédie française : MM. Régnier et Provost ;

1 maître de ballet : M. Coralli ;

3 acteurs : MM. Arnoult, de l'Ambigu ; Albert ; Bocage, directeur de l'Odéon ;

1 agent des auteurs : M. Dulong ;

2 anciens correspondants des théâtres : MM. Ferville,

ancien directeur; Duverger, artiste dramatique du Gymnase;

8 auteurs dramatiques : MM. Langlé, Lockroy, Bayard, Alexandre Dumas, Victor Hugo, Melesville, Scribe, Souvestre;

4 critiques : MM. Jules Janin, Rolle, Merle, Théophile Gautier;

1 ancien inspecteur des théâtres : M. Delaforest;

1 censeur : M. Florent;

Le président de la Société des auteurs dramatiques, M. Taylor;

3 compositeurs : MM. Auber, Halévy, Ambroise Thomas.

Les opinions se décomposèrent de la manière suivante :

Pour la censure : MM. Régnier, Delaforest, Provost, Merle, Aubert, Florent, Arnault.

Pour, mais avec des modifications très importantes : MM. Ferville, Duverger, Jules Janin, Rolle, Scribe, Halévy, Ambroise Thomas, Taylor, Hostein.

Contre la censure : MM. Dormeuil, Montigny, Coralli, Théophile Gautier, Ferdinand Langlé, Lockroy, Victor Hugo, Alexandre Dumas, Bayard, Emile Souvestre, Bocage, Albert Dulong, l'assemblée générale des auteurs, le comité des artistes dramatiques.

Ne se prononcèrent point : MM. Seveste, Roqueplan, Mélesville.

Au point de vue professionnel nous trouvons :

Pour la censure : 2 censeurs (ou inspecteurs de théâtres), 2 sociétaires de la Comédie française, 1 critique littéraire, 1 compositeur, 1 artiste dramatique.

Pour, avec des modifications : 2 anciens correspondants de théâtres, 2 critiques, 2 compositeurs, 1 auteur dramatique, 1 directeur de théâtre, le président de la Société des artistes dramatiques.

Contre la censure : 6 auteurs dramatiques, 2 directeurs, 1 maître de ballet, 1 critique, 2 acteurs, 1 agent des auteurs, la Société des artistes dramatiques, la Société des auteurs dramatiques.

Des discours très élevés furent prononcés dans cette enquête. Victor Hugo, Alexandre Dumas, Théophile Gauthier, Bocage plaidèrent la cause de la liberté du théâtre, limitée, toutefois, par l'organisation d'un système répressif.

Parmi ceux qui demandaient le rétablissement de la censure, la plupart admettaient un système d'examen à deux degrés ; le deuxième degré consistait dans une commission d'appel sérieuse ; ils estimaient que cette mesure suffirait à rendre la censure moins arbitraire et plus intelligente (1).

M. Lockroy combattit l'institution d'une commission d'appel. Avec ce système, observait-il, les censeurs du premier degré n'en seront pas moins tracassiers et impitoyables parce qu'il leur faudra gagner leurs appointements. S'ils ne justifiaient pas de leur utilité, on les supprimerait. Dès lors, presque toutes les pièces iront devant les censeurs du second degré. Ceux-ci se trouveront donc surchargés de besogne et cette seule considération empêcherait des hommes considérables de se

1. V. la discussion entre MM. les conseillers d'Etat, Béhic et Charton et M. Lockroy, enquête de 1849.

charger de pareilles fonctions. En réalité, on créerait deux bureaux de censure et on n'en aurait qu'un.

Après les délibérations des 29, 30 janvier, 5, 6, 12 et 13 février 1850, la commission d'enquête se prononça pour le rétablissement de la censure. Elle présenta en ce sens un projet de loi qu'elle avait adopté sur le rapport de M. le conseiller Charton. Mais ce projet n'était point assez restrictif aux yeux du parti au pouvoir qui ne l'utilisa pas.

La loi du 30 juillet 1850, proposée par M. Baroche, rétablissait provisoirement la censure dramatique en attendant qu'une loi générale, qui devait être présentée dans le délai d'une année, ait définitivement statué sur la police des théâtres. Les art. 1 et 2 de la loi de 1850 disposaient qu'aucun ouvrage dramatique ne pourrait être représenté sans l'autorisation préalable du ministre de l'intérieur à Paris et du préfet dans les départements. Cette autorisation pouvait toujours être retirée pour des motifs d'ordre public. Toute contravention aux dispositions précédentes serait punie par les tribunaux correctionnels d'une amende de 100 francs à 1.000 francs sans préjudice des poursuites auxquelles pourraient donner lieu les pièces représentées.

Deux circulaires du ministre de l'intérieur, en date du 3 août 1850, enjoignaient aux préfets et aux directeurs des théâtres de Paris de prendre les dispositions nécessaires pour assurer l'exécution de la loi. La circulaire aux préfets leur rappelait que toutes les pièces jouées à Paris ne pouvaient être représentées dans les départements que d'après un manuscrit ou exemplaire visé au ministère de l'intérieur; la disposition de la loi comprenait tout ce qui pouvait se produire sur la scène : pièce, cantate, scène détachée, chanson ou chansonnette.

La circulaire aux directeurs des théâtres de Paris indiquait les dispositions auxquelles ils seraient désormais tenus de se conformer : dans un délai de cinq jours, à dater de la circulaire, ils devaient envoyer au ministre la liste en double exemplaire des ouvrages dramatiques qui composaient le répertoire courant de leur théâtre. Cette liste devait leur être renvoyée dans un très bref délai, revêtue de l'approbation ministérielle. Aucune autre pièce nouvelle ne pouvait être jouée ensuite sans avoir été préalablement autorisée par le ministre. Deux exemplaires de l'ouvrage devaient être déposés au ministère quinze jours au moins avant la première représentation afin d'y être visés s'il y avait lieu. La pièce ne pouvait d'ailleurs être jouée définitivement devant le public qu'après des répétitions générales où auraient été convoqués les délégués du ministre. C'est, à quelques détails près, la pratique observée de nos jours et que l'on étudiera plus loin.

La loi n'ayant pas d'effet rétroactif, les pièces jouées dans l'intervalle qui s'était écoulé du 24 février 1848 jusqu'au 30 juillet 1850 ne pouvaient plus être soumises à la commission d'examen des ouvrages dramatiques. Mais, par une circulaire du 30 octobre 1850, le ministre rappelait aux préfets qu'en vertu de leur droit de police administrative, il leur appartenait d'interdire la représentation de ceux de ces ouvrages qui leur paraîtraient de nature à compromettre la paix publique ou à entretenir dans l'esprit des citoyens des sentiments de haine ou de division : « Les scandales qui ont rendu nécessaire la loi du 30 juillet 1850 ne sauraient survivre à cette loi et vous devrez veiller avec soin à ce qu'aucun ouvrage fait dans un sentiment politique exagéré ou injurieux, ou attentatoire à la morale et à la religion, ne puisse être représenté sur les théâtres de votre département... Je vous recommande la même surveillance sur la représentation des pièces jouées antérieurement à la loi du 9 septembre 1835 et même sur celles qui ont été autorisées sous l'empire de cette loi. Une tolérance toute naturelle à cette époque avait ouvert l'accès de la scène à certains ouvrages auxquels des circonstances récentes ont donné une importance qu'ils n'avaient pas alors et dont la représentation pourrait n'être pas aujourd'hui sans danger. » Les dernières lignes de la circulaire sont très significatives ; elles parlent d'une tolérance *toute naturelle* sous le gouvernement de Juillet, mais qui ne saurait plus être admise dans l'état de la politique actuelle. Le ministre républicain manifestait l'intention de se monter moins libéral pour la scène que les ministres de la monarchie précédente. Il est vrai qu'en octobre 1850, la constitution de 1848 n'avait guère plus d'une année à vivre, et que les hommes au pouvoir se préparaient au coup d'État.

CHAPITRE XII

LA CENSURE DRAMATIQUE SOUS LE SECOND EMPIRE

La loi du 30 juillet 1850 n'avait été votée qu'à titre provisoire, mais comme le texte définitif n'était point encore venu en discussion le 30 juillet 1851, cette loi fut prorogée jusqu'au 31 décembre 1852. La veille de l'expiration du délai, un décret impérial confirma le rétablissement de la censure dramatique.

Le décret du 30 décembre 1852 laissa l'examen des pièces dans les attributions du ministre de l'intérieur à Paris et des préfets dans les départements, mais il garda le silence sur les pénalités établies par la législation précédente.

Au début du règne de Napoléon III, les pièces étaient soumises à l'examen du bureau des théâtres qui fonctionnait au ministère de l'intérieur.

En 1853, « dans l'intention de rapprocher du trône la protection des lettres et des arts (1) », on transporta au ministère de la Maison de l'Empereur (2) le service des

1. Camille Doucet, enquête de 1891.
2. Le décret du 14 décembre 1852 avait confié l'administration de la dotation de la couronne au ministre d'Etat qui était devenu

Beaux-Arts en même temps qu'une fraction du service des théâtres, les théâtres subventionnés qu'on appelait les théâtres impériaux. Les autres scènes et la censure leur furent bientôt adjointes par le décret du 23-30 juin 1854. Dès lors, les théâtres formèrent un seul bureau, mais un bureau successivement paré de dénominations toujours plus amples : division, direction, direction générale (1).

La censure s'exerçait au moyen de deux commissions : la commission d'examen composée de cinq membres et d'un secrétaire et chargée de l'étude des manuscrits ; la commission d'inspection dont les délégués assistaient aux répétitions générales.

Il arriva, sans doute, assez fréquemment, au cours de ce

---

en même temps le ministre de la Maison de l'Empereur. Le pouvoir de ce ministère s'étendait sur les palais, châteaux, maisons, domaines et manufactures de la couronne avec les diamants, perles pierreries, statues, tableaux, pierres gravées, musées, bibliothèques et autres monuments des arts ainsi que les meubles meublants contenus dans l'hôtel du garde-meuble et les divers palais et établissements impériaux. L'Empereur enleva bientôt au ministre de l'Intérieur, M. de Persigny, malgré sa résistance, ce qui lui restait du service des Beaux-Arts, pour le joindre aux attributions du ministre de la Maison. Les budgets, toutefois, ne furent point fondus, ni, par conséquent, les services, qui, installés côte à côte, se jalousaient et s'annihilaient en quelque sorte. Un décret du 2 janvier 1870 enleva les Beaux-Arts à la Maison de l'Empereur, et en fit un département distinct. Ce nouveau ministère fonctionna quelques mois à peine, car, même avant le 4 septembre, u. décret de l'Impératrice-régente du 23 août 1870 reversa provis. ment les Beaux-Arts au ministère de l'instruction publique.

1. Béquet, v. *Beaux-Arts*, n. 29.

régime, que les artistes essayèrent de tromper la surveillance administrative en rétablissant les passages supprimés, en ajoutant d'eux-mêmes des phrases nouvelles, des mots et des jeux de scène qui n'eussent pas été approuvés. Une circulaire du 16 décembre 1861 prévint les directeurs, responsables des faits de leurs artistes, que toute altération des textes autorisés constituait pour eux une grave infraction aux cahiers des charges, qui les obligent à se conformer à toutes les dispositions réglementaires, instructions et consignes régissant les théâtres. Et pour assurer l'exécution de cette circulaire un emploi de commissaire-inspecteur des théâtres et spectacles de Paris fut spécialement créé : « D'une part, écrivait le ministre aux directeurs de théâtres (2), je pourrai ainsi étendre à toutes les représentations la surveillance administrative qui, jusqu'à ce jour, n'était exercée par les inspecteurs des théâtres qu'aux, répétitions générales et aux premières représentations comme un complément de travail de la commission d'examen.

1. Une circulaire du 30 janvier 1852 avait prescrit la présence des inspecteurs aux répétitions générales des ouvrages repris. Une autre circulaire du 16 mars 1857 décida qu'aucune répétition générale ne pourrait excéder six heures et que, dans aucun cas, les répétitions du soir ne pourraient dépasser l'heure de minuit. L'inspecteur des théâtres devait toujours être convoqué quarante-huit heures à l'avance pour assister à ces répétitions. Une troisième circulaire en date du 28 février 1868 invita les directeurs à prendre des mesures pour que les répétitions générales des ouvrages nouveaux ou remis à la scène aient toujours lieu le plus complètement possible et de manière à ne dissimuler aucun des effets de la représentation. — V. le Senne, *Code des Théâtres*, p. 82.

2. Circ. 30 décembre 1861. — Le Senne, *op. cit.*, p. 81.

De l'autre, je serai plus à même de connaître, et, par conséquent, de signaler à M. le préfet de police, pour les faire réprimer, les empiétements irréguliers que les entrepreneurs de spectacles, cafés-concerts et autres établissements du même genre se permettent trop souvent sur le domaine des théâtres ».

Les derniers mots de la circulaire faisaient allusion au régime privilégié auquel, depuis le premier empire, était soumise l'exploitation des théâtres. Le décret du 6 janvier 1864 rendit ces entreprises au droit commun en permettant à tout individu d'élever et d'exploiter un théâtre ; mais ce texte n'étendit point son libéralisme jusque sur la scène dont il confirmait la surveillance par le ministre et les préfets.

Tels furent les documents législatifs et administratifs qui réglementèrent la censure impériale. Il convient d'examiner maintenant comment, dans cette période, les commissaires des Beaux-Arts s'acquittèrent de leurs si délicates fonctions, quelle fut, dans ses traits les plus caractéristiques, cette jurisprudence censoriale dont on a relevé tant de décisions pittoresques et de sévérités injustifiables.

M. Hallays-Dabot a rappelé dans son intéressant ouvrage (1) les instructions données aux censeurs, au début de l'Empire, par M. de Morny : « Le ministre, dit-il, fait appeler, dans son cabinet, la commission d'examen et lui tient un langage dont voici, non les termes rigoureusement textuels, mais le résumé exact : « La

1. *La censure dramatique sous le Second Empire.*

censure devra quelque peu modifier sa façon d'agir. Moins de liberté sur certains points, les circonstances l'exigent. Ainsi, *Richard d'Arlington*, qui allait être repris, ne sera point autorisé. A d'autres point de vue, parfois, plus de circonspection, parfois aussi une latitude plus grande laissée au théâtre ». Le ministre explique ses instructions. Il ne connaît que deux actes de la censure ; tous les deux lui paraissent déplorables : *Mercadet* a été autorisé ; *La Dame aux Camélias* est interdite. Vinrent ensuite, d'une part, des observations sur le rôle et l'importance des financiers dans l'Etat, d'autre part, des remarques morales et personnelles sur les femmes entretenues et sur l'inocuité de ces tableaux de mœurs. Cette exposition de principes fut faite et développée avec cet esprit net et ces formes polies qui caractérisaient M. de Morny. La conclusion naturelle était l'autorisation de *La Dame aux Camélias* ».

On a prétendu que ce qui distingua la censure du Second Empire ce fut la plus large tolérance pour les pièces d'une moralité douteuse et la sévérité la plus étroite pour les pièces politiques. En vérité, si l'on examine la liste des pièces interdites de 1852 à 1870, on ne retrouve en aucune façon les vestiges d'une aussi large tolérance pour les œuvres d'une certaine catégorie. *La Dame aux Camélias* autorisée par M. de Morny a généralement cessé d'être considérée comme une pièce immorale, tant il est vrai que la moralité du théâtre est essentiellement relative et change de caractère selon les époques.

En février 1852, alors que l'Empire n'était point encore

proclamé, Emile Augier avait fait recevoir au Théâtre Français une comédie en cinq actes en vers, *Diane*. Il y avait, dans cette pièce, une conspiration contre le cardinal de Richelieu et des vers qui pouvaient prêter à de regrettables allusions. Dans un rapport, intéressant à citer comme type de tous ceux qui se succèderont, les censeurs avouent leur cruel embarras :

« Dans cette pièce, disent-ils, les deux rôles dominants sont ceux de Richelieu et de Diane. La jeune fille flétrit si énergiquement l'assassinat d'un homme dont la vie est nécessaire à la France que les inconvénients d'une conspiration nous paraissent couverts par l'effet général de l'ouvrage. Le drame, au surplus, a été lu directement et verbalement autorisé par le prédécesseur de M. le Ministre, mais le visa n'a point été donné. Indépendamment de cette haute décision, notre impression personnelle nous eût conduits à proposer l'autorisation que nous avons eu, en effet, l'honneur de présenter à M. le Ministre. »

« Toutefois, un pareil sujet ne peut être traité, quels que soient les bonnes intentions, la prudence et le talent de l'auteur, sans qu'il surgisse des possibilités d'allusions que nous devons signaler à la haute appréciation de M. le Ministre par la citation de quelques passages. Quelque iniques et absurdes que soient de pareilles allusions contre lesquelles se révolte notre conscience de citoyens, il est de notre devoir d'examinateurs d'aborder, sans faux scrupule, cette délicate question. »

« Quels reproches M. le Ministre n'aurait-il pas à adresser à notre imprévoyance si, à l'occasion de ces passages, la malveillance des partis hostiles venait à se produire en plein théâtre ! (1). »

Parmi les vers signalés à la haute appréciation du ministre, se trouvent les suivants :

Acte II. — *Scène III*
(Entre les conjurés)

Tuons le cardinal ; une fois le coup fait,
Nous irons à Sedan en attendre l'effet.
. . . .
Qui perd du temps perd tout contre un tel adversaire
Sa mort est juste enfin puisqu'elle est nécessaire.
. . . .
Ma haine des tyrans s'exhale dans un coin,
Qu'il me tarde, mordieu ! de secouer ma chaîne.

Ces hésitations de la censure, au seuil du second empire, pour viser une pièce autorisée sous le régime précédent, faisaient tristement augurer, pour l'avenir, de la liberté théâtrale.

Et, de fait, la commission d'examen, sous ce règne se montre singulièrement pointilleuse et tracassière. Elle s'offusque de voir, dans une pochade (2), un agent de l'octroi mis en scène d'une manière grotesque, et, sur ses observations, les auteurs doivent faire du fonctionnaire Boustoubie un simple dégustateur « déjà destitué par l'administration » et qui se sert de son ancien titre pour faire valoir ses prétentions. Au Palais-Royal,

1. Poulet-Malassis, *Papiers secrets du Second Empire.*
2. *La mère Moreau*, un acte en prose, Théâtre du Palais-Royal, 30 juillet 1852.

en juin 1852, on va jouer *Poste restante*, vaudeville en un acte, dans lequel un fonctionnaire manque à ses devoirs professionnels ; la censure considère que les employés de la poste sont dignes de protection autant que les employés de l'octroi, et, logiquement, elle fait disparaître toute connivence de l'employé de la poste dans la fraude commise.

Michel Perrin n'est autorisé qu'après la suppression de toutes les tirades contre la police.

Sous prétexte de personnalités, la censure interdit *L'Assassin* et modifie *La Niaise* et *Villefort* où l'on maltraite la magistrature. Cette commission d'examen n'eut jamais permis assurément à Racine de mettre en scène *Les Plaideurs* ni à M. Brieux de faire jouer *La Robe rouge* ; en règle générale, elle n'autorise pas la critique des diverses branches de l'administration impériale ; et plus haut sont placés les personnages, mieux ils sont protégés par elle.

Le Théâtre des Variétés reçoit un vaudeville qui s'intitule : *Un regard de ministre*. Grand émoi parmi les examinateurs ! La pièce est fort inoffensive et ne saurait blesser le ministre. Mais il y a le titre qui blesse les censeurs. Il faut enlever du vaudeville le regard incriminé.

C'est également parce que le titre de ministre, dans les *Echelons du mari* (10 juin 1852), amenait une série d'épigrammes et de plaisanteries que les censeurs crurent devoir supprimer, dans tout le cours de la pièce, le mot ministre et les allusions qui en étaient la suite (1).

1. Dans une pièce, la commission d'examen fit rayer les mots

Il est curieux de relever dans les décisions de la censure impériale des appréciations vraiment originales du rôle que devraient avoir en scène les personnages historiques. Les censeurs, à force de s'occuper des choses du théâtre et d'assister aux représentations quotidiennes, se mêlent eux aussi d'avoir des conceptions dramatiques (1) ; chose plus dangereuse, ils veulent les imposer aux auteurs dans les modifications qu'ils exigent.

C'est ainsi qu'à propos du *Gâteau des Reines* (9 août 1854), la commission sait gré à Léon Gozlan de n'avoir mis en scène ni le roi Louis XV, ni le cardinal de Fleury ; elle le félicite même d'avoir donné beaucoup de noblesse et de dignité au rôle de Stanislas ; mais elle ne peut lui pardonner d'avoir enveloppé Mme de Prie dont les intrigues font le nœud de la pièce, d'un vernis de galanterie qui lui paraît passer les bornes.

Quant au duc de Bourbon, un peu sacrifié dans la pièce, bien que premier ministre, il conviendrait de lui maintenir un caractère à la hauteur de son emploi.

Mais voici des suppressions proposées à l'auteur qui résiste et se montre résolument indocile à la direction dramatique de la censure.

D'abord la coupure suivante qui, si l'on se reporte à l'époque, est justifié dans une certaine mesure.

« foule d'imbéciles », parce que le ministre de l'intérieur était alors M. Fould.

1. Nous ne faisons point allusion ici au directeur du bureau des théâtres qui était alors un esprit aimable et séduisant, M. Camille Doucet, futur académicien et président de la Société des auteurs dramatiques. Mais M. Camille Doucet a rappelé lui-même dans l'enquête de 1891 qu'il avait coutume de laisser aux

Acte II

1° Les femmes dévorant les mâles dans la maison d'Autriche ;

2° Cette poupée (l'infante d'Espagne) ;

3° Toutes les couronnes sont les mêmes : couronne de France ou couronne du Japon ; couronne d'or ou couronne de laurier. On ne les attend pas ; on les prend.

La fantaisie reprend ses droits lorsque la commission d'examen veut supprimer dans l'ouvrage le mot de la fin. Ce mot est de madame de Prie. Elle dit : « Enfin, j'ai fait une reine, je vais régner ».

Ce mot, expliquent les censeurs, a le double inconvénient de résumer la pièce d'une manière inexacte « et d'exagérer la portée du rôle de madame de Prie, en présentant une pareille femme comme disposant de la couronne de France ». Il ne fallut pas moins de cinq conférences avec la commission d'examen pour que l'auteur se décidât enfin à opérer toutes les suppressions ou modifications auxquelles il s'était refusé jusqu'au dernier moment.

La censure impériale n'oublie pas qu'elle doit être également la gardienne vigilante de l'ordre social. Aussi fait-elle corriger les pièces qui lui paraissent y porter atteinte. Sur ses observations, Emile Augier ne doit point conserver, dans la *Pierre de touche*, certaines formules telles que : « La Société est mal faite... Le riche,

examinateurs du bureau des théâtres la plus grande liberté dans leur appréciation des œuvres qui leur étaient soumises et qu'il ne participait point à la rédaction de leurs rapports.

dans les desseins de Dieu, n'est que le trésorier du pauvre » et quelque mots comme : « l'insolence des riches » « la protestation du déshérité »... « Dieu n'est pas juste », etc., etc..., qui, par leur application, auraient pu éveiller les susceptibilités d'une partie des spectateurs.

Dans les *Deux dîners*, petit vaudeville représenté en 1855 au théâtre des Jeunes Élèves, un personnage, le vieux Vincent, et sa fille Pauline sont menacés par leur propriétaire de la saisie de leurs meubles et d'être mis à la rue faute de dix francs, pour compléter leur terme. Les censeurs s'effraient de cette assez pauvre critique de l'abus du droit de propriété et n'autorisent la pièce que lorsque le propriétaire impitoyable a été remplacé par un usurier.

En 1865, M. Glais-Bizoin présente à la commission d'examen une comédie en trois actes, le *Vrai courage*. On lui répond que « ces scènes où éclatent dans toute leur violence et leur brutalité les récriminations haineuses du socialisme contre l'ordre et la loi et qui rappellent les plus mauvais jours de la Révolution (1) sont inadmissibles. »

Mais qui donc a dit que la censure impériale avait fait preuve d'une tolérance absolue sur toutes les questions de morale? Les rapports de la commission d'examen sont, le plus souvent, en contradiction avec cette opinion fantaisiste. C'est ainsi notamment que nous voyons la censure interdire l'*Etrangère* parce qu'au dénoûment, elle

1. Poulet-Malassis, *op. cit.*

juge profondément immoral et blessant qu'une princesse reçoive son mari dans la chambre à coucher aux lieu et place d'une courtisane et trouve moyen, de la sorte, « de compléter légalement son équipée et de satisfaire tout à fait sa curiosité. »

Toujours au point de vue moral, le *Chandelier* d'Alfred de Musset est interdit : « Les amours soldatesques de Clavaroche, les passions de Jacqueline, le rôle de *Chandelier* que l'on fait jouer à Fortunio, tout ce tableau de mœurs intimes, brutal et hardi » ne peut être mis en scène.

Diane de Lys de Dumas, interdite d'abord, ne fut autorisée ensuite qu'après de profondes mutilations. L'interdiction des *Diables noirs* de M. Sardou parut tellement injustifiée à l'opinion publique qu'il s'ensuivit une campagne de presse des plus vives contre la censure. Cela n'empêcha pas les examinateurs de s'opposer à la représentation des *Lionnes pauvres*, le chef-d'œuvre d'Emile Augier (1). Heureusement que la pièce gagna presque aussitôt son procès devant l'Empereur, le public et la presse. Autorisée par ordre souverain, elle obtint un succès énorme. L'auteur qui n'en gardait pas moins une rancune à la censure se vengea cruellement de son intolérance dans la préface des *Lionnes pauvres*.

« Voilà, disait-il, une commission chargée d'empêcher le théâtre d'offenser la pudeur de l'auditoire et de parler des affaires politiques, en un mot, de lui faire respecter la décence et l'ordre public ; ce sont là des attri-

1. *Le fils de Giboyer*, du même auteur fut également interdit.

butions simples et nettes. Pour avoir mis le pied hors de ce cercle étroit, ils ne savent plus où s'arrêter ; comme protecteurs de la décence, ils se sont immiscés dans les questions de morale et de philosophie; comme protecteurs de l'ordre public, ils ne veulent pas qu'on siffle dans les rangs; ils se croient responsables de la chute des pièces, et de cette responsabilité se font un droit de collaboration, révisant le style (1), rayant certains mots qui ont encouru leur disgrâce, donnant des conseils dans l'intérêt de l'ouvrage, imposant des dénouements de leur cru... et quels dénouements! N'exigeaient-ils pas que, dans les *Lionnes pauvres*, Séraphine, entre le quatrième et le cinquième acte, fût victime de la petite vérole, châtiment naturel de sa perversité? A cette con-

1. Il y a beaucoup de vérité dans cette préface des *Lionnes pauvres* qu'on pourrait croire écrite dans un moment d'humeur. Le gouvernement s'inquiétait de la pureté du langage dramatique, comme le prouve cette curieuse circulaire, adressée, le 24 avril 1858 aux directeurs de théâtre : « Je vois avec regret s'introduire de plus en plus dans le langage du théâtre l'usage des locutions vulgaires et brutales et de certains termes grossiers empruntés à l'argot. C'est là un nouvel élément de bas comique dont le bon goût se choque et qu'il ne m'est pas permis de tolérer davantage.

« La commission de censure vient de recevoir à ce sujet des instructions sévères, et je m'empresse de vous en prévenir en vous priant de me seconder par votre légitime influence. Toutes les œuvres dramatiques ne sont pas, sans doute, assujetties à la même pureté de langage; la diversité des genres implique et autorise la diversité des formes; mais pour les théâtres même les plus frivoles, il est des règles et des limites dont on ne saurait s'écarter sans inconvénient et sans inconvenances.» — Conf. Le Senne, p. 18.

dition ils amnistiaient la pièce ; c'est là ce qu'ils appellent la moralité du théâtre, — en sorte que les *Lionnes pauvres* auraient pu s'intituler : « De l'utilité de la vaccine. »

Et le brillant dramaturge se demandait si réellement la commission d'examen n'exigeait pas au théâtre une morale réduite à la récompense de la vertu et à la punition du vice.

Il nous semble plutôt que les examinateurs procédaient surtout par caprices et par anomalies, car leurs précédentes exigences ne les empêchaient point d'autoriser la *Belle Hélène*, ni de tolérer les déhanchements de Rigolboche. C'est, d'ailleurs, dès cette époque, que l'on vit sur nos scènes les amoncellements de femmes nues et les brillantes orgies de chair humaine qui faisaient déjà prévoir le succès tout spécial de nos revues contemporaines.

Le spirituel chroniqueur du *Monde illustré*, Charles Monselet, écrivait dans son feuilleton dramatique du 31 octobre 1857 : « Un petit théâtre de ceux qu'on appelle *théâtres à femmes*, vient de se rouvrir avec un peu d'or dans son affiche : l'*Escarcelle d'or*. Autrefois les Délassements-Comiques ont joui de cette vogue particulière que les Folies-Nouvelles semblent avoir détournées à leur profit : on y allait autant pour voir le public que pour voir les pièces ; c'étaient des Italiens du demi-monde. Sur la scène, on représentait les *Fifres du Beaujolais* ou le *Régiment de Royal-Cravate* ; vingt ou vingt-cinq petites femmes poudrées, en culotte blanche, le lampion à l'oreille, une menotte sur la hanche, défilaient et faisaient l'exercice; elles chantaient faux, mais elles avaient vingt ans; elles jouaient en dépit de la raison, mais leurs yeux leur tenaient lieu de talent. Malgré ces éléments de succès, les Délassements-Comiques ont vu graduellement tomber leur fortune. L'*Escarcelle d'or* ramènera-t-elle à ce petit théâtre ses habitués et ses habituées? Cela est possible, cela est même probable, car la pièce nouvelle est découpée sur le modèle de celles dont nous venons de citer les titres; c'est de la littérature qui sort de chez le marchand de maillots, c'est de l'esprit pour les lorgnettes... La troupe est nouvelle depuis le premier mollet jusqu'au dernier; elle se formera et peut-être en se formant engraissera-t-elle; c'est un vœu que la charité et la plastique nous forcent à émettre. »

Les questions de morale confinent parfois aux questions religieuses. L'Empire tient à conserver les faveurs du clergé; l'impératrice est ultramontaine; le prince impérial est filleul de Rome. On ne saurait, en conséquence, admettre sur la scène des pièces dont pourraient être blessées les susceptibilités religieuses. *Séraphine* ou la *Dévote* fut interdite, paraît-il, sur les réclamations du quartier Saint-Sulpice, « ce vaste bazar de statuettes, d'images, d'orfèvrerie et de costumes, ce monde de la dévotion extérieure, ce centre de catholicisme parisien, cette petite ville cléricale au milieu de la grande cité (1) », si merveilleusement restituée en scène par le talent de M. Sardou. Paul Foucher se heurte

1. Guillemet, rapport.

également à la mauvaise humeur de la censure quand il veut faire jouer *Notre-Dame de Paris*. La commission s'effraie du rôle de Claude Frollo, ce prêtre qui assassine le capitaine Phœbus pour lui ravir sa maîtresse ; d'ailleurs, les esprits bien pensants qui prononcent sur les pièces ne peuvent admettre le cortège religieux faisant amende honorable à la *Esméralda*. Le *Juif Errant* d'Eugène Sue ne peut être joué qu'après des réductions considérables. Les pièces politiques ou même les pièces historiques où l'on croit découvrir une portée politique rencontrent une censure particulièrement intraitable. Mais les examinateurs ne se contentent pas de demander des suppressions ou des modifications aux pièces soumises à leur examen. Les *Pavés sur le pavé* et *Martineau ou la Fronde* (1852) (1), qui contiennent des scènes révolutionnaires, sont interdites. Les *Orphelins du Temple*, qui auraient peut-être ranimé des passions royalistes, ne peuvent être joués, et *Dominus Sampson*, la comédie de MM. Dartois et Besselièvre, autorisée d'abord, fut retirée de l'affiche après une manifestation au Vaudeville. Dans *Mademoiselle de la Seiglière*, afin de ne pas mécontenter le parti légitimiste, on demanda aux auteurs de donner au marquis des allures moins impertinentes. On permet toutefois de mettre en scène le

1. « Nous croirions manquer à nos devoirs en négligeant de signaler l'influence que peuvent avoir, même hors de la scène de l'Opéra, les chants des frondeurs et les cris : « Aux armes ! » s'ils sont répétés sur d'autres théâtres, dans les cafés-concerts ou chantés sur la voie publique » (Rapport des censeurs sur la *Fronde*, Poulet-Malassis, *op. cit.*).

Capitaine Henriot, opéra en 3 actes, poëme de M. Victorien Sardou. Le capitaine Henriot, c'est Henri IV. Napoléon III ne redoute plus, comme Napoléon I*er*, de faire acclamer en scène le prince le plus populaire de la dynastie déchue. Le rapport des censeurs qui en témoigne est assez intéressant pour mériter une citation :

THÉATRE DE L'OPÉRA-COMIQUE

LE CAPITAINE HENRIOT
Opéra-comique en 3 actes.

(Sans date).

« L'action se passe pendant le siège de Paris. Le héros est Henri IV, dont le portrait est retracé par l'auteur, tel que l'histoire et la chanson nous l'ont légué : ce diable à quatre, etc.

« Le directeur du théâtre impérial de l'Opéra-Comique n'a pas voulu se lancer inconsidérément dans les études laborieuses et les grandes dépenses nécessaires pour monter un ouvrage capital. Il a désiré préalablement consulter l'administration sur la question de savoir si la censure admettait le principal personnage, le capitaine Henriot, ou plutôt Henri IV.

« Les appréhensions du directeur ne pouvaient qu'éveiller davantage notre attention sur une pièce qui, par son titre et sa couleur, nous préoccupait déjà. Après avoir mûrement examiné la question, nous penchons pour l'admission.

« Le Gouvernement de l'empereur Napoléon III ne repousse aucune gloire des rois, ses prédécesseurs.

« La monarchie française, qu'elle s'appelle royauté ou bien empire, que la maison régnante soit Bourbon ou Bonaparte, forme dans l'histoire un faisceau éclatant, dont les diverses splendeurs réunies constituent le patrimoine du trône, quel que soit le nom de la dynastie et du souverain qui y sont assis. La dynastie Bonaparte, en succédant à celle des descendants de saint Louis, n'a pas interrompu les traditions de l'histoire de la monarchie.

« Le personnage du Béarnais a été mis plusieurs fois sur la scène depuis l'empire, et toujours sans inconvénient, devant le public qui fréquente plus particulièrement les théâtres populaires... Il est très vraisemblable qu'il n'en sera pas autrement à l'Opéra-Comique. Nous croyons qu'il serait regrettable de reconnaître, pour ainsi dire *a priori*, comme un drapeau d'opposition sur le théâtre, le personnage de Henri IV.

« Il nous paraît donc que, pour une pièce telle que celle dont il s'agit, il n'y a pas lieu, de la part de l'administration, d'agir préventivement. S'il arrivait, ce qui n'est pas à présumer aujourd'hui, que, méconnaissant la pensée libérale du Gouvernement, quelques mauvais esprits cherchassent à profiter d'une occasion de ce genre pour se livrer à des manifestations hostiles, nous pensons qu'alors seulement il y aurait lieu d'user de mesures répressives. Le gouvernement de l'empire est trop populaire pour avoir rien à craindre de pareilles entreprises, qui d'ailleurs ne se manifesteront probablement d'aucune manière. Nous croyons donc qu'il convient d'admettre la pièce qui nous occupe. Toutefois, nous avons l'honneur d'appeler respectueusement l'attention de Son Excellence sur cet ouvrage » (1).

M. Paul Meurice avait composé pour l'Exposition de 1855 un panorama historique, *Paris*, où se déroulait, sur la scène, l'histoire de la capitale. Mais les derniers tableaux représentaient des épisodes de l'époque révolutionnaire alors que les censeurs avaient compté sur une apothéose de la France impériale. Ils demandent la modification de la pièce en ce sens. L'auteur s'entête, résiste, ne veut rien modifier du tout. Mais les censeurs exigent absolument leur apothéose ; ils l'obtiennent enfin du directeur du théâtre, malgré M. Paul Meurice.

THÉÂTRE DE LA PORTE-SAINT-MARTIN

PARIS
Drame historique en 25 tableaux.

« Paris, 19 juillet 1855.

. . . .

« Nous avons demandé que la pièce se terminât avant la Révolution ou qu'un tableau final fût consacré à Napoléon Ier.

« Le Directeur est entré pleinement dans nos vues, mais il s'est trouvé en présence des résistances de l'auteur. Il a passé outre ; il a supprimé ou modifié les tableaux susmentionnés ; il a fait faire un tableau final représentant Napoléon Ier distribuant les aigles au Champ de Mars.

1. Poulet-Malassis, *op. cit.*

« Cet ouvrage s'est ainsi trouvé profondément modifié selon nos conventions.

. . . .

« Nous devons rendre cette justice au directeur, qu'il nous a secondés de tout son pouvoir dans ce travail ingrat et difficile, qui consistait à donner à un ouvrage de cette importance un sens plus large, et un caractère plus français.

« En conséquence, nous proposons l'autorisation » (1).

Les pièces qui mettent en scène la Révolution sont d'ailleurs fort peu goûtées par la censure de l'Empire. Elle avait interdit déjà en raison de cette antipathie, un drame assez inoffensif, le *Marchand de Coco*; elle n'autorise la représentation de la pièce de M. Sardou, les *Blancs et les Bleus*, qu'après avoir obtenu de l'auteur qu'il maquillât suffisamment la physionomie de St-Just pour l'empêcher de recueillir trop d'applaudissements.

Robert Lindey, le drame de M. Claretie, autorisé par la censure est interdit par le ministère sur un rapport du commissaire de police. L'interdiction n'est levée que sur les instances de l'empereur.

Le *Lorenzaccio* d'Alfred de Musset est considéré comme dangereux pour l'ordre public. Les censeurs refusent l'autorisation :

THÉATRE IMPÉRIAL DE L'ODÉON
—
LORENZACCIO
Drame en cinq actes, d'Alfred de Musset.

1. Poulet-Malassis, *op. cit.*

« *Palais des Tuileries*, 28 juillet 1864.

« Ce n'est pas la première fois qu'il est question de représenter cet ouvrage qu'Alfred de Musset n'avait pas composé pour la scène. Le Théâtre Français, qui y avait songé, a reculé devant les difficultés, qui lui parurent insurmontables.

« Dans la version que le directeur de l'Odéon soumet à la censure, on a cherché à adapter l'ouvrage à la scène par des suppressions nombreuses et des soudures ayant pour objet de rapprocher les différentes péripéties que les digressions, toutes naturelles dans un drame écrit pour être lu et non pour être joué, isolaient les unes des autres.

« Nous ne croyons pas que cette œuvre arrangée telle qu'elle est, rentre dans les conditions du théâtre. Les débauches et les cruautés du jeune duc de Florence, Alexandre de Médicis, la discussion du droit d'assassiner un souverain dont les crimes et les iniquités crient vengeance, le meurtre même du prince par un de ses parents, type de dégradation et d'abrutissement, nous paraissent un spectacle dangereux à présenter au public.

« En conséquence, nous ne croyons pas qu'il y ait lieu d'autoriser la pièce de Lorenzaccio » (1).

En 1867, à la veille de l'Exposition, les journaux ayant regretté que les drames de Victor Hugo ne fussent plus au répertoire, ce qui pour ainsi dire découronnait l'Exposition, M. Camille Doucet, directeur de la commission d'examen, fit de louables efforts pour obtenir la reprise

1. Poulet-Malassis, *op. cit.*

d'Hernani ; l'empereur approuva la mesure quand le maréchal Vaillant lui en fit la proposition. Il y eut quelque bruit à la première représentation ; le surlendemain, au conseil des ministres, M. Camille Doucet et le maréchal Vaillant furent vivement attaqués. L'empereur arrêta les ministres en déclarant que le lundi suivant il assisterait à la troisième représentation. Mais sur les instances du ministre de l'Intérieur, Napoléon ne donna pas suite à son projet ; la pièce n'en continua pas moins à être autorisée et fut jouée deux cents fois de suite. Ruy Blas eut un sort moins heureux que la pièce précédente, car, quoi qu'on en ait dit en 1891, il ne fut jamais autorisé à l'Odéon (1).

Le 13 avril 1870, dans les derniers jours de l'Empire libéral, les censeurs ne permettent point à un directeur de théâtre de faire chanter la Marseillaise. Leur rapport est un précieux document, très longuement motivé.

ELDORADO

LA MARSEILLAISE

« *Palais des Tuileries*, le 13 avril 1870.

« Le directeur de l'Eldorado demande à faire chanter la *Marseillaise* dans son établissement.

« On ne peut se dissimuler que cette autorisation spéciale accordée entraîne une autorisation générale, et que, presque instantanément, comme une traînée de

1. V. la discussion entre MM. Auguste Vacquerie et Camille Doucet, enquête de 1891.
2. Poulet-Malassis, *op. cit.*

poudre, l'hymne célèbre va retentir sur tous les théâtres et sur les innombrables scènes de cafés-concerts qui pullulent dans Paris et dans ses faubourgs.

« Aussi est-ce à un point de vue général que la question nous paraît devoir être examinée.

« Il y a deux choses dans la *Marseillaise* ; la *Marseillaise* telle qu'elle a existé, telle qu'elle est encore, à ne prendre que le sens exact du texte ; la *Marseillaise*, si on ne veut voir que le chant lui-même, si par l'esprit on se reporte dans le milieu qui l'a vue éclore, si on reste enfin dans les sphères historiques et artistiques, la *Marseillaise* est le chant français par excellence. C'est son rythme entraînant qui, aujourd'hui encore, pousse les soldats à la victoire, comme en 92 il faisait voler les enrôlés à la frontière. Ce caractère héroïque et grandiose de l'œuvre est indiscutable. Malheureusement la *Marseillaise* patriotique n'existe plus pour les hurleurs de la rue ; les passions des partis en ont travesti le sens. La *Marseillaise* est devenue le symbole de la révolution ; ce n'est plus le refrain de l'indépendance nationale et de la liberté, c'est le chant de guerre de la démagogie, c'est l'hymne de la république la plus exaltée. Que la rue soit en mouvement, qu'une réunion publique fermente, qu'une barricade tente de se former, que l'atelier ou l'école s'agite, c'est le rugissement de la *Marseillaise* qui retentit. Les musiques militaires ne la jouent plus ; les tribunaux condamnent les pertubateurs qui dans la rue font de ce chant un cri séditieux ; le plus irréconciliable des journaux s'arme de ce titre comme d'un défi à la paix publique ; à Londres, si les réfugiés du monde entier fêtent, à l'ombre du drapeau rouge, quelque éphéméride républicaine, c'est au refrain de la *Marseillaise* que se portent les toasts ; tout enfin, à Paris, en France, à l'étranger, a concouru à faire de ce chant, magnifique souvenir d'une des crises glorieuses de notre pays, le refrain le plus entraînant de la révolution européenne.

« Y a-t-il lieu de laisser chanter aujourd'hui la *Marseillaise* ?

« Deux opinions se trouvent en présence.

« Des personnes pensent que le gouvernement, par l'autorisation générale, complète, hautement approuvée et même patronnée de la *Marseillaise*, enlèverait tout de suite au chant une partie de son caractère d'hostilité, et sans que cette habileté désarmât les factions révolutionnaires, elle atténuerait, du moins instantanément, la valeur et la portée d'un de leurs moyens d'action. Le public, n'étant plus alléché par l'attrait du fruit défendu, envisagerait l'œuvre d'une façon plus calme et plus intelligente, et les impressions mêmes produites par la sauvage énergie du refrain se modifiant peu à peu, les uns cesseraient peut-être bientôt d'en faire un épouvantail, tandis que les autres, s'accoutumant à l'entendre, ne s'en troubleraient plus.

« D'autres personnes, au contraire, croient que, dans l'état actuel des esprits, l'exécution multipliée de la *Marseillaise* dans tous les lieux publics serait une cause nouvelle et dangereuse d'excitation. Son caractère exclusivement révolutionnaire est trop universellement connu et accepté aujourd'hui pour espérer que la générosité du Gouvernement le modifie en rien. A voir de quel enthousiasme, vrai ou factice, sont accueillies les quelques mesures intercalées dans des chansons, on peut préjuger de l'effet produit par l'œuvre elle-même.

« Entre ces deux opinions, la commission d'examen penche pour la dernière, surtout dans les circonstances actuelles.

« Nous pensons qu'avec l'effervescence que les partis extrêmes entretiennent dans les classes ouvrières et dans la jeunesse, à la veille des réunions publiques et d'un vote qui vont remuer la France entière, la *Marseillaise* courant de salle en salle, de ville en ville, profitant de l'autorisation même pour déborder impunément dans la rue, ne peut être qu'un ferment révolutionnaire de plus. Nous craignons que cette cause, secondaire sans doute, mais assez vive pourtant, de troubles et d'émotion, venant se joindre à toutes celles qui existent déjà, pour les entretenir et les aviver, ne desserve, au profit de l'agitation républicaine et socialiste, la cause de l'ordre et de la liberté. »

« Telles sont les considérations que nous avons l'honneur de soumettre à la haute appréciation de l'administration supérieure. »

Le théâtre, sous ce régime, dut sacrifier considérablement aussi aux convenances diplomatiques ; il est à noter que ces convenances se modifièrent selon les variations de la politique impériale et donnèrent lieu aux décisions les plus contraires. C'est ainsi qu'avant la guerre de Crimée, le gouvernement autorisa les *Cosaques* afin de sonder l'opinion publique sur la guerre. Mais après le traité de Paris, les Russes sont étroitement protégés par la censure (1), tandis que les Autrichiens sont livrés aux auteurs dramatiques. L'interdiction des *Prussiens en Lorraine*, en 1869, n'empêcha ni ne retarda la guerre franco-allemande.

1. « Quelque temps avant l'Exposition universelle, fut jouée la *Grande Duchesse de Gérolstein* et l'on prétendit que l'héroïne de la pièce était la Grande Catherine de Russie. Le Czar, très préoccupé, dit-on, de cette caricature de la Cour de Russie, vint à Paris, assista, dès le premier jour de son arrivée, à la représentation et fut désarmé par l'esprit de MM. Halévy et Meilhac, la musique d'Offenbach, les grâces audacieuses de Mlle Schneider ». — Guillemet, *loc. cit.*

CHAPITRE XIII

LA CENSURE DRAMATIQUE DEPUIS 1870

A la suite des événements de 1870, le 30 septembre, un décret signé, sur la proposition de M. Jules Simon, par tous les membres du gouvernement de la Défense nationale, portait que la commission d'examen des ouvrages dramatiques était et demeurait supprimée. Ce décret évidemment abolissait la censure. On a prétendu, toutefois, qu'il s'agissait du rouage et non de l'institution. Dans ce cas pour supprimer les censeurs il n'était pas besoin d'un décret ; un arrêté ministériel eut suffi (1).

Le rouage fut, d'ailleurs, rétabli le 18 mars 1871 par le maréchal de Mac Mahon usant des pouvoirs qu'il croyait tenir de l'état de siège. L'état de siège, remarque le rapporteur de 1891 (2), ne confère à l'autorité militaire que les pouvoirs de l'autorité civile. Or, comme l'autorité civile ne pouvait plus exercer la censure depuis le 30 septembre, le maréchal n'avait pas le droit de la remettre en œuvre. Mais on subit l'état de siège : on ne le discute pas.

1. Guillemet, *op. cit.*
2. *Ibid.*

Avec le régime exceptionnel auquel Paris était soumis expiraient les pouvoirs des censures nommés par le gouvernement militaire. Le décret du 1ᵉʳ février 1874 confirma l'existence de la commission d'examen des ouvrages dramatiques en même temps qu'il remettait en vigueur les dispositions de la législation précédente ; et l'Assemblée Nationale, ratifia cette mesure en ouvrant, par une loi du 24 juin 1874, au Ministre de l'Instruction publique, des Cultes et des Beaux-Arts, les crédits nécessaires au fonctionnement de l'inspection des théâtres.

Le 26 février 1879, M. Turquet, sous-secrétaire d'État des Beaux-Arts, adressa aux inspecteurs des théâtres une lettre-circulaire sur la façon intelligente et libérale dont devait s'exercer la censure républicaine.

« Monsieur,

« La République a beaucoup à faire pour le théâtre ; et en vous confiant les délicates fonctions d'inspecteur, je crois devoir vous indiquer quel concours j'attends de vous dans l'œuvre de régénération si nécessaire que nous entreprenons.

« Si l'art dramatique est en décadence, c'est que, depuis trop d'années, la France, tenue en tutelle, avait vu ses libertés publiques supprimées.

« Au théâtre, les œuvres nobles et viriles étaient suspectes ; ce qui parlait à l'homme de sa dignité, de sa liberté, de ses hauts devoirs, était proscrit.

« Un art corrupteur s'était emparé de la scène ; on voyait s'y étaler effrontément la licence. L'art semblait n'avoir plus qu'un but, amuser ; et pour amuser il descendait jusqu'à la grivoiserie et plus bas encore jusqu'à la corruption.

« Nous voudrions que l'art dramatique fut ramené à un idéal plus mâle et plus fier, que le théâtre fut une école.

« L'art que nous voulons, c'est celui qui élève, non celui qui dégrade. L'œuvre que nous aimons, c'est celle qui assainit, non celle qui corrompt. Il faut que l'influence du théâtre nous vienne en aide et seconde les efforts que nous faisons pour instruire le public, pour le fortifier, pour le faire de plus en plus digne d'exercer le pouvoir que met en ses mains la République, afin de donner à la France la grandeur morale qui convient à une démocratie.

« Pour cela, donnons, en politique, toute la liberté compatible avec le maintien de la paix publique et gardons toute notre sévérité pour les couplets licencieux et les pièces immorales, nous souvenant que les deux principes de la République sont la dignité et la liberté.

« *Le sous-secrétaire d'Etat du Ministère des Beaux-Arts,*
« Turquet. »

De 1870 à 1891, la censure répressive a fonctionné au moins autant que la censure préventive. C'est après une première représentation que la *Fille Élisa*, de Goncourt, la *Liqueur d'or* et *Lohengrin*, autorisés depuis, ont été arrêtés. La pièce de M. de Bornier, *Mahomet*, fut enlevée de l'affiche à la suite d'une délibération du Conseil des ministres ; l'ambassade de Constantinople avait fait preuve, au sujet de cette pièce, de susceptibilités aussi surprenantes qu'injustifiées.

Parmi les ouvrages qui n'ont point été autorisés, citons : *Yvan le Nihiliste*, dont le titre indique le motif de l'interdiction, *La famille Lebrenn*, *Jean Kerder* et, sous les ministères de MM. Lockroy et Fallières, l'*Officier bleu*, le *Pater* et l'*Homme de Sedan*. Dans l'*Officier bleu*, la police russe était mise en scène ; un attentat contre le tsar était commis et l'on entendait même le coup de pistolet tiré dans les coulisses (1).

Le *Pater* fut interdit à cause d'un épisode de la Commune ; l'*Homme de Sedan*, par respect pour des susceptibilités politiques.

Au mois de décembre 1890, on apprit que l'un des ouvrages les plus discutés de M. Edmond de Goncourt, la *Fille Elisa*, allait être mis en scène. De ce livre, dont l'apparition avait causé tant de bruit et de polémiques, M. Jean Ajalbert venait de tirer une pièce. La nouvelle produisit quelque émotion dans le public. Parmi ceux-là même qui s'étaient plu à la lecture du roman et en avaient accepté la thèse, beaucoup s'indignèrent quand ils apprirent que la *Fille Elisa* allait faire ses débuts au théâtre d'Antoine. Ainsi donc, on oserait ouvrir une maison publique sur la scène et offrir la publicité de la rampe à la prostitution numérotée ?... Quelle serait donc celle des maisons closes parisiennes qui bénéficierait de la réclame ? M. de Goncourt les avait presque toutes énumérées dans son livre. Mais, dans sa pièce, M. Ajalbert ne pourrait jamais, pendant

1. *Germinal*, la pièce de MM. Zola et Busnach, interdite en 1885 parce qu'on y mettait la troupe en présence des grévistes, fut jouée sans difficulté un peu plus tard.

un soir, promener les spectateurs dans tous les endroits cités. Il lui faudrait faire un choix. Et les curiosités éveillées se demandaient si l'auteur favoriserait la maison de la rue de la Lune ou celle de la rue des Petits-Carreaux, les maisons de la rue de la Limace, de la rue du Chantre, de la rue du Pavé-Saint-Sauveur ou l'estaminet plus fameux de l'avenue de Suffren, en face de l'Ecole militaire.

Tel serait donc le décor exhibé pendant plusieurs semaines, pendant plusieurs mois peut-être si la pièce avait du succès. Certains esprits particulièrement aptes à s'effaroucher de toutes choses, en frémirent par anticipation. Ils songèrent naturellement aux jeunes filles qui, par accident, pourraient se trouver dans un public aussi diversement composé que le public des théâtres : quelle terrible épreuve aurait à subir leur innocence, cette innocence que l'on tient décidément à nous représenter comme tellement fragile et que l'on met éternellement en cause chaque fois qu'il s'agit d'une liberté pour le théâtre ! Les jeunes filles verraient en scène des prostituées dans l'exercice de leurs fonctions. On ne leur cacherait rien de l'infamie des conversations, des gestes et des baisers. En quittant le théâtre, elles emporteraient pour longtemps le souvenir et la souillure de cette vision fangeuse. Leur innocence donc en recevrait un choc si violent qu'il en serait peut-être mortel. Pour un peu, on aurait redouté que la *Fille Elisa* jouée ne réussisse, par la seule révélation de la prostitution, à faire du proxénétisme au théâtre et à préparer des recrues pour la maison de l'Ecole militaire.

Afin de renseigner la curiosité générale et de rassurer les inquiétudes particulières, les journaux envoyèrent chez M. de Goncourt. Les explications qui leur furent données provoquèrent beaucoup d'étonnement et un peu de scepticisme.

M. de Goncourt avait, en effet, répondu :

— Ceux qui espèrent un scandale seront déçus ; on ne verra pas, comme on en a fait courir le bruit, l'intérieur de certaine maison... L'assassinat du soldat par Elisa se passe au cimetière de Boulogne. Il existe encore ce cimetière, un coin ignoré du bois, plein, durant l'été, de verdure et de roses, sous lesquelles disparaissent les tombes... Maintenant, vous pouvez bien dire que si on s'attend à des mots grossiers, à des expressions ordurières, à des tirades salées, on éprouvera quelque déception. La pièce est écrite en une langue absolument chaste ; les oreilles les plus délicates n'y trouveront pas de quoi se blesser, quelque envie inavouée qu'elles puissent secrètement en éprouver.

Voilà donc quel avait été le sentiment de M. de Goncourt sur son ouvrage modifié, opinion un peu suspecte peut-être étant donnée la faiblesse qu'un père, même spirituel, a toujours pour sa progéniture (1). Le résumé de la pièce et les appréciations des critiques qui furent donnés au lendemain de la répétition générale étaient une meilleure source d'informations.

Le résumé de la pièce d'abord :

La fille Elisa et trois de ses camarades sortant d'une

(1) V. l'interpellation de M. Millerand, séance de la Chambre du 24 janvier 1891.

maison de tolérance, se promènent un dimanche dans un cimetière abandonné de Boulogne, Elisa, parmi les hôtes habituels de la maison, a distingué un jeune soldat ; elle l'aime. Ses camarades la plaisantent sur cet amour. Le jeune soldat arrive et presse la fille Elisa de se livrer à lui dans le cimetière ; elle s'y refuse ; il veut la violenter ; elle le tue. C'est le premier acte. Le second acte, qui se passe à la Cour d'assises, est rempli presque tout entier par le plaidoyer de l'avocat ; le plaidoyer montre que si la fille Elisa est tombée dans la prostitution, c'est par la triple fatalité de l'ignorance, de la maladie et de la misère. La fille Elisa est condamnée à mort. Le troisième acte, qui est sans intérêt au point de vue qui nous occupe, se passe dans une maison centrale. Telle est la pièce.

Tous les critiques, parmi lesquels MM. Francisque Sarcey, Jules Lemaître, Emile Faguet, Henri Bauer, Céard, Albert Wolff, Edmond Lepelletier, donnèrent leur opinion sur l'adaptation précédente ; aucun d'entre eux ne pensa qu'elle fût tellement immorale qu'on ne pût pas la représenter en public. Dans la *Revue de la famille*, M. Fouquier écrivait : « Si on accepte le point de départ, c'est-à-dire l'étude d'un personnage de fille perdue, il faut reconnaître que l'étude est faite avec une sorte de pudeur, inspirée par la pitié que le romancier ressent pour la malheureuse dont il décrit les misères…. … C'est la pitié qui donne une moralité à un tableau qui sans elle pourrait passer pour grossier ». Et un critique qui dans le même article prenait vivement à parti une autre pièce du Théâtre-Libre, M. de Lapommeraye, s'exprimait ainsi sur la *Fille Elisa* : « Est-ce là un sujet immoral ? Oh ! je sais bien que dans une partie du roman on voit la fille Elisa dans le milieu où elle vit — on dirait mieux où elle se suicide — mais je vous assure que M. Edmond de Goncourt n'a point décrit ces « intérieurs » de façon à choquer le lecteur. C'est la pitié qui est éveillée et non un autre sentiment. M. Jean Ajalbert, l'adaptateur, a suivi l'exemple de M. Edmond de Goncourt et a mis aussi, sauf en deux ou trois passages, beaucoup de sévérité dans l'exécution. De ces trois tableaux on emporte, je le répète, non une impression de scandale, mais une impression de pitié. Et au reste, de cette soirée au Théâtre-Libre il sort un enseignement qu'il est facile de tirer du rapprochement des œuvres jouées l'une après l'autre ; le *Conte de Noël* et la *Fille Elisa*. Cet enseignement qui est déjà connu, mais qu'on ne saurait trop vulgariser, c'est qu'en art le degré de moralité est en raison directe, non de la chasteté du sujet, mais de la chasteté de l'exécution de ce sujet ».

Eh ! bien, malgré la discrétion avec laquelle le sujet traité par M. de Goncourt avait été porté à la scène malgré cette conviction des critiques que l'œuvre n'était pas de nature à blesser la morale publique, la *Fille Elisa* dut être retirée du théâtre par ordre de la censure. La mesure approuvée par les uns et combattue par les autres fut longuement discutée.

On revint interviewer M. de Goncourt qui ne voulut pas admettre que l'ouvrage eût été interdit pour cause d'immoralité.

— Vous attendiez-vous un peu à cette décision lui demandèrent les journalistes ?

— Mon Dieu, répondit le romancier, je mentirais en disant que j'espérais que la pièce passerait sans difficulté mais je me ferais tort à moi-même si je vous avouais que j'ai été très étonné en apprenant la décision de la censure. Voyez-vous, sous ce motif que la pièce est interdite à cause de sa contexture générale, se cache une question politique indéniable. La *Fille Elisa*, vous le savez, est une apologie, une défense passionnée de la prostitution, des malheureuses déshéritées. Le gouvernement ne pouvait pas laisser passer une pièce qui est, somme toute, la présentation d'une des questions sociales les plus discutées, les plus controversées, où lui-même est mis directement en cause, où son système de réglementation est attaqué. La *Fille Elisa*, rappelez-vous, contient cette phrase, sur laquelle aucun gouvernement si tolérant qu'il soit ne pouvait fermer les yeux : « ... La police qui se fait proxénète et racoleuse, et comme jadis les embaucheurs profitaient de l'ivresse d'un homme pour en faire un marin ou un soldat, recrute toutes les fautes, enrôle toutes les défaillances pour satisfaire au furieux appétit de luxure des grandes villes... » Et plus loin dans la plaidoierie : « Comment voulez-vous faire cesser, comment voulez-vous éteindre la prostitution puisque vous-même vous l'encouragez ! »

— C'est donc pour qu'on ne mît pas sur la scène des situations touchant de trop près aux bas-fonds de la prostitution que la censure a interdit la pièce.

— Je le crois.

INTERDICTION DE LA « FILLE ÉLISA »

Dans la séance de la Chambre du 24 janvier 1891, l'interdiction de la *Fille Elisa* souleva une intéressante discussion entre M. Millerand qui prit la parole au nom de la liberté du théâtre et le ministre des Beaux-Arts, M. Léon Bourgeois, qui défendit à la tribune l'acte de la censure.

M. Millerand s'étonnait fort de ce que la commission d'examen s'alarmât parce que, dans un dialogue de pièce, on faisait allusion aux maisons de prostitution. Cette même commission d'examen ne permettait-elle point, en effet, que sur dix ou quinze scènes, tous les soirs, on amenât devant la rampe, des troupeaux de femmes à moitié déshabillées ? Et, par un progrès tout récent, dans certain théâtre, sous ce titre alléchant qui avait tenu ses promesses : « En scène, mesdemoiselles ! » n'avait-on pas eu ce spectacle nouveau de figurantes demi-nues quittant la scène pour venir circuler en gaie farandole parmi les fauteuils d'orchestre ? Puisque la censure tolérait de pareilles exhibitions il lui était difficile de justifier la sévérité dont elle avait fait preuve pour l'œuvre austère de MM. Edmond de Goncourt et Jean Ajalbert. Qu'est-ce donc qui avait spécialement éveillé les inquiétudes de la commission d'examen dans cette pièce ? Les personnages ? Ah ! certes ! les personnages ne sont pas même des femmes du demi-monde. Ce sont des filles perdues. Mais pense-t-on qu'il soit moins dangereux et moins démoralisant d'offrir à l'ouvrière honnête, qui a dépensé vingt ou quarante sous pour prendre sa place aux troisièmes galeries, le spectacle de la courtisane riche, heureuse, fêtée, que celui de la malheureuse rivée à sa maison de prostitution comme le forçat l'est au bagne ? Lequel vaut mieux qu'elle sorte du spectacle avec un sentiment de jalousie et d'envie ou avec une impression de répulsion et de dégoût ?

— Entre l'intention de l'auteur et l'apparence de son œuvre, il y a un abîme, répondit le ministre des Beaux-Arts... Je ne puis autoriser cette pièce car il est des maisons fermées par la police que je ne veux pas laisser ouvrir par la censure.

Le sujet par lui-même, expliquait M. Léon Bourgeois, si on le dégage de tous les détails qui peuvent le colorer aux yeux du spectateur ne doit prêter à aucune observation sérieuse de la part de la censure. La thèse qui est développée, qu'on peut partager ou combattre, est une thèse de philosophie sociale et le gouvernement ne pouvait trouver mauvais que cette thèse fût discutée. En réalité, la situation dramatique et la thèse sociale que l'auteur s'efforce de dégager de cette situation préoccupèrent moins vivement la commission d'examen que l'apparence elle-même de l'œuvre, les détails de la décoration et du langage. Quels sont donc les détails, quelle est la couleur spéciale de ce tableau ?

Le livret de la pièce en mains, M. Bourgeois donna lecture à la Chambre des passages les plus caractéristiques qui, selon lui, suffisaient à motiver l'interdiction. Il y avait d'abord la scène qui suit :

Dans un décor qui représente le cimetière abandonné de Boulogne, les filles paraissent. Elles se nomment: Gobe-la-Lune, Elisa, Peurette et Marie Coup-de-Sabre.

Une conversation s'engage, au cours de laquelle on parle d'un jeune soldat, habitué de la maison.

— Oui, je l'aime, dit Elisa, et je me ferais hacher en morceaux pour lui.

— C'est drôle, remarque Peurette, j'aurais jamais cru ça de toi que tu prendrais quelqu'un... J't'avais jamais connu personne; les hommes, les femmes, tu ne voulais rien entendre... J'pensais que t'étais pas faite pareille... T'as pris goût à la chose.

ELISA

Oh! pas du tout... Et avec lui comme avec les autres, ça me... Tiens, je l'aime tant que j'aurais pas voulu qu'il me fréquente... Il me semble que je dois le salir...

PEURETTE

Ah! ben, en v'là des histoires!... Est-ce qu'on n'est pas des femmes... On doit rien à personne... On n'a ni volé, ni tué... A t'entendre, on serait des criminelles parce qu'on travaille en maison... Est-ce qu'on ne vaut pas mieux que des tas qu'y en a qui sont mariées?... Avec ça qu'elles se privent!

MARIE COUP-DE-SABRE

C'est pas tout ça, l'heure galope... S'agit de régler la manœuvre. Faut être à l'appel à sept heures...

PEURETTE

On pourrait se retrouver à six heures... pour la verte.

ELISA

Oh! quelle éponge... Mettons sept moins le quart.

PEURETTE *aux autres*

Pigez-vous l'amoureuse ?

ELISA

Oh ! C'est pas ça, va... Mais on est bien assez enfermée des quinze jours... Je ne tiens pas à passer la journée dans un caboulot... Il fait beau... J'préfère me balader.

GOBE-LA-LUNE

Eh ! bien ! balade-toi, ma vieille. A ce soir.

PEURETTE

Tu sais... T'endors pas sur le rôti... Madame n'est pas commode le dimanche... Faut rappliquer à l'heure.

La seconde scène, également incriminée, était le duo d'amour entre la fille Elisa et Tanchon, le petit soldat. Après des souvenirs d'enfance assez longuement évoqués, Tanchon s'adresse à Elisa :

— Lisa...

ELISA

— Ah ! Si j'étais pas obligée de travailler...

. . . .

Tanchon la suit à genoux dans l'herbe.

ELISA

Quand t'arrivais, j'étais plus bonne à rien, je les aurais tués quand ils venaient tous, qui n'ont que des saletés à vous dire... Et des brutalités... c'est comme des lions.... Toi, t'étais si doux... Jamais un mot plus haut que l'autre...

Tanchon s'approche, toujours à genoux, de plus en plus passionné, il l'enlace... Enfin il cherche à la violenter.

M. Léon Bourgeois ne put achever de lire la scène. La Chambre qui, ce jour-là, souffrait d'une crise de pudibonderie furieuse, accueillit ces phrases d'un si douloureux réalisme au milieu d'un tapage inattendu. La question discutée valait cependant la peine de retenir l'attention des législateurs, gens adultes nécessairement, et dont l'innocence pouvait, à la rigueur, ne pas s'effaroucher d'une lecture. Il y eut de vives rumeurs au centre. Des membres de la droite se bouchèrent les oreilles. Un député rougissant ordonna au ministre de se taire. Et M. Léon Bourgeois, réduit à s'expliquer par gestes, s'empressa d'arriver à la conclusion de son discours qui en confirmait les prémisses et maintenait l'interdiction. Ajoutons que, par la suite, la *Fille Elisa* fut rendue à la scène. Elle n'y causa, bien entendu, aucun scandale. Reprise, en 1902, au théâtre Antoine, elle put même être considérée comme l'une des pièces les plus chastes des répertoires de l'année.

A peine la discussion de la *Fille Elisa* venait-elle de prendre fin que la question de la liberté du théâtre fut remise à l'ordre du jour par une seconde décision de la censure frappant une pièce nouvelle de M. Victorien Sardou. Au mois de novembre 1890, M. Sardou avait donné lecture au comité du Théâtre-Français du drame historique intitulé *Thermidor*. La pièce, reçue à l'unanimité, entrait immédiatement en répétition. Le manuscrit de *Thermidor*, dans la semaine qui suivit la réception par le comité de lecture, fut adressé au ministère de l'instruction publique et des beaux-arts où l'on eut tout le loisir de l'étudier longuement. La censure ne fit alors aucune objection contre cet ouvrage. Le ministre des beaux-arts donna son visa et la pièce estampillée fut affichée, le bureau de location ouvert. A la répétition générale qui eut lieu le 23 janvier 1891, la pièce fut bien accueillie ; et si le quatrième acte suscita cependant quelques objections, ces objections étaient d'ordre purement artistique et littéraire. Au cours de la première représentation, les trois premiers actes obtinrent un très grand succès ; le quatrième fut discuté comme précédemment, mais avec plus de vivacité. Un critique improvisé cria même du haut des galeries : « On devrait jouer cette pièce à l'Ambigu ». Et ce détail précise bien la nature des objections élevées soit à la répétition générale, soit à la première représentation. La presse fit à *Thermidor*, en général, un assez bon accueil. Cependant, des réserves furent formulées, et trois ou quatre journaux mêlant pour la première fois ici la question politique à la question d'art, déclarèrent qu'ils s'étonnaient que l'on eût laissé jouer une pièce qu'ils considéraient comme réactionnaire et antirépublicaine. On reprocha à la censure de ne pas en avoir interdit la représentation à la Comédie-Française et l'on annonça, dans un certain nombre de feuilles, qu'une manifestation tumultueuse aurait lieu le lendemain, manifestation qui serait faite par la jeunesse des écoles. En pareil cas, comme le remarquait fort justement M. Henri Fouquier à la tribune, annoncer le désordre, c'était le préparer. La seconde représentation de *Thermidor* qui eut lieu le lundi 26 janvier, fut, en effet, troublée par des scènes violentes. On siffla la pièce ; on interpella les auteurs ; on lança même un sifflet à la tête de M. Coquelin et des sous sur la scène. Plusieurs spectateurs durent être expulsés du théâtre. Il n'a guère été contesté, depuis, que les auteurs du tapage n'aient été en minorité dans la salle. Les faits qui s'étaient passés dans la soirée du lundi furent portés le mardi matin au conseil des ministres. Le ministre de l'intérieur avait, en outre, reçu des renseignements d'après lesquels, paraît-il, une manifestation, plus grave celle-là, devait se produire le soir même. Le conseil, jugeant, en conséquence, que l'ordre public pouvait être sérieusement troublé, estima qu'il était nécessaire de suspendre des représentations qui devaient être une cause de troubles au théâtre et dans la rue (1).

L'approbation de la censure n'avait donc, en la circonstance, offert aucune garantie aux sociétaires de la Comédie française. Bien au contraire, son assentiment les avait engagés dans des dépenses considérables rendues stériles par l'interdiction. Il fallut rendre le prix de location de 45.000 places qui avaient été retenues.

Une mesure aussi radicale pour éviter des désordres possibles nous paraît aujourd'hui avoir été singulièrement prématurée. *Thermidor* a pu être librement joué depuis cette interdiction et les représentations de cette pièce se sont poursuivies fort paisiblement. Il est probable que ce résultat eût été obtenu, dès l'origine, si le gouvernement s'était contenté de faire rigoureusement

1. Il est intéressant de rapprocher cette interdiction de la pièce de M. Sardou, pour un peu de tapage, de l'autorisation d'*Hernani* en 1830 pendant les quarante-cinq combats du Théâtre Français.

observer l'ordre de la salle. Et c'est ce que pensait alors M. Henri Fouquier lorsque, dans la séance de la Chambre du jeudi 29 janvier 1891, il interpellait les ministres au sujet de la mesure prise. Selon M. Fouquier, il n'y avait vraiment rien dans le drame de M. Sardou qui pût choquer les convictions républicaines et provoquer une mesure qui, quoi qu'on ait dit, était essentiellement politique. Qu'était-ce, en réalité, que *Thermidor* sinon l'histoire de la lutte de la Convention et du Comité du salut public contre Robespierre? C'était le tableau ou mieux la satire du régime de la Terreur. Cet acte d'accusation contre la Terreur n'était pas chose nouvelle dans notre art dramatique. On sait la quantité de pièces anti-jacobines qui, sous le Directoire, envahirent toutes les scènes. Mais, dans un temps plus rapproché, en 1850, on jouait à la Comédie-Française *Charlotte Corday*; or, cette dernière pièce était l'apologie d'un assassinat et non point d'une condamnation légale. *Charlotte Corday* n'en fut pas moins considérée comme une pièce républicaine à ce point que, sous l'empire, on se refusait à la laisser jouer. La mesure prise à l'égard de *Thermidor* n'était donc même pas justifiée par des considérations politiques supérieures et légitimes.

M. Georges Leygues, qui prit ensuite la parole, affirma que le drame de M. Sardou au Théâtre Français était un défi à la République. Mais il admettait parfaitement que la pièce pût être donnée sur un autre théâtre non subventionné.

A la tribune, M. Léon Bourgeois, ministre des Beaux-Arts, eut l'habileté de motiver exclusivement l'interdiction par des considérations d'ordre public. Il abandonna le terrain politique sur lequel on aurait voulu l'attirer et fit, sur ce point, des déclarations qui donnaient une satisfaction entière aux partisans de la liberté du théâtre. M. Constans, ministre de l'intérieur, assura de même que le conseil avait eu simplement l'intention de supprimer la cause de nouveaux troubles, inévitables sans cette mesure.

Les ministres évitèrent prudemment ainsi de prendre part au débat qui s'éleva sur la question déviée et dans lequel MM. Joseph Reinach, Georges Clémenceau et Albert de Mun prononcèrent de véritables discours sur la Terreur et le tribunal révolutionnaire. Au réquisitoire de M. Reinach contre la guillotine, M. Clémenceau répondit en plaidant la fameuse théorie du bloc de la Révolution dont on ne pouvait rien distraire. M. Albert de Mun s'indigna de ce rappel à des haines politiques que le temps avait effacées, et qu'il était coupable de ranimer après un siècle d'apaisement et d'oubli. Il y eut beaucoup d'éloquence échangée de part et d'autre, mais la question de la liberté du théâtre qui avait incidemment soulevé ce débat était entièrement sortie de la discussion.

Peu de temps après, d'ailleurs, le problème de la censure fut plus nettement encore posé devant le Parlement par MM. Antonin Proust et Le Senne, députés qui, demandèrent à la Chambre l'abolition de la censure préventive et le droit commun pour les œuvres dramatiques (1).

1. Application des titres I, II, III et IV du chapitre IV de la loi du 29 juillet 1881.

Ces projets, ayant bénéficié de la déclaration d'urgence, furent examinés par une commission parlementaire (1) qui procéda à une enquête des plus complètes sur le modèle de la consultation de 1849.

Le choix de la commission fut des plus éclectiques. En cinq séances elle entendit quinze personnes :

M. Camille Doucet, président de la Société des auteurs et compositeurs dramatiques, ancien directeur de l'administration des théâtres au ministère de la Maison de l'Empereur ;

MM. Alexandre Dumas, Auguste Vacquerie, Émile Zola, Richepin, Meilhac, Bisson, Bergerat, Georges Ancey, Albin Valabrègue, auteurs dramatiques ;

MM. Carré, Antoine, directeurs de théâtres ;

M. Got, doyen de la Comédie française ;

M. Léon Bourgeois, ministre de l'Instruction publique et des Beaux-arts ;

M. Deloncle, auteur d'un amendement à la proposition de M. Proust.

MM. Camille Doucet, Alexandre Dumas, Meilhac, Got et le ministre des beaux-arts se déclarèrent favorables au maintien de la censure préventive.

MM. Vacquerie, Zola, Richepin, Bisson, Bergerat, Valabrègue, Georges Ancey, Carré et Antoine réclamèrent très énergiquement sa suppression.

---

1. Cette commission était composée de MM. Dyonis-Ordinaire, président ; Dujardin-Beaumetz, secrétaire ; Isambert (Eure-et-Loir), Martineau (Seine), Antonin Proust, Alfred Leconte (Indre), Hémon, Maujan, Dupuytrem, Guillemet, Le Roux.

En présence de cette divergence dans l'opinion même des intéressés qui se répartissaient en deux camps numériquement égaux, la commission adopta l'amendement de M. Deloncle consistant à appliquer à la censure une méthode de « législation temporaire » dont M. Léon Donnat a formulé les lois et dont le *Mutiny Act* est un exemple frappant en Angleterre (1).

« Une loi temporaire, dit M. Léon Donnat, offre bien des avantages. Si elle est bonne, les législateurs la prorogent ou la rendent permanente avec une conscience éclairée et tranquille ; si elle est mauvaise, ils l'abandonnent sans remords parcequ'elle n'a guère eu le temps de nuire. Mais pour juger si la loi est bonne ou mauvaise, il faut avoir le temps d'en étudier les effets » (2).

1. Charles II avait, en 1663, formé plusieurs corps de troupes parmi lesquels deux régiments de la garde. Cette armée qui, de 30.000 hommes sous Jacques II, s'était élevée à 90.000 soldats sous Guillaume III, n'était pas autorisée par le Parlement et était payée par la liste civile. Le *Mutiny Act* de 1689 posa, pour la première fois, ce principe qu'une armée permanente ne doit pas exister en Angleterre et que, sans l'autorisation expresse du Parlement, la couronne ne peut maintenir en temps de paix des troupes sous les armes. Depuis plus de deux cents ans, cette loi est annuellement soumise au vote du Parlement « et si, par un de ces hasards que la Constitution anglaise rend impossibles, un souverain tentait un coup d'Etat, il suffirait que le *Mutiny Act* ne fut pas voté à la fin de la session pour que tous les militaires, officiers et soldats fussent, *ipso facto*, déliés de leurs serments » (Léon Donnat, *La Politique expérimentale*).

2. Outre le *Mutiny Act*, on peut citer comme exemples de législation temporaire : en Angleterre, le *Ballot Act* qui a introduit en 1872 dans les élections municipales et législatives le vote écrit et secret à la place du vote verbal et public ; la loi de 1880

Le projet de la commission parlementaire, s'inspirant de ces considérations, supprimait l'examen préalable pendant une période de trois ans. Si, ce temps écoulé, la Chambre ne votait pas la prolongation de l'essai, la législation antérieure reprendrait son cours de plein droit. La censure devait être maintenue toutefois en tout ce qui concernait les relations extérieures et confiée pour cet unique objet à un bureau du ministère des affaires étrangères.

Cet intéressant projet qui s'efforçait de concilier toutes les opinions sur le régime du théâtre ne devait point cependant passer dans un texte législatif.

Depuis l'enquête de 1891, la censure a refusé son visa à plusieurs œuvres dramatiques. Les pièces les plus récemment interdites sont : *Décadence*, de M. Albert Guinon ; *Ces Messieurs*, de M. de Georges Ancey ; *Les Avariés*, de M. Brieux, et *Au temps des croisades*, de M. Franc-Nohain.

Décadence qui, d'abord avait été favorablement accueillie par la commission d'examen, fut interdite brusquement à la veille des premières représentations dans l'intérêt de la tranquillité publique. Le sujet de la pièce est le suivant : Une famille de la vieille aristocratie française,

sur la responsabilité des patrons qui, expirée le 31 déc. 1887, a depuis, été prolongée d'année en année ; en Allemagne, la loi contre les socialistes, votée en 1878 à la suite des attentats de Haedel et de Nobiling, a été, depuis 1884, prorogée de deux ans en deux ans jusqu'au 30 septembre 1890 où elle a pris fin ; citons enfin, pour nous rapprocher de notre sujet, les lois françaises temporaires sur la censure de la presse pendant la Restauration.

acculée à la ruine, ne peut éviter un très prochain désastre que par un mariage juif. Effrayée par la perspective d'une existence misérable, la fille du duc de Barfleur, Jeannine, qui aime un de ses amis d'enfance, le marquis de Chérancé, très noble et très pauvre, consent à épouser Nathan Strohmann, banquier israëlite et à entrer dans une famille qu'elle méprise de toute la force de son orgueil, de son éducation et de sa race. Jeannine mariée reçoit dans l'hôtel des Strohmann tous ses amis du faubourg, y compris Chérancé, qui l'aident à accabler de railleries sanglantes les membres de sa nouvelle famille. Nathan, à bout de patience, défend à sa femme d'afficher son flirt avec Chérancé. Par bravade, Jeannine lui répond qu'elle est la maîtresse du marquis et qu'elle ira le retrouver dans sa garçonnière. Elle tient parole, en effet, mais Nathan qui la rejoint au quatrième acte la convainct que l'amour ne l'habituera jamais à la misère et réussit à la ramener chez lui grâce toujours à la puissance de l'or, de l'or juif.

En refusant son visa à la pièce de M. Guinon la commission d'examen redoutait sans doute que des querelles toujours prêtes à renaître et à passionner l'opinion publique ne fussent éveillées soudainement par certaines phrases cruelles et cinglantes. Et, de fait, rarement un auteur avait mis dans son œuvre autant d'esprit pour être désagréable à la censure.

Une scène de *Décadence* (1) est particulièrement caractéristique à cet égard, lorsque, dans la réception du se-

---

(1) *Librairie théâtrale*, 1901.

cond acte, chez les Strohmann, les amis de Jeannine discutent la question juive.

D'UMÉCOURT

Moi qui viens pour la première fois et qui n'ai pas encore le ton de la maison, je trouve que vous leur en dites de roides au père et au fils.

DE LUÇON *avec complaisance*

N'est-ce pas, cher ami ?

MADAME DE CHANTEROSE

On fait ce qu'on peut.

MADAME DE LUÇON

Ça soulage cette pauvre Jeannine... Tout ce qu'elle pense, elle a la joie de nous l'entendre dire.

DE PRÉCIGNY

Il me semble qu'à l'occasion elle ne se prive pas de le dire elle-même.

MADAME DE SÉMÉLÉ

Oui, mais enfin nous sommes là pour la relayer.

D'UMÉCOURT *mélancolique*

Je sais bien qu'en France, l'aristocratie ne brille plus précisément par la bonne éducation.

CHÉRANCÉ

C'est vrai : nous ne sommes bien élevés qu'entre nous.

DE LUÇON

D'ailleurs vis-à-vis des juifs notre situation est bien

simple : ils nous dominent par des actes ; nous nous vengeons par des mots.

DE CHANTEROSE

Aujourd'hui, je trouve qu'on n'a pas la dent trop dure...

DE CHÉRANCÉ

La soirée n'est pas finie !

D'UMÉCOURT

Ecoutez, je vous abandonne Abraham.. Mais Nathan n'est pas si mal !

DE LUÇON

Ils me font l'effet de deux camelots... Seulement le père a l'air d'un camelot gai et le fils d'un camelot triste.

D'UMÉCOURT

Nathan a d'assez jolies mains.

MADAME DE LUÇON

Des mains d'escamoteur !

D'UMÉCOURT

Voyons, vous êtes chez eux...

CHÉRANCÉ

Eh ! mon cher, au milieu de leur luxe, nous sommes assis sur nos ruines.

D'UMÉCOURT

D'ailleurs, en thèse générale, je ne partage pas tous vos sentiments à l'égard des juifs.

DE CHÉRANCÉ

D'Umécourt, vous êtes un naïf... C'est bien sur les gens comme vous que les juifs comptent et ont toujours compté... Ils n'ont pas tort... Ils vous prennent votre argent d'abord et votre suffrage ensuite : c'est tout bénéfice ! Quand on les secoue un peu rudement, votre belle âme s'émeut en leur faveur et un peu plus, ma parole ! vous iriez jusqu'à les plaindre !... Croyez-moi, réservez vos qualités de cœur pour des objets plus dignes... pour leurs victimes par exemple !... votre générosité actuelle est du mauvais snobisme !... Les juifs sont la minorité, c'est vrai, mais, malgré quelques récentes mésaventures, ils continuent à être nos maîtres... La vraie force, mon bon d'Umécourt, ce n'est pas d'être le nombre, c'est d'avoir l'argent !

D'UMÉCOURT

Diable ! quel réquisitoire !

CHÉRANCÉ

Cher ami, vous le reconnaissez vous-même, nous leur en disons d'assez roides en face pour pouvoir sans lâcheté mal parler d'eux quand ils ne sont pas là... Et puis rassurez-vous : ils écoutent peut-être à la porte.

D'UMÉCOURT

Vous avouerez tout de même que, pour une simple différence de religion...

DE CHÉRANCÉ

Oui, oui, leur truc habituel, leur éternelle diversion ! ... « Vous nous faites une guerre religieuse !... Et la liberté de conscience ? Et la Révolution française ? Vous voulez donc ramener la France aux ténèbres du Moyen Age ? » Ah ! ce qu'ils ont su en jouer des ténèbres du Moyen Age !... Eh ! bien non ! Ce n'est pas une question de religion, c'est une question de race !... Les protestants, oui, sont une secte : les juifs sont un peuple !

D'UMÉCOURT

Cependant, il y en a qui sont Français ?

DE CHÉRANCÉ

Il faut bien qu'ils soient de quelque part !... Je reconnais même, si vous le voulez, que certains sont de bons Français... Mais, en revanche, combien en connaissons-nous qui se mettent d'un pays comme on se met d'une affaire !... Ils ont leur patrie là où ils ont leur comptoir... et leurs gogos !... Nous ne sommes pas leurs nationaux, nous sommes leurs actionnaires.

D'UMÉCOURT

Mais...

CHÉRANCÉ

Non, non, on n'est pas de la même race parce qu'on paie ses contributions chez le même percepteur ou parce qu'on est forcé par la loi de coucher dans la même caserne... On est de la même race parce qu'on est du même sang, et qu'un même sang porte avec lui, à travers les âges, les mêmes idées, les mêmes passions, les mêmes faiblesses... Un juif, voyez-vous, ne ressemble vraiment qu'à un juif...

D'UMÉCOURT

C'est de l'exagération.

DE CHÉRANCÉ

C'est la vérité pure... Les juifs ont leurs qualités aussi bien que leurs défauts propres... ils ont leurs usages, leurs opinions, leurs préjugés... ils ont même leurs maladies !

D'UZÉCOURT

Ils finiront par se fondre.

CHÉRANCÉ

Une race met des siècles à se former, il lui faut des siècles pour s'éteindre... Dans deux cents ans, si le monde existe encore, on en recausera.

DE LUÇON

Moi, ce que je déteste le plus en eux, c'est cette faculté particulière de souiller tout ce qu'ils touchent.

DE CHÉRANCÉ

Ils ont sali jusqu'à Dieu !

Une apparition inattendue, au milieu de la réception, vient éveiller la curiosité railleuse de toute cette noblesse impertinente. Ismaël, un israélite pauvre, avec une longue barbe sale et des vêtements malpropres, a pu s'introduire jusque dans les salons des Strohmann qu'il connut à Salonique. Madame Strohmann l'accueille joyeusement, les mains tendues :

MADAME STROHMANN

Eh ! bien, Ismaël, ça ne va donc pas les affaires ?

ISMAEL

Non, ça ne va pas... Après votre départ, je n'ai pas eu

de chance à Salonique... A Budapesth non plus, ni à Varsovie... En dernier lieu, j'ai tenu un bazar à Marseille... Je n'ai plus le sou, je suis malade. J'ai lu votre nom dans un journal, alors je suis venu à Paris... voilà.

MADAME STROHMANN *à Abraham*

Il faut le faire entrer dans ton dispensaire.

ABRAHAM, *de plus en plus gêné par la présence d'Ismaël et cherchant à l'emmener.*

Certainement... viens, Ismaël... descendons chez moi... nous causerons plus tranquillement.

NATHAN

Mais non, papa, mais non... je suis très content de recevoir Ismaël... Pourquoi ne resterait-il pas ici ?... Parce qu'il n'a plus le sou ? Il n'est pas le seul j'imagine !... Parce qu'il n'est pas très bien habillé ?... C'est un détail : au moins, il ne doit rien à son tailleur !... Je suis sûr que tous ces messieurs seront enchantés de faire sa connaissance... Ismaël, je te présente le prince de Luçon, le marquis de Chanterose, le vicomte de Précigny, le comte d'Umécourt et le marquis de Chérancé !...

Silence glacial. — Jeannine se détache du groupe et vient à Ismaël.

JEANNINE

Et moi, monsieur Ismaël, je suis la fille du duc de Barfleur !... Tous mes amis sont ravis en effet de vous être présentés... Vous êtes digne de tout notre respect, monsieur Ismaël, je pourrais dire : de toute notre admiration... car nous aurons eu aujourd'hui, grâce à vous, ce spectacle si rare en France (1) qu'il en est invraisemblable et presque unique : un juif qui n'a pas réussi.

Long salut ironique, silencieux et unanime de Jeannine et de tous les invités.

La censure du régime actuel est éclectique dans ses interdictions. Elle frappe à tort et à travers. Et c'est peut-être un soulagement pour ses victimes s'il est vrai qu'une persécution généralisée doive adoucir la souffrance commune. Après avoir exercé ses rigueurs contre une œuvre à tendance antisémite, la commission d'examen s'opposa à la représentation au théâtre Antoine d'une pièce anticléricale. *Ces Messieurs*, de M. Georges Ancey, étaient encore une satire sociale, une étude de l'influence nocive que les prêtres peuvent exercer à l'occasion sur les mentalités féminines. Le caractère de cette œuvre est nettement précisé dans la préface (2) : « J'ai essayé, dit l'auteur, sans subterfuges et sans faux-fuyants, mais en termes probes, en accents sincères, de dénoncer, dans une pièce, une des nombreuses maladies sociales qui nous abêtit et dont nous mourons. J'ai omis d'aller m'enquérir, auprès des spécialistes du vaudeville pornographique, des remèdes qu'ils emploient pour accommoder le curé à la scène. J'ai eu la pudeur de rompre avec les plaisanteries centenaires et cataloguées, plaisanteries de café-concert,

---

1. Les mots « en France » ne figurent pas dans les premières éditions de *Décadence*. Nous avons fait cette addition sur le désir exprimé par M. Guinon lui-même. « La réplique de Jeannine, qui clôt la scène, nous écrit l'auteur de *Décadence*, s'applique à la France et exclusivement à la France, la pièce étant par excellence une pièce *française*, et qui se passe chez nous ».

2. Editions de la *Revue Blanche*, 1902.

mais bourgeoises et familiales, celles-là, et comme reconnues d'utilité publique. J'ai voulu simplement et de parti pris n'accusant personne ou tout au moins accusant en face, j'ai voulu montrer la terrible influence que peut prendre le prêtre sur la femme pour leur plus grand péril à tous deux, et cela inconsciemment, sans préméditation d'aucune sorte, par ce seul fait qu'il porte un splendide uniforme d'officiant et qu'il a de beaux gestes. Histoire presque universelle qui pourrait s'appliquer à tous les prêtres de toutes les religions! L'idée est juste, je crois; le danger permanent. Il mérite qu'on y pense. Aussi qu'est-il arrivé? On m'a interdit. Eh bien! je crie par le livre d'abord; et je crierai ainsi jusqu'à ce que la pièce soit jouée. Il est vraiment insoutenable qu'à l'heure où les meetings ont pleine licence de se réunir, où les cabotins de tous les genres ont le droit de se jeter à la face les plus plates injures, les gens qui vivent dans leur coin et qui peinent soient les seuls à ne pouvoir exercer leur métier ».

La scène puissante qui suit entre Henriette et l'abbé Thibaut complétera dans l'esprit du lecteur les indications de la préface.

HENRIETTE

Eh bien, qu'est-ce que cela veut dire, par exemple, de craindre tant le péché, avec une opiniâtreté aussi orgueilleuse... oui, orgueilleuse, j'ai bien dit! Dieu se sert de nos défaillances pour faire notre salut, mais jamais de notre orgueil. C'est le péché de Satan. Dieu voit, dans notre recherche immodérée de la perfection, un désir coupable de lui ressembler et mieux vaut, à la rigueur, succomber un jour, par surprise, sans le consentement formel, bien entendu. Or le consentement formel, qu'est-ce que c'est? C'est l'envie de pécher pour offenser Dieu. Or, est-ce que j'ai le désir d'offenser Dieu, en péchant? Pas du tout. On demande bien pardon pendant, avant et après. On a la contrition sincère. Il n'y a plus de malice, presque pas d'offense. La faute est réduite à son minimum. La confession survient, toujours proche, facile, tout est pardonné, voilà. C'est l'avis de mon confesseur qui en sait plus long que moi. Mon devoir est de lui obéir.

L'ABBÉ THIBAUT

Ma pauvre enfant!

HENRIETTE

Mais je ne suivrais pas de tels préceptes! Peut-on seulement en concevoir l'idée, quand on travaille chaque jour, comme je le fais, à tuer en soi les tentations de toute sorte, par la voie que mon confesseur m'a indiquée!

L'ABBÉ THIBAUT

Par quelle voie?

HENRIETTE

Je ne vous le dirai pas. Vous ririez et vous auriez tort.

L'ABBÉ THIBAUT

Par la voie des mortifications, n'est-il pas vrai?

HENRIETTE

Eh bien, oui, là!

L'ABBÉ THIBAUT

Je vous l'avais défendu.

HENRIETTE

Oh! j'ai commencé par des choses pas trop dures. Je suivais la messe, à genoux, sur l'extrême bord de ma chaise, sans m'asseoir une seule fois; je restais sans respirer, le temps de dire la moitié d'une dizaine de chapelet, puis une dizaine tout entière; moi qui adorais la petite Hélène, la fille de mon frère, je me suis interdit de lui parler, même de la voir. C'est peut-être cela qui a été le plus dur. Puis j'ai fait plus. Je tombais à genoux trois fois de suite, trois fois par heure, de toute ma force, sur le plancher pour me faire bien mal; je me pressais les doigts dans mon tiroir et je serrais... je serrais; je cueillais des roses à pleines mains, à la place des épines, bien entendu, et j'allais déposer le tout, les roses et le sang au pied de mon crucifix et, là, je me frappais en conscience, vous savez, sans rien qui empêche les coups, jusqu'à ce que... Ah! mon Dieu, je ne pourrais pas vous dire ce que la souffrance, aiguë d'abord, engendre ensuite... c'est bon de souffrir! C'est bon de tomber brisée et faible aux pieds du Christ, car c'est lui qui vous relève! C'est le châtiment devenu une joie, et l'expiation tournant à l'extase.

L'ABBÉ THIBAUT

Et de tout cela, il résulte quoi? Une augmentation de sensualité, une envie plus grande de la faute.

HENRIETTE

Oh! non, je ne le crois pas. Mais, quoi qu'il arrive,

je serai raisonnable, je serai sage, je vous le promets. Je vous écouterai, je vous obéirai, à vous seul, pourvu que vous restiez encore.

L'ABBÉ THIBAUD

C'est impossible. Il faut que nous nous séparions.

HENRIETTE, *avec éclat*

J'ai trouvé Dieu sur mon chemin : je ne veux pas le perdre ! Oui, laissez-moi au moins le croire, Dieu en vous et Dieu par vous ! C'est ainsi que je vous vois depuis le premier jour où vous m'avez parlé d'une voix si douce, avec des mots surhumains, si innocent alors et si chastement ému dans votre grande robe noire. Près de vous, contre vous, sous la tendresse de vos paroles, je me sens à la fois conquise et protégée, un peu timide, un peu tremblante, mais à l'abri, près d'un être supérieur à moi ; car, ne le niez pas, vous êtes au point où l'homme finit et où Dieu commence. Vous parlez comme Dieu, vous grondez comme Dieu !... Et sous les ornements d'or des offices, donc ! On n'officie pas comme vous, sans être un peu dans les secrets divins !.. Et je l'ai devinée, moi, la raison de votre air transfiguré et de vos gestes puissants qui font baisser nos yeux sur la terre et les relèvent alternativement vers le ciel !... Mais ils s'arrêtent sur vous, au passage, soyez-en sûr ; et vous n'auriez presque plus besoin, dans ces moments-là, de parler au nom d'un autre ; vous pourriez presque interrompre l'office ; vous pourriez rejeter le missel et laisser en paix l'hostie du tabernacle !... Vous n'auriez qu'à rester debout, immobile, sur les marches de l'autel et à ordonner vous-même et pour vous-même, et je viendrais et nous viendrions toutes, nous prosterner à vos pieds, en esclave, et meurtrir nos fronts, nos chairs, aux pierreries de vos chasubles... parmi l'encens, car il y a en vous de l'idole. Oui, vous êtes l'idole de nos temples, énigmatique et exaspérante devant l'ardeur de nos curiosités ! Et puis, quand même vous ne seriez pas un peu Dieu vous-même, quand vous ne seriez que son prêtre tout simplement, votre approche en serait-elle moins désirable ? Non, certes, pour mille raisons. L'autre jour, par exemple... Oh ! l'autre jour !... Vous veniez de consommer le Saint-Sacrifice, avec une onction toute divine, sous le murmure des mots sacrés, avec une voix si secrète et si chaude ! Vous étiez comme imprégné de lumière ; vous agissiez dans une atmosphère mystérieuse et inquiétante, et vos mains expertes allaient, se posant en de molles attitudes, sur les livres saints et les vases sacrés. Je les avais suivies dans la souplesse étudiée de leurs rites, et quand vous vous retournâtes vers nous pour la bénédiction, quand vos mains sanctifiées se levèrent au-dessus de nous, un peu lourdes, encore moites de s'être baignées dans le sang divin et comme parfumées encore de la chair du Christ, vous dire, vous dire ce que je ressentis ! je voulais m'élancer vers vous, vers vos mains pour qu'elles me touchent, elles qui venaient de toucher Dieu ! Oh ! être touchée, caressée, meurtrie par ces mains-là !...

(Elle tombe assise sur une chaise et semble méditer)

L'ABBÉ THIBAUD

Taisez-vous, ma fille, taisez-vous ! C'en est trop. Je

ne puis plus vous entendre. Vos paroles sont impies, presque païennes. J'en suis épouvanté. Se peut-il bien que de tous les enseignements que je vous ai donnés il ne soit sorti que tentations impures et désirs malsains ? Oh ! oh ! oh ! oh ! Allons, ma chère enfant, ne vous faites pas de ces idées qui sont le fruit d'une imagination surchauffée et qui n'ont rien de réel. Vous le voyez, plus nous allons, plus il apparaît nécessaire que nous vivions séparés l'un de l'autre. Vous retrouverez seulement ainsi le calme que vous avez perdu. Vous êtes entourée d'une famille charmante...

HENRIETTE

Vous m'en avez systématiquement éloignée !

L'ABBÉ THIBAUD

Mais non, vous vous trompez. Revenez à elle, revenez à des idées plus simples, à des conceptions plus humaines. C'est entendu, n'est-ce pas ? Je vous laisse, adieu ! Courage et confiance !

HENRIETTE, *se levant subitement*

Adieu !... Comme ça ; tout de suite ? Ah ! non, par exemple !

L'ABBÉ THIBAUD

Nous n'avons plus rien à nous dire.

HENRIETTE

Pardon ! Ah ! vous désirez que je revienne à des conceptions plus humaines ?...(*Se passant la main sur le front comme pour chasser rapidement une idée*) J'étais folle ; devant la brutalité de votre départ... de votre fuite, je comprends, je me ressaisis ! Oui, il n'y a ici qu'un homme qui veut partir, tout simplement, à côté d'une femme qui l'aime et qui veut être aimée, malgré tout, en dépit de tout, parce que — je le vois bien, décidément — l'amour, l'amour terrestre, l'amour humain est la loi universelle, parce que tout le reste, les idées que vous m'avez données, l'éducation religieuse que j'ai reçue, ce qu'on appelle les principes, la morale, la chasteté, la foi, tout, vous entendez, tout est faux ! L'amour seul existe. Et toutes les belles histoires que vous nous racontez, ne prendraient pas sur nous, si vous n'étiez pas là vous même, en chair et en os, avec vos discours caressants et vos gestes de comédien, pour vous ériger peu à peu dans nos imaginations exaltées, à la place de Dieu que vous prêchez et auquel vous croyez à peine ! Et au fond, vous le savez bien et c'est ce qui fait votre force. Que vous importe, d'ailleurs, que l'effet produit soit trop violent pour nous ! Que vous importe de pervertir nos sens et d'en exaspérer les besoins ! Que vous importe de joncher votre route de malades et de détraquées ! Ça vous est bien égal, c'est pour l'amour du bon Dieu ! Remariez-vous, soyez mère, faites de la vie... voilà ce qui eût été moral, voilà ce que vous auriez dû me dire ! Pourquoi ne me l'avez-vous pas dit ? Aussi ne croyez pas que je vous tienne quitte ! Vos paroles ont été ardentes, et je vous ai aimé, je vous aime : voilà ce qui est clair ? Donc vous allez rester, et si vous, qui n'êtes au bout du compte qu'un petit curé de campagne, vous avez le malheur de partir, après avoir été comblé de mes bienfaits et soutenu de mon argent, vous serez un malhonnête homme, tout simplement, et je me vengerai. Ça, je vous en réponds ! Nous verrons ce que vous direz d'un bon scandale devant tout le pays, sur la place de l'église, dans l'église ! Nous verrons où en sera votre carrière après ! Je vous accorde deux jours pour réfléchir, deux jours, pas un de plus. Maintenant, vous êtes prévenu ! Je n'ai plus rien à ajouter.

L'ABBÉ THIBAUD

Madame !... Mon enfant !...

HENRIETTE

A bientôt.

(Elle sort rapidement)

. . . .

L'ABBÉ THIBAUT, *seul, très agité*

Que faire ? Que faire ? C'est terrible ! Elle le fera comme elle le dit ! Comment l'éloigner ? Comment m'éloigner moi-même ? Elle est capable de me suivre ainsi toute ma vie. Mais au fait, M. Censier a raison, elle est folle ! Et les fous on les enferme...

Ces Messieurs ne furent point autorisés pour des raisons que l'on peut rapprocher de celles qui motivèrent l'interdiction de *Décadence*.

Ces deux pièces à tendances pourtant si différentes furent sans doute, de la part de la censure, l'objet d'une même critique. Et les mesures prises à l'égard de l'une comme de l'autre pièce par la commission d'examen peuvent être réunies dans une même appréciation. « Si j'ai bien compris le fonctionnement de la censure, écrivait

M. Albert Guinon au mois de novembre 1901 (1), son rôle est d'interdire toute œuvre de satire sociale qui serait de nature à passionner les spectateurs et à causer ainsi une certaine effervescence jugée dangereuse. Or, je me permets de faire remarquer qu'une pièce de satire sociale qui n'est pas de nature à passionner le public est, par cela même, une œuvre inférieure... Une satire sociale vise toujours une catégorie ou même plusieurs catégories de citoyens et il est sans exemple que ces gens là se déclarent satisfaits... Même il est à remarquer qu'en ces matières, le mécontentement des personnages visés — et de leurs amis — est en raison directe de la valeur de l'œuvre. La meilleure preuve de la belle qualité d'un portrait, c'est souvent la mauvaise humeur du modèle. Mais en ce cas, le modèle crie et voilà de l'effervescence. D'où il suit cette constatation, un peu humiliante pour l'institution de la censure, qu'elle a pour rôle de laisser passer les satires sociales quand elles sont faibles et fades, et de les arrêter au passage quand elles sont fortes et intenses... » (2).

Après l'interdiction de *Décadence*, après l'interdiction de *Ces Messieurs* dans cette même saison théâtrale de 1901-1902, on eut l'interdiction des *Avariés*. M. Eugène Brieux avait imaginé de faire une comédie en trois actes sur la

1. Lettre publiée dans le *Gaulois* du 10 décembre 1901.
2. M. Albert Guinon ajoutait : « La passion porte l'homme plus haut ; elle seule l'anime et le soulève. Et c'est de nos jours quand la liberté de discussion est devenue le fond même de notre vie nationale, c'est dans ces heures de lutte où la bataille des idées est partout qu'on inscrirait sur le fronton des seuls théâtres : « *Requiescant in pace* » ? De quel droit, à quel titre, dans

syphilis et de démontrer en scène toute l'utilité qu'il y aurait à prémunir dès leur plus jeune âge, les individus contre cette cruelle maladie. Il indiquait également, comment, par une transformation des usages, il serait possible d'éviter les malheurs qui peuvent causer, dans la famille, certains mariages prématurés. La censure fut choquée par le titre de la pièce qui cependant était fort discret ; elle fut surtout effarouchée par la nature du sujet qui, chassé du théâtre, fit aussitôt l'objet de toutes les conversations, même dans les salons les plus austères. Dans cette pièce, un malade, malgré les conseils du docteur, se marie avant guérison complète. De cette union naît un enfant malsain. La jeune mère éclairée sur le genre de maladie, se sépare de son mari avec horreur. Le beau-père, un député influent, va trouver le docteur qui a soigné l'avarié et lui demande un certificat pour hâter le divorce. Le praticien refuse ce certificat qui, constituant un aveu public de la maladie, frapperait la jeune femme d'une seconde infortune, irréparable celle-là. Il conseille éloquemment le pardon dans une scène qui, certainement, est la plus remarquable de la pièce (1).

LE BEAU-PÈRE

Alors, les victimes seront frappées, si elles cherchent à

ce pays de grèves, de réunions publiques et de horions parlementaires, refuse-t-on d'admettre une salle de spectacle houleuse et des couloirs trépidants ? C'est vraiment faire à l'art dramatique un excès d'honneur qu'il ne sollicite point et reporter trop directement sur les théâtres les sentiments de respect qu'on n'accorde plus aux églises... »

1. P. V. Stock, éditeur 1902.

se défendre ! Alors, la loi ne me donne aucune arme contre celui qui, sachant son état, prend une jeune fille saine, confiante, innocente, la salit du résultat de ses débauches, la rend mère d'un pauvre petit être dont l'avenir est tel que ceux qui l'aiment le plus ne savent s'ils doivent faire des vœux pour sa vie ou pour sa délivrance immédiate ! Cet homme a infligé à celle qu'il a épousée la suprême insulte, il l'a rendue victime du plus odieux attentat, il l'a avilie. Il lui a pour ainsi dire imposé le contact avec la fille des rues dont il lui a transmis la tare. Il a créé entre elle et cette femme à tout le monde, je ne sais quelle mystérieuse parenté. C'est le sang empoisonné de cette prostituée qui empoisonne son enfant et qui l'empoisonne elle-même. Cette créature abjecte, elle vit, elle vit en nous, elle est dans la famille et il l'a fait asseoir à notre foyer. Il a souillé l'imagination et la pensée de ma pauvre petite comme il a souillé son corps et il a lié à jamais, dans son esprit, l'idée de l'amour qu'elle avait placé si haut à je ne sais quelles horreurs d'hôpital. Il l'a atteinte dans sa dignité et dans sa pudeur, dans son amour et dans son enfant ; il l'a frappée de déchéance physique et morale. Il l'a comme inondée de bassesses. Et la loi est ainsi, et les mœurs sont telles que cette femme ne peut se séparer de cet homme qu'à l'aide d'un procès dont le scandale retombera sur elle ou sur son enfant ! Eh bien, je ne m'adresserai pas à la loi. Depuis hier je me demandais si mon devoir n'était pas d'aller trouver ce monstre et de l'abattre d'une balle dans la tête, comme on fait d'un chien enragé. Je ne sais quelle faiblesse — quelle lâcheté — il n'y a pas d'autre mot — m'avait retenu et m'avait décidé à m'adresser à la loi. Puisque la loi ne me défend pas, je me ferai justice moi-même. Sa mort sera peut-être un bon avertissement pour les autres.

LE MÉDECIN

Vous passerez en cour d'assises.

LE BEAU-PÈRE

Et je serai acquitté.

LE MÉDECIN

Oui ! Mais après la révélation publique de toutes vos misères. Le scandale sera plus grand, le malheur sera plus grand, voilà tout. Et qui vous dit que le lendemain de votre acquittement vous ne verriez pas se dresser devant vous un autre juge, plus autorisé et plus sévère ; qui vous dit que votre fille, comprenant sa détresse que vous auriez faite définitive, prise enfin de pitié pour celui que vous auriez tué, ne vous demanderait pas impérieusement de quel droit vous auriez agi, de quel droit vous auriez fait une orpheline, qui, elle aussi, pourrait un jour exiger des comptes !

LE BEAU-PÈRE, *parlant avant que le médecin ait fini*

Alors qu'est-ce que je dois faire ?

LE MÉDECIN *immédiatement*

Pardonner.

(*Silence*).

LE BEAU-PÈRE, *sans énergie*

Jamais !

LE MÉDECIN

Mais, enfin, monsieur, pour être aussi inflexible, êtes-vous donc bien certain qu'il n'a pas dépendu de vous, à un moment donné, d'épargner à votre fille la possibilité d'un tel malheur ?

LE BEAU-PÈRE

Moi ! Il aurait dépendu de moi. J'aurais une part de responsabilité...

LE MÉDECIN

Eh oui, monsieur ! Lorsqu'il a été question de ce mariage, vous vous êtes certainement informé de l'état de fortune de votre futur gendre ; vous avez demandé qu'on établisse devant vous que son apport était constitué par de bonnes valeurs, cotées à la Bourse, vous avez aussi pris des renseignements sur sa moralité ; vous n'avez oublié qu'un point, le plus important, c'est de lui demander s'il était en bonne santé. Vous ne l'avez pas fait.

LE BEAU-PÈRE

Non.

LE DOCTEUR

Pourquoi ?

LE BEAU-PÈRE

Parce que ce n'est pas l'usage.

LE DOCTEUR

Eh bien, il faudrait que cela devînt l'usage, et qu'un père de famille, avant de donner sa fille à un homme, prît autant de précautions qu'une administration qui accepte un employé.

LE BEAU-PÈRE

Vous avez raison, il faudrait qu'une loi...

LE DOCTEUR

Eh non, monsieur ! Ne faites pas une loi nouvelle, nous en avons déjà trop. Il n'en est pas besoin. Il suffirait qu'on sût un peu mieux ce qu'est la syphilis. La coutume s'établirait bien vite pour un fiancé de joindre à toutes les paperasses qu'on lui demande, un certificat de médecin, une patente nette attestant qu'il n'a pas à subir de quarantaine et qu'on peut l'accueillir dans une famille sans avoir à redouter d'accueillir la peste avec lui. Ce serait bien simple. Une fois l'habitude prise, le fiancé, de même qu'il va chez le prêtre chercher un billet de confession avant d'aller à l'église, passerait chez le médecin prendre un bulletin de santé avant d'entrer à la mairie. Et vous empêcheriez beaucoup de malheurs... Aujourd'hui, avant de conclure un mariage, on réunit les deux notaires des familles. Il serait au moins aussi utile de réunir leurs deux médecins. Vous voyez, monsieur, que votre enquête sur votre gendre a été incomplète. Votre fille pourrait vous demander pourquoi, vous, homme, vous, père, qui devez savoir ces choses, vous n'avez pas eu souci de sa santé autant que de sa fortune. Je vous dis qu'il faut pardonner.

LE BEAU-PÈRE

Jamais.

LE DOCTEUR

Allons, monsieur... puisqu'il faut employer le dernier argument, je l'emploierai. Pour être aussi sévère et aussi impitoyable êtes-vous donc vous-même sans péché ?

LE BEAU-PÈRE

Je n'ai pas eu de maladie honteuse, moi !

LE DOCTEUR

Ce n'est pas cela que je vous demande. Je vous demande si vous ne vous êtes jamais exposé à en avoir une. Vous vous y êtes exposé ! Alors ce n'est pas de la vertu que vous avez eue, monsieur... c'est de la chance. Et c'est une des choses qui m'irritent le plus, ce terme de « maladie honteuse » que vous venez d'employer. Comme toutes les autres maladies, celle-là est une de nos misères et il n'y a jamais de honte à être malheureux — même si on l'a mérité. *(S'animant)* Allons ! Allons !... il faudrait s'entendre ! Parmi les hommes les plus rigoristes, parmi ceux qui, dans leur pudeur de bourgeois anglais, n'osent pas prononcer le nom de la syphilis, ou qui prennent les mines les plus effarouchées, les plus dégoûtées, lorsqu'ils consentent à en parler, qui traitent les syphilitiques comme des coupables, je voudrais savoir combien il y en a qui ne se sont jamais exposés à pareilles mésaventures, combien il y en a qui n'ont possédé que des vierges. Ceux-là, seuls, ont le droit de parler. Combien sont-ils ? Sur mille hommes, y en a-t-il quatre ? Eh bien ! — ces quatre-là exceptés — entre tous les autres et les syphilitiques, il n'y a que la différence d'un hasard... *(D'un trait)*. Et encore, la sympathie devrait aller à ceux-ci, puisqu'ils souffrent, et que s'ils ont commis la même faute, ils ont, du moins, eux, le mérite de l'expiation. *(Le reprenant)*. Non, qu'on me laisse tranquille une bonne fois avec cette hypocrisie !... Votre gendre, comme vous, comme l'immense majorité des hommes, a eu des maîtresses avant de se marier. Il a eu la déveine de contracter la syphilis et il s'est marié croyant n'être plus dangereux, alors qu'il l'était encore. C'est un malheur, un malheur qu'il faut réparer de notre mieux, mais auquel il ne faut pas en ajouter de nouveaux... Vous êtes un homme... rappelez-vous votre jeunesse. Ce qui atteint votre gendre, vous l'avez mérité autant que lui, plus que lui, peut-être. Ayez donc pour lui la pitié, la bienveillance que doit avoir le coupable moins heureux sur lequel le châtiment s'est abattu.

A la suite d'une lecture des *Avariés* au théâtre Antoine, le 11 novembre 1901, une protestation contre la censure fut signée par de nombreux auteurs dramatiques et gens de lettres. La querelle fut portée encore une fois à la Chambre des députés, mais les discussions auxquelles elle donna lieu ne changèrent rien au *statu quo*.

Le dernier document sur la matière est le rapport de M. Couyba, député, relatif au budget de l'Instruction publique et des Beaux-Arts. Ce rapport qui reproduit les arguments de M. Guillemet conclut à l'abolition de la censure par voie de suppression de crédits.

Sur l'intervention de M. Georges Leygues, ministre de l'Instruction publique, la commission d'examen n'en a pas moins été maintenue dans le vote du budget de 1902.

Elle s'empressa bientôt, d'ailleurs, de rappeler son existence au public en s'opposant à la représentation, au théâtre des Mathurins, d'une opérette de M. Franc-

Nohain. Dans *Au temps des Croisades*, la pièce interdite, deux chambrières se plaignent qu'en l'absence du maître, elles ne se puissent marier, dans l'obligation où elles se trouvent de se conserver pour le libre exercice du droit du seigneur. La situation, on en conviendra, est fort désagréable pour les fillettes. La jeunesse et la beauté passent. Les Croisades durent. Elles peuvent même durer fort longtemps les Croisades. Il faudrait trouver un moyen qui résolût la difficulté à la satisfaction commune. Et justement voici qu'une idée ingénieuse vient de germer dans les petites cervelles. Puisque, lorsque le châtelain n'est pas là, c'est la châtelaine qui jouit de toutes les prérogatives féodales, pourquoi la châtelaine ne jouirait-elle pas aussi de cette prérogative là ? Pourquoi, puisque le seigneur ne pouvait exercer son droit sur les fiancés, la châtelaine n'exercerait-elle pas, en récompense, le droit de la dame sur les fiancés ?

Telle était la piécette qui fut trouvée fort scandaleuse. Lorsque l'auteur demanda à la direction des Beaux-Arts ce qui avait particulièrement choqué la censure, on lui répondit *tout*. La brièveté de la critique rendait la discussion difficile. Par la suite, on fut mieux renseigné. Après une conversation entre un inspecteur des théâtres et le directeur des Mathurins, M. Berny, on sut que l'opérette avait été l'objet d'une fort étrange accusation. La prérogative que les chambrières attribuaient à la châtelaine avait paru fort équivoque à la commission d'examen. Les censeurs, qui, peut-être, n'avaient qu'à demi lu la pièce avaient commis la même confusion que, jadis, la princesse Palatine à la représentation du *Bal d'Auteuil* (1). M. Berny fit vainement de nouvelles démarches auprès de la direction des Beaux-Arts. L'interdit continua à peser sur la pièce ; toutes les personnes qui assistèrent à ses représentations privées se sont demandées pourquoi.

Et c'est le même grand point d'interrogation qui, depuis deux siècles, domine toute la jurisprudence censoriale. De ses innombrables décisions, tellement contradictoires et déconcertantes, il est difficile de tirer un enseignement et de dégager un principe. Mais il est à croire que si tout autre tribunal avait eu l'imprudence de rendre un ensemble de jugements marqués au coin d'une si capricieuse fantaisie, il eût été, depuis longtemps et pour toujours, impitoyablement rayé de nos institutions.

1. V. *suprà*, p. 69.

DEUXIÈME PARTIE

Organisation actuelle et discussion de la censure dramatique

CHAPITRE PREMIER

FONCTIONNEMENT DE LA CENSURE EN FRANCE

Nous avons vu comment la législation impériale sur la censure dramatique avait été remise en vigueur par le décret du 1er février 1874 et la loi du 24 juin de la même année. L'organisation et le fonctionnement de l'institution ont été réglementés en outre par les circulaires ministérielles des 23 et 27 novembre 1872, du 16 février 1879 du 24 janvier 1880 et du 9 novembre 1887.

Depuis la loi de 1874, c'est au ministre de l'instruction publique et des Beaux-Arts qu'appartient le pouvoir supérieur en matière de censure dramatique. Ce pouvoir est délégué par le ministre à la direction des Beaux-Arts qui l'exerce au moyen de l'inspection des théâtres.

La commission d'examen à laquelle doivent être soumises les œuvres dramatiques se compose de quatre fonctionnaires qui portent le titre d'inspecteurs des théâtres.

Lorsqu'un directeur veut monter une pièce nouvelle, il doit déposer à la direction des Beaux-Arts et quinze jours au moins avant la première représentation, deux manuscrits revêtus de sa signature. Le timbre et le numéro d'enregistrement de l'inspection des théâtres tiennent lieu de récépissé. Après avoir pris connaissance de la pièce, la commission doit conclure à l'autorisation ou au refus d'autorisation. L'autorisation est accordée tantôt purement et simplement, tantôt sous réserve de changements ou corrections.

Le visa de l'inspection des théâtres qui représente le ministre est suffisant pour qu'un ouvrage puisse être représenté et ce visa, lorsque des difficultés s'élèvent, intervient le plus souvent après entente entre les directeurs ou auteurs et la commission d'examen.

Aux termes de l'article 77 de l'ordonnance du préfet de police du 16 mai 1881, les directeurs de théâtres ne peuvent annoncer sur leurs affiches la première représentation d'un ouvrage sans avoir justifié au commissariat de police du quartier de l'accomplissement préalable des formalités précédentes.

Les décisions des inspecteurs des théâtres ne sont points données en dernier ressort. Les auteurs peuvent toujours saisir le ministre et en appeler devant lui des jugements de la censure. C'est au ministre, d'ailleurs, qu'il appartiendra de statuer sur les questions particulièrement délicates de la politique extérieure, mises en jeu dans la représentation d'une pièce. C'est encore lui qui prononcera lorsque les membres de la commission, n'ayant pu se mettre d'accord avec les auteurs sur les modifications demandées, lui soumettront ces modifications dans un rapport motivé.

La décision du ministre de l'Instruction publique et des Beaux-Arts est souveraine et ne peut être subordonnée à un recours devant le Conseil d'État. Et, comme il s'agit d'un acte administratif que le ministre accomplit dans l'exercice de ses fonctions et dans la mesure de ses pouvoirs, cet acte ne peut donner ouverture à une demande de dommages-intérêts devant les tribunaux (1).

Parmi les décisions confirmatives de l'incompétence des tribunaux en matière de censure dramatique, il en est une qui fut provoquée par l'interdiction du *Procès d'un Maréchal de France en 1815*, signalée dans notre historique. Lorsque l'autorité publique crut devoir intervenir, la pièce était annoncée sur les affiches du théâtre et dans les journaux. Dans la matinée du 22 octobre 1831, jour fixé pour la première représentation, un commis-

---

1. Trib. comm. Seine, 23 janvier 1832, *Gaz. Trib.* des 9, 10, 23, 24 janvier 1832. — 2 janvier 1833, *ibid.* du 3 janvier 1833. — 20 mai 1834, *ibid.* des 7 et 21 mai 1834. — 14 juillet 1834, *ibid.* du 18 juillet 1834. — Trib. Valenciennes, 29 janvier 1835, *ibid.* du 4 février 1835. — Paris, 29 décembre 1835, S. 1836. 2. 82, P. chr., P. 1836, 1. 538. — Trib. Seine, 31 août 1837, *Gaz. Trib.* du 4 février 1835. — 1er septembre 1837, le *Droit* du 1er septembre 1837. — Lacan et Paulmier, t. I, p. 121 ; Constant, *Code des Théâtres*, p. 71 ; Le Senne, *Code des Théâtres*, v. *Censure*, p. 83.

saire de police vint annoncer au directeur du Théâtre des Nouveautés qu'il avait reçu l'ordre de s'opposer, même par l'emploi de la force armée, à ce que le spectacle indiqué sur l'affiche ait lieu. Le directeur protesta contre cette injonction et déclara qu'il userait de ses droits. Mais, le soir, vers cinq heures, le commissaire prit possession de toutes les issues du théâtre avec quarante-cinq hommes de police municipale. Le public ne put entrer. Le lendemain, comme les affiches des Nouveautés annonçaient encore la première représentation du *Procès d'un Maréchal de France*, le commissaire fit une nouvelle visite au directeur dont il essuya un nouveau refus. A cinq heures, le théâtre allait être pour la seconde fois investi par le peloton de police lorsque le directeur consentit sous la réserve de son recours contre le préfet et le ministre à changer son spectacle. Le public fut admis dans la salle, mais les spectateurs ayant demandé à grands cris le *Maréchal*, les municipaux cernèrent les portes et firent évacuer la salle. Poursuivi en indemnité devant le Tribunal de commerce de la Seine par les auteurs de la pièce, MM. Fontan et Dupeuty, le directeur des Nouveautés plaida le cas de force majeure. Le jugement du 23 janvier lui donna gain de cause en rappelant sa protestation contre l'acte de l'autorité administrative *sur la légalité ou l'illégalité duquel un tribunal de commerce n'était point compétent pour prononcer* (1).

Tous les dangers de la représentation d'une pièce ne

1. *Gaz. Trib.* des 23 et 24 janvier 1832.

sont point contenus dans le texte du manuscrit. Il faut également tenir compte de l'effet que produiront sur l'esprit des spectateurs, le détail des costumes et de la décoration, le jeu des acteurs. *Édouard en Écosse* fut interdit pour un geste et *Vautrin* pour une barbe. Aussi une répétition dite de censure et plus connue sous le nom de répétition générale doit-elle précéder de vingt-quatre heures au moins la première représentation. Cette répétition à laquelle est convoquée trois jours à l'avance l'inspection des théâtres doit avoir lieu avec les décors, les costumes, les accessoires, l'éclairage complet de la scène de façon à ne dissimuler aucun des effets de la représentation. L'inspecteur des théâtres qui y assiste peut demander des modifications nouvelles ; si les changements imposés à l'ouvrage sont très importants, une seconde répétition, partielle ou générale, peut être exigée par l'administration. Les répétitions du jour ne devront pas durer plus de six heures ; celles du soir devront autant que possible être terminées à minuit (1).

Le visa définitif n'est accordé qu'après la répétition générale. L'un des deux exemplaires du manuscrit déposé est alors remis au directeur du théâtre avec une autorisation signée par le directeur des Beaux-Arts au nom du ministre. Le commissaire de police de service au théâtre peut, sur une simple réquisition, se faire représenter cet exemplaire. Le second exemplaire déposé demeure aux archives de la direction des théâtres.

Bien entendu, après que la représentation d'une pièce

---

1. Circ., 16 février 1872.

a été autorisée, on ne saurait rétablir sur la scène les passages supprimés par la censure. L'œuvre de la commission d'examen serait illusoire si le directeur ou l'auteur pouvaient modifier la pièce en défigurant une scène ou en corsant une situation. Et l'on doit considérer tout agissement semblable comme une contravention tombant sous le coup de l'art. 471 § 15 C. pén. encore que la loi de 1835 pas plus que les lois postérieures ne se soient prononcées expressément à ce sujet. Telle est, du moins, l'opinion de certaines autorités en matière de législation théâtrale (1).

A notre avis, il serait cependant par trop rigoureux de considérer toute addition au manuscrit estampillé comme une infraction aux décisions de la censure. Il se peut, en effet, que, lors des répétitions qui précèdent immédiatement la première représentation ou même au cours des représentations postérieures, l'auteur ait cru devoir introduire dans sa pièce quelque inoffensive modification. La physionomie d'une scène se transforme fréquemment à l'étude; un mot se présente à l'esprit de l'auteur qui ne lui était point venu tout d'abord. Les caprices de l'invention s'accommoderaient mal d'une impitoyable discipline; et, d'ailleurs, il n'a point été dans l'esprit de la loi de multiplier les obstacles au développement de l'art dramatique pas plus que d'opposer des vexations multiformes à la fantaisie des auteurs. L'institution de la censure a été, semble-t-il, considérée par tous les régimes comme un pis aller. L'autorité publique s'est préoccupée de la scène

---

1. Lacan et Paulmier, n° 65.

pour prévenir des scandales, des guerres et des révolutions. Mais ce serait dépasser le but qu'elle s'est proposée que de ne pas interpréter restrictivement les dispositions répressives qu'elle a cru devoir prendre dans ce but. En conséquence, nous ne croyons pas que la commission d'examen puisse poursuivre les auteurs pour telles modifications du manuscrit qu'elle eut tolérées à l'examen préalable et qui ne portent, d'ailleurs, aucune atteinte à l'ordre public, à la morale, ou aux convenances diplomatiques.

Il arrive parfois que la représentation d'un ouvrage autorisé par la censure amène des désordres imprévus. Cette éventualité avait été envisagée par la loi du 9 septembre 1835 dont l'article 22 permettait toujours à l'autorité, pour des motifs d'ordre public, de suspendre la représentation d'une pièce et même d'ordonner la clôture provisoire du théâtre. L'article 5 de la loi du 10 juillet 1850 et, plus tard, l'article 3 du décret du 6 janvier 1864 ont également eu soin de maintenir ce droit de l'administration.

Lorsqu'un ouvrage dramatique est interdit à Paris, il l'est par cela même pour toute la France (1).

Pour assurer l'exécution de cette dernière disposition, la circulaire du 3 août 1850, avait invité les préfets à transmettre, chaque année, à la direction des Beaux-Arts les répertoires que les directeurs des théâtres de leur ressort étaient tenus de soumettre à leur approbation, au

---

1. Circ. min. instr. publique du 24 janvier 1880, et du 9 novembre 1887.

commencement de chaque campagne théâtrale ; ces répertoires devaient leur être retournés, courrier par courrier, avec le visa de l'inspection des théâtres et toutes les indications propres à les éclairer sur les mesures à prendre. Ces instructions qui ne cessèrent jamais d'être en vigueur ont été confirmées le 9 novembre 1887 par la circulaire du ministre de l'instruction publique et des Beaux-Arts, M. Spuller.

La représentation d'une pièce approuvée à Paris peut-être interdite par les préfets dans les villes de leur département, lorsqu'elle leur paraît dangereuse pour des raisons spéciales à ces localités. La circulaire du 20 octobre 1850 rappelait que, dans certaines villes du midi, à Nîmes, notamment, l'Opéra des *Huguenots* n'avait jamais été autorisé à cause des divisions confessionnelles.

Il nous semble qu'il eût été logique d'admettre la réciproque et que telles œuvres interdites dans la capitale en raison de circonstances purement locales devraient pouvoir être librement représentées dans les départements où ces inconvénients n'existent plus (1).

1. Conf. Enquête de 1849. Séance du 24 septembre. Témoignage de M. Delaforest, censeur sous la Restauration.

M. le président. — Pensez-vous que la loi que nous préparons doive rétablir la censure ?

M. Delaforest. — Je le crois ; mais la question de la censure comme celle des théâtres en général se trouve dominée par la question de décentralisation administrative. Le Gouvernement éprouverait peut-être de l'embarras à rétablir la censure à son profit. La loi pourrait laisser aux administrations municipales le soin de faire censurer, quand elles le voudraient, les pièces qu'on devrait représenter dans les villes. A Paris, ce soin serait laissé au préfet de police : comme il est l'agent du Gouvernement

Si la censure dramatique est maintenue, l'examen préalable doit, à notre avis, faire l'objet d'une décentralisation mieux comprise et plus complète. On ne s'explique guère pourquoi les interdictions se prolongent là où elles ne sont pas strictement indispensables. Il y a une différence d'état d'esprit, nous dirions presque de mentalité, entre la population des petites villes et celle des grands centres urbains.

Une œuvre dont on redouterait les conséquences séditieuses à Paris, Lyon ou Marseille, sera écoutée avec le plus grand calme dans la plupart des sous-préfectures(1).

en même temps qu'il fait partie de l'administration municipale, le Gouvernement interviendrait réellement sans assumer la responsabilité : ce serait un grand avantage.

M. le président. — On pourrait objecter qu'à Paris le Gouvernement a trop de pouvoir sur le préfet de police, et qu'en province il n'en a pas assez sur les municipalités.

M. Delaforest. — Il ne se fait pas, en province, six pièces par an ; la censure y sera donc peu de chose ; toutes les pièces se font à Paris. Ainsi, le Gouvernement aura encore dans sa main la censure presque aussi entière qu'autrefois, et, je le répète, sa responsabilité sera bien moindre.

M. le président. — Un auteur censuré à Paris pourra aller se faire jouer dans toute autre ville, à Rouen, par exemple, si la municipalité de Rouen est plus indulgente. Vous voyez donc que le pouvoir que vous attribuez aux municipalités est très considérable, et entre les mains de certaines municipalités il pourrait être fort dangereux.

M. le conseiller Béhic — M. Delaforest admet-il que les municipalités pourraient renoncer à exercer la censure et laisser tout jouer ?

M. Delaforest. — Parfaitement.

1. Par exemple le *Pater*, de François Coppée ou *Décadence*, d'Albert Guinon.

La *Muette de Portici* représentée à Bruxelles provoqua une révolution. Elle n'eut certainement pas obtenu un résultat semblable à Bruges ou à Ostende.

En matière d'autorisation dramatique, nous avons vu intervenir jusqu'ici le ministre, le directeur des Beaux-Arts, la commission d'examen et les préfets. Les municipalités qui, au début de la Révolution, jouèrent un rôle important dans l'examen des œuvres de théâtre, n'ont conservé, de nos jours, aucun pouvoir analogue. La Cour de cassation (1) a décidé, en effet, que le droit de prendre des mesures de police à l'égard de la censure dramatique conféré à l'autorité municipale par les articles 3 et 4 de la loi du 24 août 1790 a été retiré à cette autorité par les lois du 30 juillet 1850, 30 juillet 1851 et le décret du 30 décembre 1852. Dès que le directeur est muni de l'autorisation ministérielle, le maire ne pourrait mettre obstacle à la représentation que pour prévenir le trouble et les désordres (2).

Les pièces de toute nature, les revue les simples saynètes, les ballets, chansons et monologues, en un mot toutes les œuvres qui se produisent sur la scène sont

---

1. Cass., 31 mars 1838, *Bull. Cass crim.*, n. 152. — 17 avril 1856, *Ibid.*, n. 91.
2. Avant la loi du 29 juillet 1880, il a été jugé, toutefois, que l'arrêté portant défense au directeur d'un théâtre d'annoncer sur ses affiches des pièces autres que celles dont se compose son répertoire est dans les attributions de l'autorité municipale ; que cette défense s'applique même à une simple scène qui doit être chantée par un seul acteur (Cass., 10 décembre 1841, *Bull. Cass. crim.*, n 348).

soumises au contrôle de la commission d'examen (1). Il n'est fait aucune exception, pas même pour les pantomimes dont, cependant, l'interprétation muette ne semble pas devoir entraîner les dangers du dialogue

Cependant, il est dans l'usage de ne point considérer comme œuvres dramatiques les parades, les exhibitions, les amusements de toute sorte qui constituent les représentations foraines ; les entrepreneurs de curiosités n'ont donc aucunement besoin d'une autorisation spéciale. Ils ont la liberté de choisir leurs spectacles, sauf, bien entendu, le droit, pour la police, d'arrêter la représentation de ceux qui porteraient atteinte à l'ordre public et aux bonnes mœurs. « Telle qu'elle est organisée, dit M. Ch. Constant, la censure peut atteindre tous les ouvrages qui se produisent sur la scène : pièce, cantate, scène détachée, chanson et chansonnette, mais, au nombre des ouvrages dramatiques, ne sauraient être compris les amusements, les saynètes ou fêtes que les entrepreneurs de spectacles de curiosités donnent au public. Si varié que puisse être ce genre de spectacles, il est affranchi de la censure ; la police reste seulement maîtresse d'arrêter les spectacles de cette dernière caté-

1. On ne peut guère dans les ballets soumettre à la censure que la mise en scène. L'inspecteur des théâtres vient voir les dernières répétitions. Il fait parfois des observations sur quelques détails, sur quelques costumes. Voilà tout. Les ballets sont en général des pièces fort peu dangereuses et sur lesquelles la surveillance du gouvernement n'a guère à s'exercer. (Témoignage de M. Coralli, père, maître de ballets à l'Opéra. Enquête de 1849).

gorie qui deviendraient nuisibles à l'ordre et aux bonnes mœurs » (1).

Les règles imposées aux cafés-concerts en matière de censure ont été développées dans deux circulaires, l'une du ministre des Beaux-arts en date du 23 novembre 1872, l'autre du ministre de l'intérieur aux préfets en date du 27 novembre 1872.

« Je vous rappellerai à cette occasion, dit le ministre (M. Victor Lefranc), qu'aux termes des instructions antérieures, un double du programme de chaque concert doit être remis, 24 heures au moins à l'avance, à M. le Commissaire de police, auquel doivent être communiquées également, avant l'ouverture du concert, toutes modifications qu'on désirerait introduire dans le programme primitif. J'ajouterai enfin que les cafés-concerts étant assimilés aux cafés et débits de boissons ordinaires, que régit le décret du 29 décembre 1851, l'autorité préfectorale est toujours à même de prononcer la fermeture des établissements qui lui sembleraient dangereux, soit après une condamnation pour contraven-

---

1. Le ministre de l'intérieur, dans sa circulaire du 10 octobre 1829 prise en exécution de la loi du 24 août 1790, titre XI, article 3, alinéa 3, prescrivait aux autorités municipales que cette loi investissait de la police des lieux publics de se faire rendre compte préalablement des explications, parades, chants, dont les spectacles forains, tels que marionnettes, ombres chinoises, seraient accompagnés, afin d'exiger la suppression de ce qui pourrait s'y trouver de dangereux pour l'ordre, les mœurs et le gouvernement du roi. L'article 3, alinéa 3, du titre XI de la loi de 1790 a été conservé dans la loi municipale du 5 avril 1884 où il est devenu l'article 97, § 3.

tion aux lois et règlements, soit par mesure de sûreté publique » (1).

Le décret du 29 décembre 1851, cité dans la circulaire, n'est plus en vigueur aujourd'hui. Les motifs de ce texte témoignent de son origine dictatoriale. Ce que l'on redoutait particulièrement à l'époque, c'était que les débits de boissons ne devinssent des lieux de réunion et d'affiliation pour les sociétés secrètes et les adversaires politiques. D'où ce droit pour les préfets de fermer ces établissements au nom de la sûreté publique. Les mesures destinées à protéger une monarchie dynastique n'avaient plus aucune raison d'être après la chute du gouvernement impérial. La loi du 17 juillet 1880, qui abroge le décret de 1851, a rendu les cafés et cabarets au droit commun et enlevé aux préfets leurs pouvoirs exceptionnels sur ces établissements. En conséquence, l'autorité préfectorale ne peut plus argumenter du texte de 1851 pour prononcer par simple arrêté la fermeture des cafés-concerts.

A Paris, les directeurs des cafés-concerts sont tenus de déposer à l'inspection des théâtres des programmes journaliers indiquant le titre de tous les morceaux qui doivent être interprétés. Les exemplaires ou les manuscrits des morceaux sont joints aux programmes. Les uns et les autres visés par la censure doivent être remis avant chaque représentation à l'agent de la préfecture de police chargé de surveiller l'établissement. Si quelque addition était faite au programme ou aux morceaux estampillés,

---

1. Circ. 27 novembre 1872.

le préfet de police, seul juge de la poursuite en cas d'une contravention de ce genre, pourrait arrêter ou suspendre le spectacle. Les préfets, dans les départements, ont ces attributions de l'inspection des théâtres et du préfet de police à Paris (1).

Des déclarations faites à la tribune de la Chambre des députés en 1891, par M. Léon Bourgeois, ministre de l'Instruction publique (2), il résulte que les censeurs doivent intervenir exclusivement dans trois cas : en premier lieu, lorsque l'œuvre est de nature à constituer un danger pour la sécurité nationale en entraînant des complications extérieures ; ensuite, lorsque la pièce contient des éléments constituant un crime ou un délit, ou une provocation directe à un crime ou à un délit ; toutes les fois, enfin, que, dans une pièce, les droits ou la dignité des particuliers peuvent souffrir de graves préjudices.

En dehors des trois cas énumérés, il semble bien que les opinions littéraires, philosophiques et politiques, exprimées même avec la plus énergique indépendance, ne relèvent plus de la censure théâtrale. La jurisprudence de la commission d'examen nous démontre, toutefois, qu'elle ne s'est presque jamais réduite à ce minimum d'exigences. Au cours de ce siècle et jusque dans les

1. Les programmes ne devront pas contenir plus de quarante morceaux ; chaque fois qu'un morceau interdit ou non conforme au texte autorisé figurera sur le programme, le programme tout entier sera refusé. Les programmes devront toujours être déposés au bureau des théâtres avant midi ; ils seront rendus le même jour entre trois et quatre heures, et visés pour deux jours au plus (Circ. min. des Beaux-Arts du 23 novembre 1872).
2. Conf. enquête de 1891.

années les plus récentes, bien des interdictions ont été motivées par les convenances de la politique intérieure ou le respect de la philosophie officielle.

Il est bien évident, d'autre part, que l'autorisation de jouer une pièce accordée par l'administration ne met pas le directeur ni l'auteur à l'abri des poursuites que les parties lésées croiraient devoir diriger contre eux, si la pièce leur semblait contenir, soit une diffamation, soit tout autre délit portant atteinte à des intérêts privés. Il a même été jugé en ce sens que le délit de diffamation consistant surtout dans la publicité, le directeur du théâtre est évidemment le publicateur et, comme tel, responsable de tout ce qui porte atteinte à la réputation d'autrui (1).

Mais que décider dans le cas où la pièce paraîtrait au ministère public renfermer un outrage à la morale publique ou des attaques contre le respect dû aux lois. Opposera-t-on l'autorisation administrative aux réquisitions du procureur de la République ? Il semble bien que lorsque le gouvernement autorise c'est à bon escient, les intérêts en cause étant suffisamment protégés. Le gouvernement, a-t-on dit, exerce, en vertu de la loi, une sorte de magistrature spéciale qui le rend gardien de l'ordre public et des intérêts généraux de la société ; il peut, d'ailleurs, au cas où les événements l'amèneraient à regretter son imprudence, retirer une autorisation qui lui aurait été surprise (2). MM. Lacan et Paulmier déci-

1. Trib. pol. Seine, 29 janvier 1845, le *Droit* du 29 janvier 1845.
2. Bureau, p. 261.

dent en sens contraire qu'en approuvant les pièces, le ministre n'en ordonne pas la représentation et prétend seulement ne pas l'empêcher. Il nous paraît également difficile d'admettre que l'approbation administrative puisse paralyser les poursuites judiciaires lorsque le procureur de la République estime que tel passage d'une pièce jouée tombe sous le coup du Code pénal.

Le visa de l'examen, en ce cas, aurait le seul pouvoir d'énerver la répression ; et c'est peut-être d'ailleurs une considération de ce genre qui a motivé certaines adhésions au maintien de la censure dramatique, à condition, bien entendu que cette censure devint indulgente jusqu'à la faiblesse.

Y a-t-il une responsabilité des censeurs ? — Il est incontestable que la commission d'examen sortirait de son rôle si elle se constituait en juge littéraire, affichait ses préférences pour tel système à l'exclusion de tel autre et convertissait en un patronage de goût et de critique un ministère exclusivement réservé au maintien des intérêts généraux de police et de sécurité publique (1). Toutefois, les avis qu'émettent les censeurs dans l'exercice de leurs fonctions ne leur font encourir aucune responsabilité. Un auteur, notamment, ne serait pas fondé à poursuivre les inspecteurs de théâtre sur ce motif qu'ils auraient arbitrairement usé du pouvoir qu'ils tiennent de la loi.

---

1. Vivien et Blanc, n° 146. — Conf. Rapport de Briffault sur *Hernani*, suprà, p. 123.

Que décider dans le cas où un directeur de théâtre ne pourrait obtenir l'avis qu'il sollicite de la commission d'examen? Le projet de loi de 1843 contenait une disposition permettant à l'intéressé de passer outre et de représenter la pièce si, dans le délai d'un mois, après le dépôt du manuscrit, il n'avait pas été statué sur son sort. C'était une sage précaution contre les lenteurs administratives qui pourraient être, en l'espèce, des plus préjudiciables aux intérêts des directeurs et auteurs dramatiques.

Mais c'était également une exception au droit commun que la législation nouvelle n'a pas cru devoir confirmer. Aujourd'hui, le directeur ou l'auteur lésés n'auraient que la pauvre ressource de porter une plainte au ministre contre l'inspection des théâtres.

Sous le régime actuel, quelle est la sanction pénale qui frappera le contrevenant à l'interdiction prononcée par la commission d'examen à Paris et par les préfets dans les départements?

Cette sanction pénale est-elle seulement prévue par notre législation dramatique? Il semble bien que non. En effet, le décret impérial du 30 décembre 1852 qui réorganisa définitivement la censure négligea d'établir une pénalité comme, d'ailleurs, de fixer la compétence pour juger les délits qui pourraient être commis en la matière.

Il a été décidé en ce sens par la Cour de Cassation (1) que les lois des 30 juillet 1850 et 30 juillet 1851 sur la po-

1. Cass. 17 avril 1856, S. 1856. 1. 477, P. 1856. II. 25, D. P 1856. 1. 199.

lice du théâtre ayant cessé d'exister à partir du 31 décembre 1852, aucune pénalité ne subsistait pour l'infraction à cette prescription et que les tribunaux saisis d'une pareille infraction ne pouvaient la punir de l'amende prévue par les lois précitées.

Le décret du 30 décembre 1852 demeure-t-il donc sans aucune sanction et pourra-t-on impunément enfreindre les décisions de l'examen préalable. Il ne saurait en être ainsi. En effet, à défaut de pénalités spéciales, omises intentionnellement ou non dans la rédaction du décret, il en est d'autres qui résultent de l'application pure et simple du Code pénal. Un arrêt de cassation du 17 avril 1856 décide en effet que le décret de 1852 réunissant les caractères d'un règlement général de police, l'infraction aux dispositions de ce décret tombe sous l'application de l'art. 471 § 15, C. pén. Donc, la sanction pénale existe sous la forme d'une amende de simple police de 1 fr. à 5 fr. et d'un emprisonnement de trois jours au plus en cas de récidive. Il en résulte, il faut bien en convenir, une intimidation tout à fait dérisoire, bien insuffisante pour garantir l'ordre public si l'ordre public peut être atteint, et qui doit faire regretter aux partisans de la censure les lacunes de rédaction du décret de 1852.

En ce qui concerne les éléments constitutifs de l'infraction étudiée, il a été jugé que la représentation d'une scène non autorisée doit être assimilée à celle d'une pièce entière et constitue, par suite, une infraction identique (1).

1. Cass. 10 décembre 1841.

Le même arrêt de cassation a décidé que le procès-verbal d'un officier de police judiciaire compétent, énonçant qu'un acteur a chanté entre deux pièces une scène comique non portée sur le répertoire, constate suffisamment, jusqu'à preuve contraire, la contravention, et que le tribunal saisi ne peut, dès lors, renvoyer le prévenu sous prétexte que la contravention n'est pas prouvée.

Une circulaire du 29 octobre 1822 avait refusé aux directeurs de théâtres le droit de changer le titre sous lequel une pièce avait été autorisée; d'autre part, le projet de loi présenté en 1843 et qui n'eut aucune suite législative, portait que les peines prononcées par l'art. 21 de la loi du 9 septembre 1835 seraient applicables aux directeurs qui auraient changé le titre d'une pièce sans le consentement de l'autorité compétente. Il semble qu'encore aujourd'hui la loi pénale (art. 471, § 15) s'appliquerait aussi bien au changement de titre qu'à la modification apportée à quelque autre partie de la pièce.

CHAPITRE II

FONCTIONNEMENT DE LA CENSURE A L'ÉTRANGER (1)

I. — Angleterre

(La censure du lord chambellan)

Le lord chambellan du roi, personnage qui change avec le ministère, a, en Angleterre, la licence des théâtres et l'examen des pièces.

Pour s'expliquer ce qui semble être au premier abord une anomalie, il convient de se rappeler que jadis, en Angleterre, les acteurs étaient presque exclusivement employés par le souverain, qu'ils faisaient partie de sa suite et prêtaient serment comme tous les autres serviteurs de la couronne. Quand ils voulaient se produire en quelque endroit, ils devaient solliciter la permission

---

1. Les ambassades et les légations étrangères à Paris ont bien voulu aider à la documentation de ce chapitre. Nous remercions spécialement ici l'ambassade des Etats-Unis et son avocat-conseil américain, M. Edmond Kelly; l'ambassade de Russie et M. le prince Troubetskoy, le délicat écrivain russe attaché à cette ambassade; l'ambassade d'Italie et la légation de Belgique.

royale. C'est ainsi qu'en 1587 Shakespeare joignit la compagnie des acteurs de la reine, qui était venue jouer à Stratfort. Des documents authentiques établissent qu'en 1628 le lord chambellan autorisait ou interdisait les théâtres et les pièces.

Charles II accorda des lettres patentes à Covent Garden et à Drury Lane. Puis un certain nombre de théâtres vinrent s'ajouter à ces deux premiers. Le théâtre de Haymarket eut sa patente en 1731 et le Lyceum en 1809.

Sous le règne de Georges II, le lord chambellan avait la juridiction des théâtres compris dans ce qu'on appelait la *franchise* de Westminster. En 1843, cette juridiction fut étendue à la partie de Londres située au nord de la Tamise, à certaines autres parties de la métropole et aux villes où le souverain réside. Partout ailleurs, ce droit appartient aux magistrats locaux. A Dublin, aucun théâtre ne peut être établi que par patente royale.

Jusqu'en 1878, le lord chambellan eut le contrôle de la construction de tous les théâtres dans l'ensemble de la métropole londonienne. Les plans des théâtres nouveaux devaient lui être soumis. Ces attributions furent, en 1878, confiées au Bureau Métropolitain des travaux et relèvent maintenant du Conseil de Comté de Londres, qui autorise également les cafés-concerts et un certain nombre de théâtres en dehors de la juridiction du lord chambellan.

Ce dernier a sous ses ordres, depuis 1737, un examinateur des pièces (1). La fonction fut créée par sir

---

1. C'est, aujourd'hui, M. Redfort.

Robert Walpole qui avait été mis en scène par Gay dans quelques-unes de ses pièces. De son côté, l'acteur Foote n'avait point hésité à personnifier plusieurs membres du gouvernement d'alors.

L'examinateur des pièces a environ deux cents manuscrits à examiner par an. Toutes les nouvelles pièces et les anciennes pièces modifiées doivent lui être soumises au moins sept jours avant la date fixée pour leur représentation. S'il refuse son approbation, la pièce ne peut être jouée. Tout directeur qui donnerait une pièce avant d'en avoir reçu l'autorisation, ou après que cette autorisation aurait été refusée, serait passible d'une amende de 1.250 francs et du retrait de la licence accordée à son théâtre.

Le censeur ne connaît, au reste, que les directeurs à qui il accorde ou refuse son autorisation. Il n'a avec les auteurs aucun rapport officiel. La fonction qu'il exerce n'est point gratuite. Il reçoit un traitement de 8.000 fr. par an et les directeurs doivent acquitter un droit d'examen qui est de deux guinées pour les pièces de plus de trois actes, de une guinée pour les pièces de moins de trois actes.

La censure anglaise n'est pas plus infaillible que la nôtre [1]. Cependant les commissions chargées d'étudier

---

1. Lorsque *Francillon* fut interdite à Londres, la presse anglaise déclara, dans une protestation, que, si la littérature nationale était aussi inférieure, c'était la faute de la censure qui avait si longtemps, si constamment fait obstacle à l'art, qu'il ne s'était pas créé un art dramatique anglais. (Déclarations de MM. Antonin Proust et Alexandre Dumas. Enquête de 1891). —

la question ont été d'accord pour demander que l'on donnât au lord chambellan des pouvoirs plus étendus que ceux qu'il possède. En 1866, une commission, présidée par M., aujourd'hui Lord Goschen, exprima le vœu que le lord chambellan eût la juridiction de tous les théâtres, cafés-concerts et autres lieux d'amusement dans la capitale. En 1893, une nouvelle commission que présidait M. David Plumkett, aujourd'hui Lord Rathmore, conclut ainsi son rapport : « Nous ne voyons aucune raison pour qu'on n'étende pas à tous les théâtres la juridiction du lord chambellan qui s'est si longtemps exercée pour l'avantage du public, la protection des théâtres métropolitains et le bien de tous ceux qui sont intéressés à la profession théâtrale ».

Un fait montrera clairement l'étendue des pouvoirs du lord chambellan sur les théâtres qui relèvent du roi : au mois de mars 1902, il a adressé à leurs directeurs une lettre les invitant à faire relâche le soir du couronnement et le lendemain. Dans l'usage, les directeurs ne signent aucun contrat avec un artiste ou un employé sans stipuler que, si le lord Chambellan fait fermer les théâtres pour cause de deuil national ou de réjouissance publique, les salaires ne seront pas payés.

Monna Vanna, la pièce de M. Maurice Mœterlinck a été interdite à Londres en 1902.

II. — Russie

(La censure de la Cour, de la police et du clergé)

Il existe, en Russie, un comité de censure investi de fonctions analogues à celles de notre commission d'examen préalable. Il s'en distingue cependant en ce que sa mission, beaucoup plus étendue, ne consiste pas seulement à autoriser les œuvres de la scène ; les publications de toute nature, journaux, périodiques, ouvrages de librairie, sont également soumis à sa surveillance.

La loi sur la presse de 1865 divise les journaux en deux catégories selon qu'ils sont soumis à la censure préventive ou qu'ils en sont affranchis. A Moscou, la presse choisit librement entre la censure préventive et la censure ordinaire. Tout article d'un journal soumis à la censure préventive est porté en épreuve aux censeurs à une heure avancée de la nuit. Ils se réveillent, corrigent, effacent, et souvent discutent avec le porteur des épreuves lorsque leur décision paraît trop sévère à ce dernier. Sous le régime de la censure ordinaire, ce n'est qu'après leur apparition que les journaux sont soumis à l'autorité compétente. Les journaux qui choisissent ce mode de surveillance doivent déposer un cautionnement de 2.500 roubles ce qui facilite la répression immédiate. Trois avertissements suffisent pour entraîner la suppression ou la suspension d'un journal pour trois ou six mois. Conformément à la loi de 1872, toutes ces décisions sont sans appel et prises en dehors de tout jugement (1). La loi sur la presse indique aux censeurs les principes qui doivent servir de base à leurs décisions. Ils ne doivent tolérer dans aucune publication, ni un manque de respect aux rites de la religion orthodoxe, ni aucune atteinte à la souveraineté de la puissance du tzar, et de ses attributs, ni rien qui puisse diminuer l'autorité des lois fondamentale la morale du peuple, ni aucune attaque contre l'honneur et la vie de chacun. La censure doit distinguer « les opinions bien intentionnées qui sont basées sur la connaissance de Dieu, de l'homme et de la nature, de celles qui sont contraires à la religion et à la vérité ». Elle doit, de même établir une distinction entre les œuvres didactiques et scientifiques, qui sont destinées aux savants et celles qui s'adressent au peuple. Ne pourront être imprimés ni les œuvres, ni les articles « qui traitent de l'étude si dangereuse du socialisme et du communisme ». Il est interdit encore de publier les informations que le gouvernement se propose de faire jusqu'à ce qu'elles soient annoncées par voie d'affiches. Enfin, à chaque changement dans le personnel de la rédaction, le journal ne pourra continuer à exister que si le nouveau rédacteur est agréé par l'administration supérieure de la presse. Tout journal n'ayant pas de rédacteur en chef est par cela même considéré comme supprimé (2). Pour que le journal tombe sous le coup de la loi, il suffit donc d'expulser le rédacteur en chef.

1. A. Tridon, *Le gouvernement et la presse en Russie* dans le *Monde Économique* du 12 octobre 1901.
2. Loi sur la presse, articles 93, 94, 95, 100, 122, 123 et 134.

En ce qui concerne spécialement l'application de la censure aux œuvres dramatiques, il convient de distinguer, dans l'Empire, deux et même trois catégories de théâtres parfaitement distinctes. Ce sont les théâtres impériaux, les théâtres municipaux et les théâtres ordinaires.

Les théâtres impériaux tels, notamment, que l'Opéra et Ballet, le Théâtre Michel de Saint-Pétersbourg, l'Opéra de Moscou, dépendent directement du ministère de la Cour et jouent seulement les pièces qui leur sont indiquées par ce ministère. Les théâtres municipaux, subventionnés par les villes, ne peuvent composer leurs programmes en toute indépendance. Quant aux autres théâtres — et ils sont fort nombreux dans toutes les villes russes — qui doivent leur création à des initiatives privées, ils n'existent qu'en vertu d'une simple tolérance de la police. Les théâtres privés peuvent jouer toutes sortes de pièces à condition de les faire viser auparavant par le comité de censure. On conçoit que le rôle de ce comité, à peu près nul dans ses rapports avec les théâtres impériaux dont le répertoire est officiellement fixé, prend une importance considérable relativement aux scènes libres.

La censure répressive fonctionne, en Russie, à côté de la censure préventive. Telle pièce autorisée doublement par le comité et par le ministre de la Cour peut être enlevée de l'affiche si elle provoque des désordres ou du scandale. Des motifs religieux peuvent, notamment, faire interdire une pièce qui, à la lecture, avait paru fort acceptable. L'influence du clergé en matière dramatique est des plus considérables, et, plusieurs ouvrages, comme, par exemple l'opéra de Rubenstein, ont dû être retirés de la scène sur l'intervention d'un prélat. Les autorités religieuses ont encore le pouvoir d'interdire, d'une façon générale, toutes les représentations pendant les jours fériés ou même la veille des fêtes dogmatiques.

La censure répressive, à l'égard des théâtres municipaux et des théâtres libres, est exercée, dans les villes les plus importantes, par le grand maître de la police et par le maître de la police dans les villes secondaires. Les particuliers ou les sociétés privées ne peuvent ouvrir des théâtres qu'après avoir obtenu une licence ou permission des fonctionnaires prénommés. En échange de la licence qu'elle reçoit, la direction s'engage à se soumettre à toutes les décisions de la police. En conséquence, si le théâtre joue des pièces de nature à porter atteinte à la morale, à la religion, aux convenances diplomatiques, à l'ordre social et politique, les maîtres de police pourront non seulement interrompre le cours des représentations mais encore fermer le théâtre. Le directeur est désarmé devant cette mesure ; si parfaitement arbitraire qu'elle lui paraisse, il s'est démuni de toute action en justice.

D'ailleurs, le régime auquel sont soumises les œuvres de la scène n'est point, dans la pratique, aussi draconien qu'il le paraît à première vue. Le plus souvent, lorsqu'une pièce est de nature à causer du désordre, bien qu'elle ait été préalablement visée par le comité de censure, le maître de la police obtient des intéressés quelques changements ou suppressions et la pièce continue à être jouée. Ainsi, le conflit se règle presque toujours à l'amiable par des concessions réciproques.

Les interdictions de pièces sont assez rares dans l'empire russe. Cela tient peut-être à ce que les auteurs sont moins portés que chez nous à solliciter la curiosité publique par des sujets audacieux ou d'une actualité trop brûlante. L'une des plus récentes et des plus sensationnelles interdictions a été celle des *Ténèbres*, la pièce philosophique de Tolstoï. Mais l'œuvre du grand écriécrivain eut la destinée commune des œuvres fortes. Interdite, d'abord, sur un théâtre libre par ordre de la police, elle fut reprise bientôt et jouée avec un plein succès sur les théâtres impériaux.

III. — Italie

(La censure des préfets)

La censure préventive existe en Italie. Elle y est entièrement décentralisée, c'est-à-dire qu'il n'y a point, comme chez nous, un bureau spécial, chargé d'examiner les œuvres dramatiques.

La censure, exercée par l'autorité administrative, est réglée par le titre II de la loi sur la sûreté publique du 30 juin 1889, n. 6144 (série 3-a) et par l'article 38 du règlement du 8 novembre 1889, n. 6517 (série 3-a).

Les opéras, pièces, ballets et autres productions théâtrales ne peuvent être jouées ou déclamées en public sans avoir été d'abord communiquées au préfet de la province. Le préfet pourra défendre la représentation ou la lecture publique pour cause de morale ou d'ordre public, par une ordonnance motivée contre laquelle l'intéressé peut se pourvoir auprès du ministre de l'intérieur qui décidera définitivement (1).

L'autorité locale chargée de la sûreté publique peut suspendre la représentation ou la lecture publique, même déjà commencée, de toute œuvre qui, par suite de circonstances locales, donne lieu à des désordres. Avis de la suspension devra, sur-le-champ, être communiqué au préfet. L'autorité chargée de la sûreté publique doit déléguer un de ses fonctionnaires ou agents à toute représentation, du commencement jusqu'à la fin, pour veiller à l'ordre ou à la sécurité publique. Elle a droit, aux frais du concessionnaire, à une loge où, à défaut de loge, à une place particulière d'où elle puisse facilement exercer ses fonctions. En cas de tumultes ou de désordres graves, ou de dangers sérieux pour la sécurité publique, les fonctionnaires prénommés feront suspendre ou cesser le spectacle en ordonnant d'évacuer le local s'il en est besoin. Si le désordre arrive par la faute de celui qui donne ou fait donner la représentation, ils pourront faire restituer aux spectateurs le prix de leur entrée (2).

Les représentations déjà commencées ne peuvent être suspendues ou changées sans le consentement du fonctionnaire de la sûreté publique qui y assiste (3).

1. L. 23 décembre 1888, art. 40, Babinet, *Ann. législ. étrangère*, 1889, p. 416.
2. L. 23 décembre 1888, art. 43 et 44. Babinet, *op. cit.*
3. *Ibid.*, art. 45.

Deux dispositions de cette législation sur la censure méritent plus spécialement d'être rapprochées de la nôtre. En premier lieu, la lecture publique des œuvres dramatiques doit, en Italie, être autorisée aussi bien que le spectacle lui-même. Chez nous, aucun texte ne prévoit la lecture des pièces, et, dans le silence de la loi, qui, nous le répétons, doit être strictement interprétée, nous ne croyons pas qu'une lecture doive être considérée comme un spectacle. Récemment, au Théâtre Antoine, une pièce interdite par la censure, les *Avariés*, de M. Brieux, a été lue devant un nombreux auditoire ; la question, toutefois, ne s'est point posée de savoir si cette lecture ne constituait pas une contravention, car le public, en cette circonstance, avait été réuni par invitations personnelles.

La seconde disposition législative qui nous intéresse est celle qui confère indistinctement à tous les préfets la censure préventive dans leurs provinces respectives. La capitale de l'Italie ne jouit point, de la sorte, d'un régime d'exception.

Il y a dans cette organisation, différente de la nôtre, des avantages et des inconvénients.

Les avantages consistent en ce que les représentations de province ne sont point paralysées par des interdictions qui seraient motivées à Rome par des raisons purement locales. Les inconvénients naissent de ce que ce régime, en attribuant l'examen des pièces à un fonctionnaire unique, prive les auteurs de la garantie relative qu'ils trouvent devant un jury de plusieurs commissaires.

Ils ont, ils est vrai, la ressource du recours au ministre ; mais ce n'est pas une compensation.

IV. — Danemark

(Le régime des œuvres étrangères dans les théâtres de Copenhague)

Au termes de la loi du 12 avril 1889 sur les théâtres de Copenhague, l'autorisation de représenter une pièce de théâtre à Copenhague doit être donnée par le ministre de la justice (art. 3).

Les entrepreneurs autorisés ne peuvent, sous peine de perdre leur autorisation, acquérir les œuvres dramatiques d'auteurs ou compositeurs étrangers (sauf les Norwégiens et les Suédois) dans des termes qui mettraient obstacle à leur représentation sur le théâtre royal (art. 4).

Ce droit exclusif appartenant au théâtre royal, conformément au privilège du 11 septembre 1750, de représenter des pièces de théâtre à Copenhague, a été aboli par la loi du 12 avril 1889, art. 1er, sauf cette exception que du 1er octobre au 30 avril il ne peut être, sans l'autorisation du ministre des cultes et de l'instruction publique, représenté par une troupe étrangère aucune pièce de théâtre ou opéra en langue étrangère (sauf le norwégien et le suédois), ni aucun ballet.

D'autre part, aucun théâtre particulier ne peut représenter une pièce appartenant au répertoire du théâtre royal, à moins que le théâtre n'ait cessé de la représenter pendant dix années consécutives après la promulgation de cette loi.

La direction du théâtre royal pourra abréger ce délai pour les ouvrages qu'elle n'a pas l'intention de représenter (art. 2).

V. — Belgique

(*La liberté de la scène*)

Le théâtre, en Belgique, jouit d'une liberté extrêmement étendue. Il n'existe pas, dans le Royaume, de censure préventive organisée pour la représentation des œuvres dramatiques. Les pièces interdites sur nos scènes ont été représentées sans difficultés sur les théâtres de Bruxelles (1).

Observons toutefois qu'un texte législatif permet de faire renaître la censure au profit des municipalités. Aux termes de l'art. 97 de la loi communale du 30 mars 1836, la police des spectacles appartient, en effet, au collège des Bourgmestres et Echevins qui peut, dans des circonstances extraordinaires, interdire toute représentation pour assurer le maintien de la tranquillité publique.

Ce collège exécute les règlements faits par le conseil communal pour tout ce qui concerne les spectacles. Le conseil veille à ce qu'il ne soit donné aucune représentation contraire à l'ordre public.

En fait, le théâtre belge est absolument libre (2). Il est

1. Par exemple *les Avariés* de M. Brieux.
2. Communication de la légation de Belgique en France. —

régi par le droit commun : les crimes, délits et contraventions commis à l'occasion d'une représentation dramatique sont punis conformément aux dispositions du Code pénal.

VI. — Portugal (1)

(*L'examen facultatif*)

Dans le royaume de Portugal, il n'y a point de censure préventive obligatoire. Les entreprises de spectacles publics peuvent toutefois soumettre à une commission de censure les originaux et le programme détaillé des spectacles. L'examen préalable est donc facultatif et ne fonctionne que sur l'initiative des directeurs de théâtres eux-mêmes.

Après l'approbation donnée, l'autorité administrative ne peut plus interdire la représentation à moins que le texte soumis à la censure ne soit modifié, qu'on ne se livre à une exhibition de caricatures ou d'imitations personnelles ou qu'on offense la morale publique.

Lorsqu'une pièce n'a pas été soumise à l'examen préalable, la censure répressive appartient, dans toute sa plénitude, à l'autorité administrative qui peut ordonner la prohibition des spectacles publics ou des représentations théâtrales en cas d'attaque contre les institutions

---

V. la discussion entre MM. Antoine Proust et Léon Bourgeois, relative à la législation belge du théâtre dans l'enquête de 1891.

1. Décret 29 mars 1890 sur les spectacles. (*Ann. législ. étrangère* 1890, p. 457).

de l'Etat ou d'offense à leurs représentants et agents, de provocation au crime, de critiques injurieuses contre le système monarchique représentatif, de caricatures ou d'imitations personnelles, d'allusions directes aux personnes publiques ou aux particuliers, ou d'exhibitions attentatoires à la morale publique ou à la pudeur.

Les intéressés peuvent se pourvoir contre l'interdiction de l'autorité administrative devant la commission de censure théâtrale que nous avons déjà mentionnée. Cette commission, composée de quatre hommes de lettres, siège sous la présidence du ministre de l'intérieur; ses décisions sont définitives.

Sont, d'ailleurs, applicables aux directeurs d'entreprises de spectacles publics les peines édictées par le Code pénal portugais contre l'offense, la diffamation, l'injure, l'agression injurieuse, l'outrage public à la pudeur et la provocation au crime. C'est, en matière pénale, l'application du droit commun.

Il y a, dans cette organisation de la censure dramatique, une particularité qu'il convient de retenir. C'est le fonctionnement de cet examen facultatif que M. Hostein en 1849 et M. Bisson en 1891 proposèrent de substituer, dans notre législation, à la censure préventive obligatoire. Nous y reviendrons plus longuement dans notre conclusion.

VII. — Etats-Unis

(La censure des sociétés particulières)

La liberté du théâtre aux Etats-Unis est réglementée par la législation de chaque Etat. D'une façon générale, la censure préventive n'existe pas, ou, pour parler plus exactement, n'est pas entre les mains de l'administration. Certaines sociétés privées exercent, en effet, une espèce de censure pratique : par exemple, lorsqu'il a été question de mettre en scène la *Vie du Christ* en reproduisant le spectacle d'Oberammergau, une société privée a obtenu des tribunaux ce qu'en Amérique on appelle une « injunction » c'est-à-dire une défense, en alléguant qu'un pareil spectacle est un sacrilège ; le spectacle ne put avoir lieu.

Donc, les tribunaux réservent à l'initiative privée la possibilité d'une censure préventive alors qu'il n'existe pas de fonctions publiques organisées dans ce but.

La censure répressive peut être exercée soit par l'administration, soit, encore, par des initiatives privées. Chaque ville a des règlements de police en vertu desquels on peut arrêter les représentations d'une pièce qui est une cause de scandale, quelle que soit cette cause. La police agit d'abord ; le maire décide ensuite s'il y a lieu de maintenir l'interdiction ; généralement ces difficultés se résolvent par une transaction.

1. Communication de l'ambassade des Etats-Unis et de M. Kelly, avocat américain, conseil de l'ambassade.

Lés initiatives privées exercent la censure répressive concurremment avec l'autorité administrative. Tout récemment, la pièce d'Alphonse Daudet *Sapho* a donné lieu à un retentissant procès. Olga Nethersole qui est, pour ainsi dire, la Sarah Bernhard américaine a été attaquée en justice et son théâtre fermé malgré les protestations des plus éminents critiques.

CHAPITRE III

LES DEUX ENQUÊTES

La censure dramatique a été violemment attaquée depuis qu'elle existe. M. Georges Leygues, ministre de l'instruction publique, le constatait encore à la séance de la Chambre du 4 mars 1902 ; il ajoutait que l'examen préalable n'en avait pas moins été maintenu depuis deux siècles en dépit de toutes les critiques ; on a ri beaucoup et l'on rira beaucoup aux dépens de la censure ; tout cela n'empêche pas que la censure ne soit nécessaire.

Or, c'est précisément cette nécessité que l'on conteste. Et, parmi ceux qui réclament avec une ardente conviction l'indépendance de la scène, nous ne trouvons plus seulement des auteurs ou directeurs de théâtre, des critiques d'art, des dilettantes, mais encore et surtout des hommes publics dont l'opinion ne peut être, en la circonstance, dictée par une politique électorale.

L'enquête de 1849, dirigée par une commission de conseillers d'État est à la fois des plus intéressantes au point de vue historique et des plus précieuses au point de vue documentaire. Ceux qui, devant elle, se prononcèrent pour la suppression de la censure remuèrent des idées et ne se réduisirent pas à des déclamations : ils eussent obtenu gain de cause, peut-être, s'ils avaient pu triompher de la toute puissante raison de la politique intérieure. Le résultat des travaux de l'enquête, ce fut un projet de loi sur la censure conçu dans un esprit très libéral. On rétablissait la commission d'examen mais on s'efforçait de l'empêcher de nuire. Ce projet ne plut pas au gouvernement et le ministère en fit voter un autre à sa convenance, ce qui nous confirme bien dans cette idée que les intérêts de la politique intérieure prédominaient en la question.

L'enquête de 1891 ne présente point un moindre intérêt que la précédente. Ses travaux furent provoqués par la vive émotion que causa, dans les milieux littéraires et politiques, plusieurs interdictions successives. Le rapport de M. Guillemet qui résume si nettement tous les vœux exprimés par les écrivains du théâtre, conclut à la suppression temporaire de l'examen préalable, à l'essai loyal pendant trois ans, de la liberté de la scène. Sur l'intervention du ministre de l'instruction publique, M. Léon Bourgeois, le projet ne put aboutir.

A peu près régulièrement après chaque interdiction nouvelle, nous voyons reparaître des rapports parlementaires qui traitent de la censure. Dans ces rapports, les inspecteurs de théâtre sont, en général, fort malmenés, mais les arguments que l'on y présente ne nous apprennent rien qui n'ait déjà été dit dans les enquêtes précédentes parce que tout y a été dit. De ces deux précieuses consultations, il résulte que presque toutes les opinions produites se sont prononcées contre l'organisation actuelle de la censure. Les avis se sont partagés entre la réforme et la suppression.

Lors de l'enquête de 1849, M. Taylor, président de la Société des artistes dramatiques, a proposé la création d'un comité de censure indépendant. Ce comité aurait été formé de cinq membres élus par toutes les classes de l'Institut. Composée exclusivement des membres de l'Académie française, cette commission aurait pu prêter au soupçon de partialité littéraire. Aussi, dans ce projet, l'Académie française n'aurait-elle fourni qu'un seul représentant comme chacune des autres académies. Par cette combinaison, expliquait M. Taylor, la morale était sauvegardée, l'ordre maintenu. On n'aurait plus eu à redouter une politique méticuleuse, opprimant la pensée des auteurs, l'Institut étant un corps parfaitement indépendant. Les jugements de la commission de censure auraient obtenu, dès lors, une incontestable autorité.

Victor Hugo, dans la même enquête, demandait l'organisation d'une répression confiée au Syndicat de la corporation des auteurs dramatiques. « Cette corporation, disait-il, a le plus sérieux intérêt à maintenir le théâtre dans la limite où il doit rester pour ne point troubler la paix de l'Etat et l'honnêteté publique. Cette corporation, par la nature même des choses, a, sur ses membres, un ascendant disciplinaire considérable. Je suppose que l'Etat reconnaît cette corporation et qu'il en fait son instrument. Chaque année, elle nomme dans son sein un Conseil de prud'hommes, un jury. Ce jury, élu au suffrage universel, se composera de huit ou dix membres. Ce seront toujours, soyez en sûrs, les personnages les plus considérés et les plus considérables de l'association. Ce jury, que vous appellerez jury de blâme ou de tout autre nom que vous voudrez, sera saisi soit sur la plainte de l'autorité publique, soit sur celle de la commission dramatique elle-même, de tous les délits de théâtre commis par les auteurs, les directeurs, les comédiens. Composé d'hommes spéciaux, investi d'une sorte de magistrature de famille, il aura la plus grande autorité, il comprendra parfaitement la matière, il sera sévère dans la répression et il saura superposer la peine au délit. Le jury dramatique juge les délits; s'il les reconnaît, il les blâme; s'il les blâme deux fois, il y a lieu à la suspension de la pièce et à une amende considérable qui peut, si elle est infligée à un auteur, être prélevée sur ses droits d'auteurs recueillis par les agents de la société.

« Si un auteur est blâmé trois fois, il y a lieu de le rayer de la liste des associés. Cette radiation est une peine très grave; elle n'atteint pas seulement l'auteur dans son honneur, elle l'atteint dans sa fortune, elle implique pour lui la privation à peu près complète de ses droits de province ». Victor Hugo ajoutait que, d'ailleurs, étant donné l'esprit de cette excellente et utile association, les récidives ne seraient pas à craindre.

Ce projet organise simplement une censure répressive. Il suppose que l'examen préalable, supprimé en 1848, ne sera pas rétabli et veut empêcher, pour l'avenir, toute intervention administrative dans les représentations théâtrales.

En 1891, M. Bisson, dont le projet eut toutes les faveurs du rapport Guillemet, proposa également de laisser aux auteurs dramatiques le soin de faire leur police eux-mêmes. « Pourquoi ne nommeraient-ils pas à leur assemblée générale trois examinateurs qui aideraient de leurs conseils prudents les auteurs timorés et les directeurs dans l'embarras? Cette censure amicale et facultative n'offrirait-elle pas les mêmes garanties que la censure officielle, dont elle n'aurait ni le rôle arbitraire, ni le caractère humiliant? En résumé, responsabilité effective de l'auteur et du directeur, guidés, s'ils le désirent, par les avis éclairés d'un jury compétent ».

Nous reviendrons dans notre dernier chapitre sur cette idée d'un examen facultatif. A l'heure actuelle, on discute beaucoup moins la réforme de la censure que sa suppression définitive. L'institution, malgré deux siècles de critiques, persiste et fonctionne. C'est donc que de puissants motifs justifient son maintien. Il convient, en conséquence, d'examiner en détail ces raisons que l'on groupe généralement autour de trois intérêts distincts :

L'intérêt de la morale ;

L'intérêt de l'ordre public ;

L'intérêt de la politique extérieure.

Nous les étudierons séparément.

CHAPITRE IV

INTÉRÊTS ENGAGÉS AU MAINTIEN DE LA CENSURE DRAMATIQUE

I. — La morale publique

Presque tout le théâtre, a-t-on dit, apprend à braver les convenances sociales, à tout sacrifier à nos passions. Corneille se repentit d'avoir consacré à la scène, Racine pleura ses succès, et, dans un abandon solennel du théâtre, le malicieux auteur de *Vert-Vert*, Gresset lui-même, déclarait que l'art dramatique était beaucoup plus la liste des fautes célèbres et des regrets tardifs que celle des succès sans honte et de la gloire sans remords. Jean-Jacques Rousseau fulmina contre le théâtre en général et les œuvres de Regnard en particulier qui justifiaient sa thèse de la perversion de l'homme par l'éducation de l'homme. Peut-être le philosophe avait-il eu la curiosité de feuilleter un traité contemporain où les mêmes idées sur l'art dramatique avaient déjà été émises par le comédien Riccoboni. Ce personnage, fameux dans les annales du théâtre italien dont il fit la fortune, s'était enfin décidé à maudire une messe qu'il avait si magnifiquement servie ; dans le petit livre qu'il publia vers 1743 sur la réforme du théâtre, il s'exprime avec toute l'énergie de l'apostat : « Les principes de corruption, dit-il, reçoivent une nouvelle force des spectacles publics où les pères et mères ont l'imprudence de s'empresser de conduire leurs enfants de l'un et de l'autre sexe. Or, quelles atteintes mortelles ne doivent pas donner à leur innocence le nombre infini de maximes empestées qui se débitent dans les tragédies, dans les opéras, et les images licencieuses que présentent les comédies ! Ils ne les effacent jamais de leur mémoire, ils y voient des grands, des personnes élevées en dignité, des vieillards y applaudir. Ils s'imaginent que tout ce qu'on leur expose est à retenir » (1).

Aux accusations de Jean-Jacques et de Riccoboni, on a pu répondre pour la défense de l'art dramatique qu'il n'était pas indispensable de conduire les enfants au théâtre, ou, du moins, dans tous les théâtres. Quant aux scrupules confessés par Corneille, Racine et Gresset dans le rigorisme d'une vieillesse mystique, la postérité, moins sévère pour eux, ne les partagea point.

Un auteur du dix-huitième siècle, La Mothe, qui fit représenter *Le Magnifique* et *Inès de Castro*, semble avoir envisagé avec plus d'humeur encore les effets de son art : les auteurs, d'après lui, ne se proposent pas d'éclairer l'esprit sur le vice ou la vertu en les peignant de leurs vraies couleurs ; ils ne songent qu'à émouvoir les passions par le mélange de l'un et de l'autre et les hommages qu'ils rendent quelquefois à la raison sont

1. Conf. M. J. Boieldieu, *op. cit*, p. 98.

impuissants à détruire les passions qu'ils ont flattées. « Quelque forte que soit la leçon de morale que puisse présenter la catastrophe qui termine la pièce, le remède est trop faible et vient trop tard » (1).

De tout ce pessimisme, il serait logique de conclure que le théâtre est pernicieux par essence, que l'on ne saurait échapper à son influence nocive et qu'il est un ferment actif de corruption sociale. « Un fauteuil donne droit à une crise de nerfs, un abonnement à une névrose. » L'accusation est grave dans sa généralité, tellement grave que si elle pouvait être justifiée, il ne s'agirait plus, pour les réformateurs de la scène, de maintenir la commission d'examen, ni même de renforcer ses pouvoirs; la vérité serait alors de refuser à l'art dramatique, danger social, le droit d'accueillir désormais les conceptions humaines.

Mais la question, portée sur ce terrain, encore qu'elle serait de nature à susciter d'intéressantes dissertations philosophiques, dépasserait le champ beaucoup plus modeste de notre étude. Le problème fut agité, d'ailleurs, éloquemment, dans cette fameuse querelle du dix-septième siècle entre le P. Caffaro, la Sorbonne et Bossuet, querelle dont nous avons donné les éléments dans notre historique. Au surplus, de telles condamnations du théâtre pris dans son ensemble ont été assez rarement formulées dans notre siècle pour que nous ne nous y arrêtions pas plus longtemps. Les plus rigoureux contempteurs des peccadilles dramatiques, dans leur anti-

1. Cité par M. J. Boïeldieu, p. 79.

pathie généralisée, ont toujours fait des exceptions en faveur de quelques pièces. Et ceci nous ramène à la théorie simplifiée des partisans de la censure dramatique, à savoir qu'il convient d'autoriser certaines œuvres et d'en interdire certaines autres.

Selon cette opinion, un Etat dans lequel existent des lois destinées à sauvegarder la morale publique ne doit pas se désintéresser des atteintes qu'elle peut recevoir sur la scène. On cite le mot effrayant, dit, il y a une soixantaine d'années par M. Becquerel, directeur de la prison de la Force : « A-t-on joué un mauvais drame nouveau, je m'en aperçois bien vite au nombre des jeunes détenus qui m'arrivent » (1). Le mot a été retenu à cause de son image saisissante, mais si nous le répétons à titre de curiosité, nous ne pouvons lui attribuer même la valeur contestable d'une statistique.

M. J. Boïeldieu, dans son traité de 1804, dénonce les auteurs de son époque comme les coupables conscients d'un véritable empoisonnement intellectuel ; à son avis, la plupart d'entre eux, pressés de jouir avant la saison, ont toujours peur qu'on ne leur dérobe « la gloire de leurs productions éphémères. » Aussi recherchent-ils un prompt succès dans la basse flatterie des inclinations du public. C'est ce qu'en des termes presque identiques, Henri Meilhac exprimait devant la commission d'enquête de 1891, quand il disait que l'auteur, le jeune auteur, est tenté, pour obtenir un succès, de mettre sur la scène des paroles, des situations plus que risquées.

1. Jules Janin, enquête de 1849; A. Delpit, *op. cit.*, p. 463.

Le public, ajoutait le spirituel écrivain, n'est pas ennemi de la gravelure. Quand une phrase peut prêter à un sens équivoque, il s'en empare. Or, il importe que l'auteur, celui qui commence, ne cède pas trop à ce goût du public. Un auteur cherche le succès; il sent qu'il peut y arriver par cette voie. Le goût du public l'y invite. C'est de ce côté que tendent ses efforts. Il est donc utile, il est nécessaire qu'il sente en face de lui ce frein qui le retient et qui s'appelle la censure.

C'était également ce que pensait M. Jules Janin, lorsqu'il y a soixante ans il fut appelé à témoigner devant la commission du Conseil d'État.

A son avis, la censure était nécessaire en France plus que partout ailleurs. Ce frein disparu, il était à craindre que tous les esprits fins et délicats ne disparussent pour faire place aux esprits violents et grossiers. N'avait-on pas vu sur le théâtre de la Porte-Saint-Martin, après la révolution de 1830, un drame où l'on montrait l'archevêque de Paris déshonorant une jeune fille et mettant le feu à sa chaumière pour faire disparaître les traces du crime. Après le 24 février 1848, fut mis en scène le *Chiffonnier* de Félix Pyat. Le chiffonnier paraissait couvert de haillons; il vidait sur le théâtre sa hotte pleine d'ordures; parmi ces ordures se trouvait la couronne royale de France. Le parterre, ajoutait M. Jules Janin, bien que diversement composé, fut choqué et murmura.

Il est précieux de retenir que l'un des plus éminents adversaires de l'indépendance dramatique constatait qu'à cette époque de liberté les sentiments du public s'étaient révoltés en présence de scènes particulièrement choquantes. Les opinions qui soutiennent qu'après la suppression de l'examen, les spectateurs exerceront en personne la meilleure des censures, ont ainsi pu trouver dans les souvenirs de M. Jules Janin un argument en faveur de leur thèse. Pour elles, l'improbation du public ou même son indifférence suffiront à rayer de l'affiche les pièces immorales. Le *Chiffonnier* de Félix Pyat n'eut, en effet, qu'un nombre de représentations fort limité ; *Castaing* et la *Goutte de lait*, pièces particulièrement hardies, représentées en 1848, tombèrent presque aussitôt devant des salles vides.

Jamais le public, affirmait M. Zola, qui s'y connaît, ne laissera mettre des ordures ni prononcer des gros mots sur la scène. Il est beaucoup plus moral que la censure et tout auteur qui oserait faire dire des obscénités dans une pièce serait impitoyablement hué.

Ce n'est pas exactement l'opinion de M. Jean Richepin qui suppose que dans un régime de liberté complète quelques théâtres et cafés concerts se feront une spécialité de l'obscénité et de l'ordure ; mais il est convaincu, en revanche, que le départ se fera très vite dans l'esprit du public entre ces établissements et les autres théâtres. Les spectacles en effet se sont aujourd'hui suffisamment spécialisés par les habitudes de leurs répertoires pour que l'on puisse en toute confiance laisser à la libre initiative des spectateurs le choix de leurs divertissements. Le public ira dans tels ou tels cafés-concerts quand il voudra entendre des gravelures et dans tels autres quand il préférera voir jouer une pièce convenable. « D'ailleurs, remarquait assez justement M. Richepin, je ne vois pas pourquoi on interdirait aux citoyens d'entendre des gravelures quand on ne les empêche pas d'aller dans les maisons publiques » (1).

Le théâtre, disait encore Alexandre Dumas fils (2), n'est pas fait pour les jeunes filles. « Ce n'est pas la scène, ce qui se passe et se dit sur la scène qui est immoral pour les jeunes filles, c'est l'endroit, le lieu en lui-même, le voisinage qui s'impose. Tout le monde n'a pas les moyens de prendre une loge ; on prend des fauteuils de balcon ; à côté de qui se trouve-t-on ? Quelle conversation entend-on ? C'est là qu'est le vrai danger du théâtre. Aussi quand on me dit que le théâtre en lui-même est immoral, je réponds qu'on se trompe : car il n'est pas fait pour les jeunes filles. Quant aux grossièretés les gens qui les aiment iront les entendre. C'est d'ailleurs ce que nous voyons tous les jours ».

Les adversaires de la censure prétendent même que son action loin d'assainir la scène lui nuit moralement. Parce qu'elle est réputée veiller aux mœurs publiques, le peuple abdique sa propre autorité, sa propre surveillance. Il fait volontiers cause commune avec les licences du théâtre contre les persécutions de la censure. De juge il se fait complice (3). S'il n'y avait pas de censure le public regarderait de près aux spectacles qu'on lui offre, qu'on offre aux femmes, aux jeunes filles. « Le public

1. Enquête de 1891.
2. *Ibid.*
3. Victor Hugo, Enquête de 1849.

pris en masse, concluait Auguste Vacquerie, est vertueux. Essayez de ne pas faire triompher la vertu au dénouement d'un mélodrame ; la pièce finira sous une grêle de sifflets... Avec la censure, le public se désintéresse de juger. Ça regarde le gouvernement. N'étant pas chargé du balayage il laisse s'étaler l'ordure. Et peu à peu il s'y habitue et finit par s'y vautrer... Avec la censure, c'est le gouvernement qui chante les grivoiseries, c'est le gouvernement qui danse le cancan ».

Une expérience intéressante de la moralité des pièces que présenteraient les jeunes auteurs dans l'entière indépendance de leur art a été faite par M. Antoine lorsqu'il créa son Théâtre libre vers 1887.

Le Théâtre libre en 1891 avait représenté depuis quatre ans les œuvres de soixante-dix à quatre-vingts auteurs dramatiques dont la plupart n'avaient pas trente-cinq ans. Le Théâtre libre en vertu d'une tolérance administrative n'était pas soumis à l'inspection des théâtres. En somme, les représentations qu'il donnait pouvaient, jusqu'à un certain point, être considérées comme publiques, puisque un millier de spectateurs environ se réunissaient à chacune de ses soirées mensuelles. Il y a eu là un essai très caractéristique de la liberté du théâtre, d'autant plus caractéristique que les jeunes auteurs s'y sont laissés aller, dans l'effervescence des premiers débuts, à des intransigeances d'artistes sincères, jeunes et violents. Quelquefois une partie du public a résisté ; il y a même eu des batailles dans la salle ; lors de la représentation des *Chapons* on protesta avec violence et tapage. Mais, en fait, il n'y a pas eu de scandale proprement dit et toutes ces manifestations n'ont pas quitté le terrain purement artistique et littéraire. Sur les soixante-dix ou quatre-vingts pièces qui furent représentées pendant quatre ans au Théâtre libre, une trentaine ont été jouées à l'étranger, à Saint-Pétersbourg, en Angleterre, en Belgique. La *Fille Elisa*, notamment, interdite en France, puis autorisée (1), a été représentée, entre temps, à Bruxelles, sans susciter aucun trouble. Plusieurs représentations publiques furent données par le Théâtre libre, soit à la Porte-Saint-Martin, soit aux Menus-Plaisirs; le directeur dut soumettre les manuscrits à la censure puisqu'il rentrait dans les conditions des théâtres réguliers; mais détail à retenir, presque toutes ces pièces ont pu être jouées sans grandes modifications.

Dans l'enquête de 1891, M. Dujardin-Beaumetz, qui recevait les explications de M. Antoine, lui demanda : «Si les pièces que vous représentez au Théâtre libre étaient jouées tout à fait en public, au bout de quelques jours ne donneraient-elles pas lieu à des scandales ? N'y aurait-il pas du tapage ?

« *M. Antoine.* — Je crois qu'aucun directeur de théâtre ne monterait *les Chapons*. Par exemple, au Théâtre libre, nous jouons devant un public spécial, prévenu du genre particulier des pièces représentées. Ce sont en quelque sorte des représentations à huis-clos que nous donnons ; il s'y produit des manifestations d'art intéressantes ; les jeunes gens dont nous faisons connaître les œuvres étudient les questions sociales ; ils cherchent à renouveler

1. Et reprise au théâtre Antoine en 1902.

l'art dramatique ; mais si leurs pièces étaient destinées au grand public, il est probable qu'ils en tiendraient compte. Ainsi je n'aurais monté ni *les Chapons*, ni *Lucie Pelgrin* si le théâtre dirigé par moi eut été absolument public. Il s'agit là de manifestations d'un haut intérêt littéraire, curieuses pour les lettrés, mais qui ne sont point faites pour le grand public. Tout ceci d'ailleurs n'est qu'une exception, même chez moi, et je tiens à dire que sur plus de 160 actes que nous avons joués en quatre ans au Théâtre libre, il n'en est pas plus de cinq ou six pour lesquels il faille faire ces réserves. Tous les autres pourraient être donnés sur une scène ordinaire.

« *M. Dujardin-Beaumetz.* — De même il est certaines peintures de Boucher que l'on ne saurait admettre dans les expositions et qui sont des chefs-d'œuvres.

« *M. Antoine.* — Absolument.

L'expérience du Théâtre libre doit être retenue en faveur de la libération de l'art dramatique. Les décisions contradictoires de la censure, si nombreuses, que nous avons relevées dans notre historique, nous prouvent qu'il est à peu près impossible de trouver une formule stable de la moralité de la scène. Rien n'est plus variable, d'ailleurs, qu'une conception de la moralité publique si on veut la chercher en dehors des délits que prévoit notre Code pénal. Telle pièce dont, à telle époque, on redoutera l'action nuisible sera considérée, quelques années plus tard, comme parfaitement inoffensive. Pour prendre un exemple dans le domaine de la librairie, on ne se rappelle plus aujourd'hui sans une certaine stupeur que *Madame Bovary*, le chef-d'œuvre de Flaubert, eut les honneurs de la cour d'assises.

Il faut au théâtre, disait M. Dujardin-Beaumetz, un demi-vice et une demi-vertu. Et M. Auguste Vacquerie expliquait qu'il y a deux immoralités, l'immoralité superficielle, celle du mot et du geste (1), contre laquelle les lois font l'œuvre de la censure, et l'immoralité profonde, celle de l'esprit de la pièce. Celle-ci échappe à la censure et au pouvoir ; ils sont inaptes à en juger. La preuve c'est qu'ils se sont trompés chaque fois qu'ils ont voulu le faire. *Tartufe* a été jugé immoral. *Le Roi s'amuse* a été jugé immoral. Un bouffon insulte un père dont la fille a été déshonorée ; il en est puni par le déshonneur et la mort de sa fille ; la paternité est vengée. *Le Roi s'amuse* c'est la glorification de la paternité. Il a été interdit. La *Dame aux Camélias*, la plus généreuse pièce de son auteur et par conséquent la plus morale a été de même interdite par la commission d'examen. La censure refusa d'autoriser une pièce qui pardonnait à une pécheresse repentante. « Pour qu'on ait pu jouer la *Dame aux Camélias*, il a fallu un coup d'État, comme il a fallu, pour qu'on ait pu jouer *Marion de Lorme*, une révolution » (2).

1. « A mon avis, quand la passion est représentée par un beau vers, par une belle parole, elle ne saurait avoir de graves inconvénients ; c'est la forme vile, le langage brutal, le costume honteux qui rendent la chose dangereuse » (J. Janin, enquête de 1849).

2. Auguste Vacquerie, enquête de 1891.

II. — L'ordre politique et social

La liberté du théâtre constituerait-elle vraiment, comme on l'a prétendu, un danger permanent pour l'ordre public ? On a dit : si le théâtre n'est plus surveillé, nous reviendrons bientôt à la comédie d'Aristophane ; on interpellera en scène des personnages vivants, d'où il résultera des scandales quotidiens. Si le théâtre est indépendant, sans contrôle, nous aurons des pièces politiques et sociales qui déchaîneront l'émeute.

Voyons d'abord la question des personnalités qui ne constitue pas l'objection la plus importante. On fera jouer des rôles à des hommes du jour, peut-être même à de simples particuliers, selon la fantaisie des auteurs, C'est possible. Les précédents nous autorisent à le croire.

En 1848, on a mêlé au théâtre Lamartine, Proud'hon, Ledru-Rollin, Considérant. On y mit Auguste Vacquerie dans un *Drame de famille* où il jouait un rôle grotesque. Vacquerie faisait alors dans un journal la critique théâtrale. Il se contenta de raconter la pièce en substituant son nom à celui du personnage et mit ainsi les rieurs de son côté. Tout le monde, sans doute, ne pourrait se tirer d'une situation aussi désagréable avec autant d'esprit. Mais le danger est-il vraiment aussi réel qu'on nous le dit ? Doit-on y trouver une considération suffisante pour refuser au théâtre son émancipation définitive ?

En vérité, cela ne nous paraît plus être aujourd'hui

un si grand crime, ni devoir causer un si regrettable scandale que de mettre en scène des personnes vivantes. D'abord, il y a la façon de les y mettre. Sous la Révolution on fit des pièces sur le maître de poste de Sainte-Menehould et sur bien d'autres dont les noms étaient en faveur. Au cours du premier empire, les maréchaux, le roi de Rome, Napoléon lui-même étaient figurés dans des apothéoses. Il est vrai que les uns et les autres auraient eu mauvaise grâce à s'en plaindre. Si l'on devait glorifier en quelque façon tous les gens mis en scène, assurément l'éventualité du scandale, tout en restant possible à cause des sifflets de la salle, serait moins à craindre. Ce que l'on conteste surtout aux auteurs dramatiques, c'est le droit de provoquer la gaîté des spectateurs en faisant jouer des rôles à des contemporains.

Il ne nous semble pas que ce soit, à l'heure actuelle, une objection sérieuse. Il est un peu entré dans nos habitudes, en effet, de voir figurer nos contemporains dans ces piécettes à couplets qu'on nomme des revues ; ils y jouent les rôles les plus fantaisistes avec leur nom à peine changé sur l'affiche, et sous une ressemblance garantie de visage et de tenue. Nos contemporains, cependant, ne s'en offusquent pas, de même qu'ils ne s'offusquent plus des caricatures quotidiennes qui les exposent dans tous les kiosques de journaux. Il existe aujourd'hui, à ce point de vue, un état d'esprit modifié dont il faut tenir compte. Ce qui nous eût paru constituer, il y a quelque vingt ans, un obus du théâtre, s'est atténué au point que l'argument ne porte plus. Nous supposons, bien entendu, que les personnalités mises en scène n'y seraient ni diffamées, ni calomniées, car si de tels faits venaient à se produire, ils provoqueraient vraiment un scandale punissable ; mais ces faits sont déjà prévus par nos lois sur la diffamation et la calomnie.

D'ailleurs, quelque opinion que l'on professe, cette propension du théâtre libre à bafouer les contemporains ne saurait être considérée comme une objection irréductible à la suppression de la censure (1). Une loi peut toujours être faite qui interdirait d'une façon absolue aux auteurs de mettre en scène les personnes vivantes.

On a dit encore que l'ordre politique avait ses exigences et qu'il serait fort imprudent de laisser, sur la scène, fronder le pouvoir et ceux qui l'exercent.

Ce fut l'un des côtés ridicules de l'œuvre de la censure que cette guerre impitoyable aux allusions qu'elle commença depuis des siècles et dont elle ne put jamais triompher. L'histoire de notre art dramatique a bien des fois prouvé que ces allusions étaient, la plupart du temps,

1. En 1891, M. Guillemet écrivait : « Qui ne se rappelle cette jolie comédie des *Nuées* où Aristophane « faisait flotter comme un rêveur envolé de ce monde dans les frises, entre ciel et terre, l'homme que la plus haute autorité de la Grèce, en matière religieuse, l'oracle de Delphes, avait proclamé « le plus sage des Grecs ». Certes Socrate se défendit contre les attaques des *Nuées*, mais dans ses entretiens on ne trouve pas trace de rancune contre Aristophane, et il est probable qu'ils devaient être liés d'amitié. On peut facilement imaginer avec quel bienveillant sourire M. Renan contemplerait son propre travestissement, si quelque Aristophane moderne le mettait en scène. Il est probable qu'à la sortie personne ne demanderait sa tête » (Rapport sur la censure dramatique).

insaisissables à l'examen préalable. En scène, elles appartiennent entièrement au jeu des acteurs; il suffit d'un geste, d'une intonation, d'un sourire. L'acteur Bocage a raconté, dans l'enquête de 1849, comment il avait réussi à faire de l'opposition au gouvernement de Juillet. Il jouait, en 1831, une pièce de Lemercier intitulée *Pinto*. Ce n'était pas, à coup sûr, une pièce faite exprès contre le gouvernement de Juillet. Il trouva, néanmoins, qu'il pourrait faire naître de son texte à la représentation des allusions piquantes, et, plus que cela, des attaques très directes. Il y avait, dans la pièce, une conspiration. Pinto conspirait contre le roi d'Espagne. Dans une scène, il s'écriait: A bas Philippe ! Le soir où on joua la pièce, Bocage, dans le rôle de Pinto, prononça la phrase d'une telle façon qu'il enflamma toute la salle.

La censure, parfaitement impuissante contre les allusions, n'a, d'ailleurs, pas à s'en inquiéter sous un gouvernement républicain où des intérêts dynastiques ne sont plus en jeu.

Au surplus, pourquoi la politique, même sans allusions, serait-elle bannie du théâtre? Une harmonie étroite, intime, avec la société pour laquelle elle est faite convient à l'œuvre dramatique. De même que le théâtre religieux convient à une société religieuse, la comédie politique et sociale a sa place dans une nation dont les citoyens reçoivent une éducation politique et pratiquent la vie publique [1].

1. Guillemet, *op. cit.*

M. Léon Bourgeois, ministre de l'instruction publique, était tout à fait de cet avis lorsqu'en 1891 il faisait les précieuses déclarations suivantes sur sa jurisprudence personnelle en matière de censure :

« Le délit d'opinion dans le système général de notre législation a cessé d'être considéré comme un délit ; j'estime donc que ce qui a cessé d'être un délit dans le système général de notre législation ne doit pas être considéré par le ministre qui exerce la censure comme un acte qui l'autorise à intervenir préalablement. Les opinions littéraires, philosophiques, politiques, exprimées sous une forme même très excessive, dès qu'il ne s'agit pas d'un crime ou d'un délit ou d'une provocation à un crime ou à un délit, ressortissent, selon moi, sous un régime démocratique comme le nôtre, du seul tribunal qui soit à même de juger les délits d'opinion, c'est-à-dire du tribunal de l'opinion elle-même » (1).

Les partisans du maintien de la censure repoussent la liberté politique du théâtre en agitant le spectre de l'émeute. Une représentation où les passions politiques auront été violemment surexcitées pourra se transformer en sédition populaire. *La Muette de Portici* et la prise d'armes de Bruxelles sont un enseignement.

« Il n'en est pas du drame comme du livre, dit M. Hallays-Dabot... Il règne à travers une salle comme un courant électrique qui, passant du comédien au spectateur, les enflamme tous deux d'une ardeur soudaine et leur donne une audace inattendue... Les théo-

1. Enquête de 1891.

ries sociales les plus osées et les plus fausses exalteront un peuple qui, dans l'émotion du drame, ne saura pas discerner la perfidie des déclamations et des peintures qu'on lui présente. Quand des milliers de spectateurs entraînés par l'enivrement de la représentation auront subi une influence fatale ; quand le retentissement du scandale aura fait du scandale même un malheur public, quelle sauvegarde la société trouvera-t-elle dans la marche lente et méthodique des lois ? »

Depuis le livre de M. Hallays-Dabot, en a pratiqué la liberté de réunion contre laquelle avaient été présentées toutes les objections précédentes. On ne peut nier que l'éloquence d'un orateur ne puisse avoir autant d'action sur son auditoire que le jeu de l'acteur sur son public. D'autre part, l'élément qui compose les réunions politiques ou sociales se trouve généralement dans un état d'esprit prévenu, infiniment plus irritable que le public qui se rend au spectacle pour y chercher une distraction. La liberté de réunion existe depuis 1881 et nul, aujourd'hui, ne songe à la rayer de nos lois. L'expérience a donc été faite. Elle est concluante. On cite toujours la *Muette de Portici*. Il nous paraît un peu fantaisiste d'accuser cette pièce d'avoir fait la révolution belge, et l'eut-elle faite d'ailleurs, les Belges ne se plaignent pas de leur révolution.

III. — La politique extérieure (1)

L'argument principal que l'on fait valoir pour le maintien de la censure, c'est l'intérêt primordial de la politique extérieure. Certaines pièces qui blesseraient les susceptibilités diplomatiques pourraient faire redouter les plus graves complications. Une baisse à la Bourse en résulterait, si faible fût-elle. Or, de telles conséquences, même réduites à un intérêt financier, sont des plus redoutables et doivent être évitées.

La raison vaut qu'on s'y arrête. A plusieurs reprises, au cours de ces vingt dernières années, les représentants des puissances étrangères sont intervenus pour obtenir de notre gouvernement la suppression d'une œuvre dramatique. L'une des plus récentes et des non moins surprenantes interventions, mentionnées dans notre historique, a été celle de l'ambassade de Turquie. Pour donner satisfaction au sultan, il fallut interdire *Mahomet*.

Dans son rapport de 1891, M. Guillemet qui supprimait la censure morale et la censure politique maintenait, toutefois, l'examen préalable au profit du ministère des affaires étrangères et pour les intérêts diplomatiques seulement. Les partisans actuels de la liberté du théâtre demandent une solution plus radicale, l'abolition de la censure définitive et absolue. Les susceptibilités des puissances étrangères ne constituent pas pour eux un

1. V. les déclarations de MM. Antonin Proust, Émile Bourgeois, Maujan, Dujardin-Beaumetz, Richepin, Valabrègue, dans l'enquête de 1891.

obstacle insurmontable. Il faut considérer, disent-ils, les allusions que peuvent contenir les pièces et les attaques directes.

Les allusions d'abord. Nous savons déjà par une précédente étude qu'il est à peu près impossible de les éviter. La censure lit la pièce, l'examine plus ou moins attentivement ; l'œuvre est représentée. Or, tel mot que la censure n'a pas vu peut servir, à la suite de circonstances nouvelles, d'événements récents, de drapeau au public. Le fait s'est assez souvent produit. La pièce a passé par l'examen préventif ; la censure l'a autorisée ; on la joue ; le gouvernement est engagé. Un passage qui avait paru absolument inoffensif à la lecture prend des proportions considérables sur la scène ; il devient blessant pour un gouvernement étranger. Le gouvernement français interdira la pièce le lendemain et se trouvera ainsi dans le même cas que s'il n'y avait pas eu de censure (1).

Supposons que la censure n'existe plus. Des phrases, des allusions désagréables pour un gouvernement voisin sont insérées dans une pièce. Le ministre interdira la pièce dès le lendemain de la première représentation comme dans le cas précédent ; seulement, il n'aura encouru aucune responsabilité. Le fait en lui-même a, d'ailleurs, moins d'importance qu'un violent article de journal qui entraînerait les plus grandes difficultés diplomatiques si la liberté de la presse n'existait pas ; il est moins injustifiable qu'un ordre du jour contenant

---

1. M. Maujan, enquête de 1891.

des insultes pour un gouvernement étranger voté dans une réunion d'anarchistes. La liberté de réunion dégage le gouvernement français de toute responsabilité (1).

Autrefois, lorsque la censure pour les écrits existait, le ministre recevait continuellement des notes diplomatiques, demandant la suspension ou la suppression d'un journal. Depuis que la presse est libre ces notes ont disparu. Les gouvernements étrangers laissent passer les articles, ou se contentent d'y répondre dans les journaux de leur pays. Sous le ministère de M. Antonin Proust, le drame d'Erckmann-Chatrian, l'*Alsace*, dût être interdit. Le gouvernement avait reçu une note de l'Allemagne. Si la censure préventive n'avait pas existé, le gouvernement allemand n'aurait pas songé à envoyer cette note (2).

Supposera-t-on maintenant que des pièces puissent être faites exprès pour attaquer des puissances. Les gouvernements intéressés seraient alors fondés à manifester leurs inquiétudes. Une représentation deviendrait, en ce cas exceptionnel, plus dangereuse qu'un article de journal ou une réunion publique. Mais, étant donnée la facilité d'information qui existe, une pièce de cette nature ne pourrait être montée sans que la presse en fut avertie et par elle le public. Dès le lendemain de la lecture aux artistes, le gouvernement serait prévenu. Il interviendrait au nom de la sûreté publique (3).

Des faits de ce genre seront d'ailleurs extrêment rares,

1. Maujan, enquête de 1891.
2. M. Antonin Proust, enquête de 1891.
3. Conf. M. Jean Richepin, enquête de 1891.

Il est fort peu probable que la critique d'une pièce atteigne le degré de virulence de telle conférence dont le but est précisément de créer un état d'esprit, de faire durer un enthousiasme pour atteindre un but. Le public se détournerait d'un théâtre où l'on abuserait de cette politique. Les polémiques dangereuses n'assureraient aux pièces qu'un succès éphémère. Les auteurs et les directeurs y perdraient la fidélité de leur clientèle.

Il faut bien convenir, d'autre part, que, depuis une vingtaine d'années, un changement profond s'est produit dans l'état des esprits sous l'influence de la civilisation contemporaine. La critique poussée jusqu'aux plus extrêmes limites est plus facilement acceptée qu'autrefois. Il semble que vraiment les défenseurs de l'examen préalable tiennent à la persistance de susceptibilités qui s'émoussent chaque jour. La liberté de la presse et des réunions publiques ont fait des mentalités nouvelles plus accessibles à tous les libéralismes.

Il n'est pas rare, de nos jours, de voir des meetings de deux mille personnes où l'on discute jusqu'à l'insolence l'attitude d'une puissance étrangère. Des conférences se sont organisées jusque sur la scène contre la politique d'un gouvernement voisin à propos d'événements récents. Des discours de partis y ont été prononcés, soulignés d'acclamations significatives. Dans le même foyer de réprobation exaltée, des poésies de circonstance ont été dites par des acteurs des théâtres subventionnés. On y a glorifié telle souveraine ; on y a flétri telle autre. L'impression produite, résultant de tous ces éléments de surexcitation contagieuse n'a pas été moins puissante que l'influence immédiate d'une représentation dramatique. Nulle ambassade, en la circonstance, n'a cru cependant devoir intervenir.

Certaines autorisations de la censure sont d'ailleurs en notre matière aussi parfaitement illogiques que ses interdictions. Dans de nombreux spectacles ouverts au public nous voyons tolérer la représentation d'ouvrages que la commission d'examen ne manquerait pas d'interdire au théâtre. Par exemple, même en exceptant de cette discussion les théâtres de foire dont quelques-uns, cependant, reçoivent un nombre considérable de spectateurs, des pantomimes ont fait dérouler, dans les grands cirques, les événements actuels d'une guerre impopulaire. Ces pantomimes composaient de véritables spectacles où étaient mis en jeu des uniformes et des drapeaux. Elles n'en ont pas moins continué leurs représentations. Les diplomates ne s'en sont point émus et n'ont pas jeté en travers de la piste des susceptibilités qu'ils eussent peut-être invoquées pour éteindre les feux de la rampe.

CHAPITRE V

CONCLUSION

(L'examen facultatif)

La morale, l'ordre public, la politique extérieure, voilà donc les intérêts primordiaux que l'on oppose à la liberté du théâtre. Nous avons consacré à chacun d'eux une étude détaillée. Qu'en résulte-t-il ? Ceci, à notre avis. Chacun de ces intérêts présente une incontestable importance et mérite toute notre sollicitude. Ils sont engagés à ce point dans les manifestations de l'art dramatique que nous ne pouvons pas ne plus assurer leur protection. D'ailleurs, on ne proposera jamais sérieusement de faire disparaître du théâtre les pouvoirs de police exercés dans tous les lieux publics en vertu des lois générales, les pouvoirs de la police municipale et les pouvoirs de la police générale de l'Etat (1). Ceci est la censure répressive. Nous demandons son maintien avec tous les adversaires de la censure préventive.

1. V. Déclaration de M. Léon Bourgeois, ministre de l'instruction publique, dans l'enquête de 1891.

La suppression qui nous intéresse est celle de l'examen préalable obligatoire.

On a dit : la censure a été supprimée. On a été forcé de la rétablir.

La censure, en effet, a été remise en œuvre à trois reprises différentes. Mais, comme nous l'avons expliqué, ce fut pour des raisons de pure politique intérieure. Ces raisons, aujourd'hui, ne sont plus considérées comme des arguments. D'ailleurs, en admettant même que le théâtre libre ait entraîné quelques abus, ce qui a pu se produire à des époques où le peuple français faisait son apprentissage de la liberté, ne se renouvellera pas inévitablement de nos jours. La liberté de la presse ne fut-elle pas, d'ailleurs, également supprimée et rétablie ?

Nous ne croyons pas que le théâtre doive être mis en dehors du droit commun, ni que l'on puisse demander aux auteurs dramatiques ce que l'on n'exige pas des autres écrivains, des orateurs, des peintres, qui peuvent publier leurs livres, prononcer leurs discours, exposer leurs tableaux, sans les soumettre préalablement à un examen officiel.

Dans cette question de la liberté dramatique, nous trouvons en présence les intérêts les plus contraires.

Ce sont, d'une part, ceux au nom desquels on maintient la censure. Nous les connaissons déjà. Les lois les protègent.

Ce sont, d'autre part, ceux qui attendent leur développement de la liberté du théâtre : l'intérêt de l'art dramatique, la liberté de la pensée et la liberté du travail. Ces intérêts ne peuvent être niés.

L'intérêt de l'art dramatique, d'abord.

L'histoire nous apprend comment, selon les régimes, les œuvres dramatiques ont été mutilées, défigurées, rendues méconnaissables par les exigences administratives. On se rappelle cette incroyable aventure de *Tarare*, pièce qui devint successivement royaliste, révolutionnaire et bonapartiste. Tous les chefs-d'œuvre, dit-on, ont triomphé de la censure. On ne compte pas ceux qu'elle a empêchés de naître.

La liberté de la pensée ensuite.

La censure de la pensée n'est pas plus nécessaire pour le théâtre que pour la presse et les réunions publiques. Le journal est plus dangereux que le théâtre car il pénètre à millions d'exemplaires dans tous les foyers ; « il n'attend pas le lecteur, il le visite, le surprend, le poursuit » (1). La réunion publique est encore plus dangereuse car l'exaltation d'un orateur peut facilement allumer l'émeute ; « quelque rapide que soit l'intervention du parquet, il ne peut empêcher la France entière de lire l'article tiré à 100.000 ou 200.000 exemplaires ; il ne peut arrêter le mal produit par un énergumène de réunion publique » (2).

La liberté de la presse et des réunions n'en a pas moins été admise.

La liberté du travail, enfin.

---

1. Albin Valabrègue, enquête de 1891.
2. *Ibid.*

« Les auteurs qui acceptent la censure, disait M. Albin Valabrègue en 1891, me rappellent la femme de Sganarelle qui voulait être battue : avec cette différence pourtant que Mme Sganarelle ne demandait pas qu'on battît les autres ! Si ces auteurs ont dit au théâtre tout ce qu'ils avaient à dire et si la censure ne les gêne plus, peut-être y aurait-il quelque générosité de leur part à ne pas la réclamer pour leurs confrères et à ne pas poser des barrières sur la route des hommes de demain. Ils ont accompli leur tâche, pour laquelle nous ne leur avons pas marchandé notre admiration ; qu'ils laissent la génération qui les suit remplir la sienne, et qu'ils ne viennent pas, aigles au repos, interdire la place aux aiglons. Ce n'est pas seulement au nom de la liberté que je viens protester contre la censure dramatique : c'est surtout au nom de l'égalité ; l'égalité est plus que la liberté ; l'égalité, c'est la justice. Faites donc la scène libre ».

Toutes les critiques que nous avons réunies contre la censure s'adressaient à l'institution. Nous ne nous occuperons point des hommes de cette institution. Si la censure, depuis qu'elle existe, a toujours donné lieu à des protestations, de quelque façon qu'elle fût administrée, c'est qu'elle renferme un vice de fond et non point seulement un vice de forme. D'ailleurs, la commission d'examen, dans sa composition actuelle, sous notre régime républicain, a exercé son œuvre avec la plus grande tolérance. Les auteurs dramatiques eux-mêmes en ont convenu dans l'enquête de 1891. Si de temps à autre quelque pièce est interdite, l'interdiction étonne.

Les anecdotes qui font la joie des chroniqueurs n'ont jamais eu de plus pauvre source que l'époque contemporaine.

Mais il ne suffit pas que l'action de la censure soit actuellement nulle ou presque nulle. Il faut lui enlever le droit de nuire qu'elle conserve et dont encore elle use accidentellement. La censure variera suivant les opinions des ministres chargés de l'appliquer, elle sera tour à tour tolérante ou oppressive suivant que le ministre sera ou ne sera pas partisan de la liberté du théâtre.

Supposons maintenant que la réforme souhaitée aboutisse et que la censure préventive soit supprimée. Ce n'est pas tout que d'acquérir une liberté publique, il faut encore que cette liberté soit organisée. Organisation n'est pas contrainte. Nous nous expliquons. Sous un régime de liberté du théâtre nous avons supposé que les délits du théâtre seraient soumis au droit commun. Quel sera le droit commun dans l'espèce ? Ce sera l'intervention de l'autorité administrative qui pourra suspendre une représentation commencée ou même interdire définitivement la représentation d'une œuvre théâtrale, lorsque cette œuvre causera ou pourra causer des troubles publics ? Y aura-t-il vraiment sous ce régime un progrès réalisé vers la liberté ? A l'arbitraire qui existait avant on substitue un arbitraire « après ». L'un est-il préférable à l'autre ? A première vue ce changement ne paraît point offrir d'avantages aux auteurs.

1. Déclaration de M. Léon Bourgeois, ministre de l'Instruction publique dans l'enquête de 1891.

Tout, cet arbitraire « après » est exercé par un pouvoir qui, par sa nature même agit d'une façon plus brutale que le pouvoir chargé actuellement de la censure. Aujourd'hui, la censure est confiée à des personnes qui, par leurs antécédents, leurs habitudes et leurs goûts, sont en relations constantes avec les gens de lettres, avec ce milieu d'auteurs et d'artistes qui est imprégné à un haut degré de l'esprit de liberté. On changera l'arbitraire de main : on l'enlève des mains de personnes qui en usent avec discernement pour le remettre aux mains d'un pouvoir qui n'a pas d'autre souci que le maintien de l'ordre public et qui emploie les moyens les plus prompts, comme les plus énergiques, pour atteindre le résultat qu'il poursuit.

Ainsi l'arbitraire ne sera pas moindre, car on ne dit pas comment s'exercera le nouveau pouvoir. Il sera même plus rigoureux, et il offrira d'autant plus de danger qu'il sera confié à des hommes moins bien préparés pour remplir une pareille mission (1). Dans les deux enquêtes de 1849 et de 1891, ces considérations qui nous paraissent d'ailleurs fort justifiées, avaient décidé plusieurs opinions en faveur du maintien de la censure. Il nous paraît aujourd'hui qu'en abolissant l'examen obligatoire, il serait cependant facile d'éviter les conséquences regrettables pour l'art dramatique qui pourraient en résulter.

Nous avons déjà vu qu'il n'y avait pas, en Portugal, de censure préventive obligatoire. Une commission

---

1. M. Léon Bourgeois, *op. cit.*

d'examen existe, toutefois, qui, chargée de juger en appel les mesures répressives de l'administration peut également donner son avis, avant la mise en scène, sur les œuvres qui lui sont librement soumises. Lorsque l'approbation est donnée, l'autorité administrative ne peut plus interdire la représentation sauf bien entendu, dans le cas où le texte de la pièce aurait été modifiée postérieurement.

Nous ne croyons pas, d'autre part, que le gouvernement se soit enlevé le droit d'intervenir au nom de la sûreté publique chaque fois qu'une pièce, même visée, entraînerait, à la représentation, des tumultes persistants et de véritables scandales. Mais cette observation, si l'on observe l'esprit du décret royal de 1890, ne se produira que tout à fait exceptionnellement et avec la plus grande prudence. La législation portugaise ne réserve point comme la nôtre à l'administration le droit exorbitant de revenir sur sa décision. C'est ce qu'il importe de retenir. On évite de la sorte ces répressions injustifiées et capricieuses, si fréquentes dans notre histoire du théâtre et qu'Alexandre Dumas condamna par cette boutade : « Si vous supprimez la censure préventive, je me charge avec vingt personnes de faire tomber toutes les pièces. »

On voit d'ici les avantages de la combinaison portugaise qui, d'ailleurs, fut déjà proposée chez nous avec quelques variantes, en 1849, par M. Hostein, et en 1891 par M. Alexandre Bisson. Les auteurs et les directeurs de théâtres qui redoutent une interdiction possible pour une œuvre nouvelle, la soumettront à l'examen facultatif. Si la réponse est favorable, ils feront jouer la pièce sans aucune inquiétude sur le sort que lui réservera l'administration. Si la réponse est défavorable, auteurs et directeurs procéderont à leurs risques et périls et lorsque les représentations ne troubleront pas gravement l'ordre public, elles pourront se poursuivre aussi longtemps qu'elles seront en faveur.

Tel serait le système qui nous paraît le plus libéral et le plus pratique en matière de police dramatique et qui permet au public seul d'assurer le succès des pièces sous la responsabilité des auteurs.

Le comité d'examen est, en Portugal, composé d'hommes de lettres. Si le système facultatif était admis dans notre législation, il nous importerait assez peu que les nouveaux commissaires fussent des écrivains dramatiques ou des littérateurs d'un autre ordre. Les censeurs, hommes de lettres, ne firent point, chez nous, la meilleure censure. Les examinateurs du dix-huitième siècle, les deux Crébillon, Marin, Suard et les adjoints de Félix Nogaret sous le premier Empire ont été particulièrement visés par la critique. Il y a des rivalités littéraires aussi violentes, aussi haineuses, aussi injustes que des rivalités politiques. Nous n'y trouverions point une garantie suffisante d'impartialité. C'est à cause d'un état d'esprit spécial que l'on a presque toujours éloigné les universitaires des commissions d'examen.

D'ailleurs, avec la censure facultative, le choix des censeurs perdrait beaucoup de son importance. L'examen facultatif c'est la liberté préventive, la sauvegarde des intérêts des auteurs et directeurs et des intérêts de l'Etat.

Les directeurs engagent presque toujours de grosses

dépenses dans la mise en scène. Aussi, la plupart du temps, soumettront-ils les œuvres nouvelles à une commission d'autant plus libérale que les intéressés peuvent, en fait, sous leur responsabilité personnelle, se passer de son approbation.

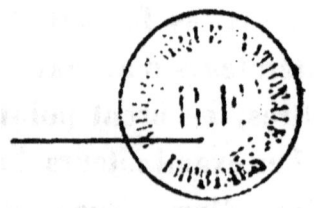

INDEX ALPHABÉTIQUE

DES PIÈCES CITÉES DANS L'OUVRAGE

A bas la calotte ou les déprêtisés, 139.
Actrice nouvelle (L'), 72.
Adrien, empereur de Rome, 110 et s.
Agnès Sorel, 196.
Agrippine, 55 et 56.
Alexis ou l'erreur d'un bon père, 145.
Aline, reine de Golconde, 85.
Ami des lois (L'), 112 et s.
An II (L') où le tribunal révolutionnaire, 118.
Andromaque, 133.
Antichambre (L'), 169 et 170.
Antigone, 92.
Appel à l'honneur (L'), 148.
Archet de Bagnolet (L'), 42.
Artaxerce, 165.
Athalie, 68 72.
Assassin (L'), 223.
Assemblées primaires (Les), 151 et s.
Astyanax, 166.
Athalie, 175, 176.
Attila, 179.
Avariés (Les), 281 et s.

Avocat Pathelin (L'), 133.
Bal d'Auteuil (Le), 68.
Balafré (Le), 196.
Barbier de Séville (Le), 85 et s.
Bayard à Mézières, 181.
Bélisaire, 187, 188.
Bergère Châtelaine (La), 189.
Brigands (Les), 179.
Brutus, 124.
Bataille d'Austerlitz (La), 209
Belle Hélène (La), 231.
Beverley, 133.
Bourru bienfaisant (Le), 135
Britannicus, 133.
Brueis et Palaprat, 165.
Burgraves (Les), 210.
Cadet Roussel, 176, 177.
Caïus Gracchus, 108, 124.
Calas, 189.
Callimaque, 12.
Camaraderie (La), 210.
Camille Desmoulins, 210.
Capitaine Henriot (Le), 231 et s.
Carnaval de Venise (Le), 66.
Cartouche, 72.
Céliane, 52.
Ces Messieurs, 272 et s.

César, 191.
Chaîne (Une), 210.
Chandelier (Le), 229.
Chapons (Les).
Charles IX, 92, 95 et s.
Charles Martel à Tours, 181.
Charlotte Corday, 201.
Chaudronnier de Saint-Flour (Le), 173.
Chevalier à la mode (Le), 71.
Cid d'Andalousie (Le), 190, 196.
Ciguë (La), 210.
Clovis, 180.
Collot dans Lyon, 147.
Comédienne par amour (La), 179.
Commettants (Les), 209.
Communauté de Copenhague (La), 137.
Complot de famille (Le), 191, 193.
Concert de la rue Feydeau (Le), 146.
Coriolan, 189.
Cosaques (Les).
Courtisane (La), 88.
Crainte sans nécessité (La), 179.
Crimes de la noblesse (Les), 136.
Critique de l'Ecole des femmes, 57, 58.
Croisée murée (La), 179.
Cromwell, 193.
Dame aux Camélias (La), 222.
Décadence, 264 et s.
Démission (Une), 209.
Demoiselles de Saint-Cyr (Les), 210.
Dépositaire (Le), 78.
Député (Le), 209.
Dernier banquet de 1847 (Le), 210.
Dernier jugement des rois (Le), 133.
Déserteur (Le), 136.
Deux dîners (Les), 228.
Deux gendres (Les), 165.
Deux pages (Les), 173.
Diable couleur de rose (Le), 173.
Diables noirs (Les), 229.

Diane, 223.
Diane de Lys, 229.
Diligence de Joigny (La), 173.
Dissipation (La), 133.
Divorce du Tartare (Le), 134, 135.
Dominus Sampson, 233.
Don Juan, 60 et s.
Dragons (Les) et les Bénédictines, 136.
Droit du Seigneur (Le), 75, 76.
Druides (Les), 78.
Dulcitius, 12.
Eau (L') à la bouche et la pelle au cul, 138.
Echelons du mari (Les), 225.
Ecole des femmes (L'), 117.
Ecole de la Société (L'), 56, 57.
Ecole des journalistes (L'), 209.
Ecole des maris (L'), 189.
Ecolier de Brienne (L'), 200.
Ecueil du Sage (L'), 76.
Ecuyer (L'), 66.
Edouard en Ecosse, 167 et s.
Elisabeth de France et don Carlos, 89.
Emigrés aux terres australes (Les), 136.
Empereur (L'), 201.
Encore un Brutus! 149.
Encore un curé! 136.
Enfant prodigue (L'), 75.
Entrée dans le monde (L'), 173.
Entrevue des patriotes (L'), 132.
Epreuve du feu (L'), 179.
Ericie ou la Vestale, 77, 93.
Escarcelle d'or (L'), 231, 232.
Esméralda (La), 233.
Esope à la Cour, 66.
Esprit de parti (L'), 188.
Esther, 68, 72.
Etats de Blois (Les), 177.
Etrangère (L'), 228.
Faire et dire, 33.
Famille Lebrenn (La), 217.
Fanchon la Vielleuse, 173.
Farces et soties, 26 et s.

Farce du cuvier, 41.
Farce du débat d'un jeune moine et d'un vieux gendarme, 42.
Farce des femmes qui font escurer leurs chaudrons, 42.
Farce de maître Pathelin, 41.
Farce du médecin qui guérit toutes sortes de maladies, 42.
Fausse Prude (La), 66, 67.
Faust, 179.
Fénelon ou les religieuses de Cambrai, 136.
Festin de Pierre (Le), 60.
Fifres du Beaujolais (Les), 231.
Fille Elisa (La), 88, 247 et s.
Fils de l'Empereur (Le), 209.
Fils de Giboyer (Le), 229.
Fils de l'Homme (Le), 201, 209.
Flaminius, 166.
Fourberies monacales (Les), 137.
François le Champi, 210.
Gaston et Bayard 101, 181.
Gâteau des Reines (Le), 226.
Germanicus, 184 et s.
Germinal, 247.
Girouette de Saint-Cloud (La), 158.
Glorieux (Le), 157.
Grande duchesse de Gerolstein (La), 243.
Guèbres (Les), 78.
Guerre de clochers (Une), 209.
Guillaume Tell, 124, 179.
Guisien (Le), 44.
Henri VIII, 92, 106 et s.
Heraclius, 170.
Hercule, 166.
Hernani, 193.
Heureux (Les), 179.
Homme obstiné (L'), 30.
Homme de Sedan (L'), 247.
Huguenots (Les), 209.
Impuissance (L'), 52.
Indigent (L'), 80.
Intrigues de la Cour (Les), 191, 193.
Jacobins aux Enfers (Les), 147.
Jaloux (Le), 66.

Jean Kerder, 247.
Jeanne d'Arc, 192.
Jeanne de Naples, 90.
Jeu de l'amour et du hasard (Le), 133.
Jeu du Prince des Sots (Le), 30.
Joséphine ou le retour de Wagram, 200.
Joueur (Le), 133.
Journée du 10 août 1792 (La), 136.
Journée d'élection (Une), 193.
Journée de Saint-Cloud (La), 158.
Journée de Varennes (La), 110.
Journée du Vatican (La), 136, 137.
Juif Errant (Le), 233.
Julius dans les Gaules, 190.
Laurent de Médicis, 191.
Légataire (Le), 71.
Léon ou le Château de Montenero, 145.
Léonidas, 190.
Liberté conquise (La), 101 et s.
Ligue des Fanatiques et des Tyrans (La), 136.
Lionnes pauvres (Les), 229 et s.
Lieutenant d'artillerie (Le), 200.
Liqueur d'or (La), 246.
Lucie Pelgrin, 241.
Lucrèce, 210.
Lorenzaccio, 237 et s.
Lothaire et Wolfrade, 77.
Mademoiselle de Belle-Isle, 210.
Mademoiselle de Seiglière, 233.
Mahomet (Voltaire), 75, 133.
Mahomet (H. de Bornier), 246.
Mandragore (La), 58.
Marchandises, Métier, Peu d'acquêt, 30.
Mariage de Figaro (Le), 90 et s., 190.
Marie de Brabant, 90.
Marie Stuart, 179.
Mariniers de Saint-Cloud (Les), 158.
Marino Faliero, 193.
Marion de Lorme, 193, 195.
Maris en bonne fortune (Les), 170.

Martineau ou la Fronde, 233.
Masaniello, 193.
Méchant (Le), 133.
Médiocre et Rampant 173.
Mélanie, 78, 137.
Ménechmes (Les), 189.
Menteur (Le), 135.
Mercadet, 222.
Mère Moreau (La), 224.
Mère Sotte, 30.
Mérope, 170.
Michel Perrin, 225.
Minuit, 145.
Misanthrope (Le), 135.
Moissonneurs (Les), 78.
Monde (Le), Abus, les Sots, 30.
Monna Vanna, 313.
Monsieur Péteau, 87.
Mort de César (La), 136, 170.
Mort du duc de Guise (La), 44.
Mort de Henri IV (La), 164.
Mort de Robespierre (La), 147.
Mort de Socrate (La), 77.
Muette de Portici (La), 193.
Muses rivales (Les), 88.
Mystère de la Conception à personnages, 19 et s.
Mystère de la Passion, 16 et s.
Mystère de saint Martin, 18.
Mystère de sainte Barbe, 18.
Napoléon, 200.
Notre-Dame de Paris, 233.
Nouveau-Monde (Le), 30.
Nouveaux Adolphes (Les), 190.
Nouvelle Montagne (La), 151.
Nuées (Les), 9.
Officier bleu (L'), 247.
Offrande à la liberté (L'), 114.
Olivette, juge aux Enfers, 74.
Omasis, 165.
Oriflamme (L'), 181.
Orphelins du Temple (Les), 233.
Paméla, 125 et s.
Papesse Jeanne (La), 136, 139.
Paphnus et Thaïs, 12.
Parades de la foire, 49 et s.

Parades des Salons, 81 et s.
Paris, 236, 237.
Partie de chasse de Henri IV (La), 80, 178, 182, 183.
Pater (Le), 247.
Pausanias, 147.
Pauvre femme (La), 146.
Pauvre troubadour (Le), 179.
Pavés sur le pavé (Les), 233.
Pèlerin passant (Le), 30.
Père avaricieux, 52.
Personnalités (Les), 191.
Petites Danaïdes (Les), 189.
Petits Savoyards (Les), 173.
Phèdre, 133.
Philippe à Bouvines, 181.
Philosophe (Le), 89.
Philosophe sans le savoir (Le), 76.
Picaros et Diego, 170.
Pierre de touche (La), 227.
Pierre le Grand, 174.
Plaideurs (Les), 225.
Plus de mandarins ou la Chine sauvée, 147.
Poste restante, 225.
Praxitèle, 146.
Prêtre réfractaire (Le), 139.
Princesse des Ursins (La), 191.
Prise de la Bastille (La), 106.
Procès d'un maréchal de France en 1814 (Le), 200, 293 et 294.
Prussiens en Lorraine (Les), 243.
Quatre Constitutions (Les), 166.
Rançon de du Guesclin (La), 181.
Raymond V, 78.
Réconciliation (La), 188.
Réduction de Paris (La), 80.
Regard de ministre (Un), 225.
Regulus, 189.
Réunion du 10 août (La), 138.
Réveil du peuple (Le), 144.
Richard d'Arlington, 222.
Richard Cœur-de-Lion, 170.
Rienzi, 174.
Robe rouge (La), 225.
Robespierre, 201.

INDEX ALPHABÉTIQUE

Roi s'amuse (Le), 198, 201, 209, 210.
Roi Théodore (Le), 93.
Rose (La), 74.
Ruy-Blas, 210.
Samson, 75.
Sapho, 326.
Satire du temps (La), 52.
Satiriques (Les), 89.
Scaramouche ermite, 65, 66.
Schœnbrunn et Sainte-Hélène, 200, 209.
Séraphine ou la Dévote, 232.
Servante maîtresse (La), 85.
Siège de Calais (Le), 101, 181.
Somnambule (Le), 128.
Sophie, 166.
Sylla, 189.
Tancrède, 76, 166, 167.
Tarare, 92, 188.
Tartufe, 58 et s., 166, 167, 195.
Templiers (Les), 164, 175, 189.
Temps des Croisades (Au), 288, et s.
Ténèbres (Les), 318.
Théagène et Chariclée, 77.
Thermidor, 257 et s.
Timoléon, 136.
Tippo-Saëb, 179, 180.
Trois frères rivaux (Les), 157.
Turcaret, 71.
Turlututu, 155, 156.
Vautrin, 207, 295.
Veuve du Malabar (La), 89.
Victimes cloîtrées (Les), 137.
Vieillard (Le) et les Jeunes Gens, 173.
Villars à Denain, 181.
Voyageuse extravagante corrigée (La), 136.
Yvan le Nihiliste, 247.
Zaïre, 115.
Zoral, 90.

ERRATUM

Page 165 : *lire* Luce de Lancival *au lieu de* Luce de Lanciral.

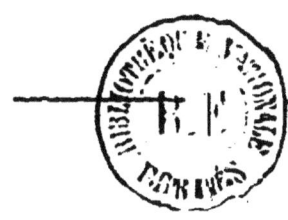

DISPOSITIONS LÉGISLATIVES ET RÉGLEMENTAIRES

CONCERNANT LA CENSURE DRAMATIQUE

1395

14 Septembre. — Ordonnance du prévôt de Paris qui défend aux jongleurs de causer du scandale dans leurs représentations publiques, p. 14.

1398

3 Juin. — Ordonnance du prévôt de Paris interdisant de jouer des « Mystères », p. 16.

1402

4 Décembre. — Lettres patentes autorisant les confrères de la Passion à jouer quelques « Mystères » que ce soit, p. 17.

1476

15 Mai. — Arrêt du Parlement interdisant la représentation publique des « farces, moralités et soties », p. 26.

1477

19 Juillet. — Arrêt du Parlement qui confirme le précédent, p. 27.

1486

6 Mai. — Lettres royales ordonnant l'emprisonnement de cinq acteurs de la Basoche, p. 27.

1515

1ᵉʳ Juillet. — Arrêt du Parlement interdisant les jeux de la Basoche pour la fête des Rois, p. 35.

1516

2 et 5 Janvier. — Arrêts du Parlement interdisant aux acteurs de mêler à leurs jeux les personnages de la cour, p. 35.

1538

23 Janvier. — Arrêt du Parlement ordonnant que toutes pièces lui soient communiquées quinze jours avant la première représentation, p. 36.

1541

12 Décembre. — Arrêt du Parlement interdisant aux confrères de la Passion de jouer des « Mystères », p. 39.

1560

Janvier. — Ordonnance royale interdisant à tous joueurs de farces d'interpréter des sujets religieux, p. 40.

1570-1576-1577

Arrêts du Parlement interdisant les représentations des troupes italiennes, p. 41.

1609

12 Novembre. — Ordonnance du lieutenant de police prescrivant aux comédiens de communiquer les pièces au Procureur du roi avant la première représentation, p. 48.

1634

Ordonnance du lieutenant civil sur les parades de la foire, p. 50.

1641

16 Avril. — Déclaration royale sur l'interprétation des pièces par les comédiens, p. 52.

1706

Novembre. — Edit organisant la censure dramatique, p. 69.

1791

13 Janvier. — Loi proclamant la liberté des entreprises théâtrales et l'abolition de la censure dramatique, p. 103.

1793

12 Janvier. — Arrêté de la commune interdisant les représentations de l'*Ami des lois*, p. 119.

2 Aout. — Décret ordonnant la représentation des pièces républicaines et interdisant celle des pièces réactionnaires, p. 124.

1794

26 Avril. — Circulaire des administrateurs de police enjoignant aux directeurs de théâtre de faire disparaître de leurs pièces tous les titres nobiliaires ainsi que les dénominations de « Monsieur » et « Madame », p. 131.

14 Mai. — Arrêté rétablissant la censure dramatique à Paris. p. 132.

An IV

27 Nivôse et 25 Pluviôse — Arrêtés étendant à tous les théâtres de la République les dispositions de l'arrêté du 14 mai 1794, p. 132.

An VIII

14 Frimaire. — Circulaire des administrateurs du bureau des mœurs invitant les directeurs des théâtres à leur soumettre les pièces relatives à la Révolution et toutes les pièces nouvelles de leurs répertoires, p. 161.

1800

5 Avril. — Communication des consuls au ministre de l'intérieur, relative à la censure dramatique qui, désormais, est placée sous la responsabilité du chef de la division de l'instruction publique, p. 161.

1806

8 Juin. — Décret plaçant la censure dramatique dans les attributions du ministre de la police générale, p. 162.

1807

25 Avril. — Arrêté réduisant le nombre des théâtres de Paris, p. 163.

1822

29 Octobre. — Circulaire sur le fonctionnement de la censure dramatique, p. 183.

1824

8-11 Décembre. — Circulaire sur les représentations théâtrales dans les départements, p. 183.

1835

9 Septembre. — Loi réorganisant la censure dramatique, p. 204.

1848

6 Mars. — Décret du gouvernement provisoire abolissant la censure dramatique, p. 211.
22 Juillet. — Arrêté ministériel établissant à la direction des Beaux-Arts une commission provisoire de surveillance des théâtres, p. 211.

1850

30 Juillet. — Loi rétablissant provisoirement la censure dramatique, p. 215.
3 Août. — Circulaires du ministre de l'intérieur sur l'application de la loi du 30 juillet 1850, p. 215.

1852

30 Janvier. — Circulaire prescrivant la présence des inspecteurs des théâtres aux répétitions générales des ouvrages repris, p. 220.
30 Décembre. — Décret impérial confirmant le rétablissement de la censure dramatique, p. 218.

1857

16 Mars. — Circulaire sur la durée des répétitions générales, p. 220.

1864

6 Janvier. — Décret sur les théâtres qui maintient la censure dramatique tout en proclamant la liberté des entreprises théâtrales, p. 221.

1868

28 Février. — Circulaires sur les répétitions générales, p. 220.

1870

30 Septembre. — Décret du gouvernement de la défense nationale supprimant la commission d'examen des ouvrages dramatiques, p. 244.

1871

18 Mars. — Arrêté de l'autorité militaire rétablissant des censeurs, p. 244.

1874

1er Février. — Décret rétablissant définitivement la commission d'examen des ouvrages dramatiques, p. 245.
24 Juin. — Loi ouvrant les crédits nécessaires au fonctionnement de l'inspection des théâtres et ratifiant ainsi le précédent décret, p. 245.

1872-1879-1880-1887

Circulaires ministérielles sur le fonctionnement de la censure dramatique, p. 181.

TABLE DES MATIÈRES

PREMIÈRE PARTIE
La liberté du théâtre dans l'histoire

CHAPITRE PREMIER
Les premiers spectacles.................................... 7

CHAPITRE II
Le théâtre et le Parlement du xve au xviie siècle........ 16

CHAPITRE III
Le théâtre de la Foire et le répertoire de l'Hôtel de Bourgogne sous Louis XIII............................ 48

CHAPITRE IV
Le théâtre et le clergé au xviie siècle 54

CHAPITRE V
Les censeurs de police au xviiie siècle................ 71

CHAPITRE VI
Le régime du théâtre sous la Révolution (de l'Assemblée Nationale au Directoire) 95

CHAPITRE VII
Le Directoire et les pièces anti-jacobines.............. 142

Chapitre VIII
La censure dramatique sous le Consulat et le Premier Empire 160

Chapitre IX
La Restauration 182

Chapitre X
Le gouvernement de Juillet 196

Chapitre XI
La liberté du théâtre sous la République de 1848 211

Chapitre XII
La censure dramatique sous le Second Empire 218

Chapitre XIII
La censure dramatique depuis 1870 244

DEUXIÈME PARTIE
Organisation actuelle et discussion de la censure dramatique

Chapitre premier
Fonctionnement de la censure en France 291

Chapitre II
Fonctionnement de la censure à l'étranger 310
    I. Angleterre. — La censure du lord chambellan. 310
    II. Russie. — La censure de la cour, de la police et du clergé 314
    III. Italie. — La censure des préfets 318
    IV. Danemark. — Le régime des œuvres étrangères dans les théâtres de Copenhague 321

V. **Belgique**. — La liberté de la scène............ 322
VI. **Portugal**. — L'examen facultatif............ 323
VIII. **Etats-Unis**. — La censure des sociétés particulières........................... 325

Chapitre III

Les deux enquêtes........................... 327

Chapitre IV

Intérêts engagés au maintien de la censure dramatique... 332
I. La morale publique...................... 332
II. L'ordre politique et social 343
III. La politique extérieure 349

Chapitre V

Conclusion (L'examen facultatif).................... 354

BIBLIOGRAPHIE

Droit

Anonyme. — La censure dramatique, administration théâtrale.
Annuaire de législation étrangère.
Alletz. — Dictionnaire de police moderne pour toute la France, 1823, v° Théâtres et spectacles.
Béquet. — Répertoire général du droit administratif, v° Beaux-Arts.
Blanche. — Dictionnaire général d'administration, v° Théâtres et spectacles.
Bories et Bonassies. — Dictionnaire pratique de la presse, v° Censure dramatique.
Bureau. — De la législation des théâtres.
Champagny (de). — Traité de la police municipale.
Charton. — Rapport présenté au nom d'une commission du Conseil d'Etat chargée de préparer un projet de loi sur les théâtres.
Constant — Code des théâtres.
Dalloz. — Répertoire de jurisprudence, v° Art dramatique.
Delamare. — Traité de police.
Donnat (Léon). — La politique expérimentale.
Fabreguettes. — Traité des délits politiques et des infractions par l'écriture, la parole et la presse.
Favart de Langlade. — Répertoire de la nouvelle législation civile, commerciale et administrative, v° Théâtres.

Fuzier-Hermann. — Répertoire général du droit français, v° Censure dramatique.
Guichard. — La législation du théâtre à Rome. — La législation du théâtre en France.
Guillemet. — Rapport sur la censure dramatique, octobre 1891.
Lacan et Paulmier. — Traité de la législation et de la jurisprudence des théâtres.
Lévy (Michel). — Organisation des théâtres de la province en France, la ville de Paris exceptée.
Le Senne. — Code des théâtres.
Maud'Heux et Ch. Dargé — Répertoire raisonné de jurisprudence théâtrale, 1843.
Morin. — Répertoire général et raisonné du droit criminel, v° Théâtres.
Pandectes françaises. — Répertoire de jurisprudence, v° Censure dramatique.
Sebire et Carteret. — Encyclopédie du droit, v¹ˢ Censure, Théâtres.
Soutupéry. — Manuel pratique d'administration.
Simonet. — Traité de la police administrative des théâtres de la ville de Paris, 1850.
A. Vivien. — Etudes administratives, 1852.
Vivien et Blanc. — Traité de la législation des théâtres.
Vulpian et Gautier. — Code des théâtres 1829.

Histoire et littérature

Ancey (Georges). — Préface de *Ces Messieurs* (Editions de la Revue Blanche, 1902).
Anonyme. — La censure théâtrale sous Napoléon III.
Arnault. — Souvenirs d'un sexagénaire.
Aubertin. — Histoire de la langue et de la littérature française, au moyen âge.
Augier (Emile). — Préface des *Lionnes pauvres*.
Avis (d'). — De Priscæ comediæ atticæ natura et legibus, Marbourg, 1868.
Bled (Victor du). — Théâtre des princes de Clermont et d'Orléans *Revue des Deux-Mondes*, 1891, t. CVII.

Boieldieu (M.-J.-A.). — De l'influence de la chaire, du théâtre et de la tribune sur la société civile, 1804.
Bonnefon (Paul). — Beaumarchais.
Bossuet. — Maximes et réflexions sur la comédie.
Boulmiers (du). — Histoire du théâtre italien.
Brieux. — *Les Avariés* (Stock 1902).
Brun (P.-Ant). — Savinien de Cyrano Bergerac, sa vie et ses œuvres.
Brunetière. — Le Code civil et le théâtre, *Revue des Deux-Mondes* du 1ᵉʳ avril 1890. — Les mystères au moyen âge, *Revue des Deux-Mondes* du 15 octobre 1880. — La réforme du théâtre, *Revue des Deux-Mondes* du 1ᵉʳ avril 1890. — Le théâtre de la Révolution, *Revue des Deux-Mondes* du 15 janvier 1881.
Baschet Armand). — Les comédiens italiens à la cour de France sous Charles IX, Henri III, Henri IV et Louis XIII.
Cange (du). — Glossarium ad scriptores mediæ et infimæ latinitatis, articles : Festum asini, Festum Fatuorum, vel Diaconorum abbas Cornadorum, Barbatioræ, kalendæ festum.
Chasles (E.). — La comédie au xvɪᵉ siècle.
Chassang. — Les essais dramatiques imités de l'antiquité au moyen âge.
Chenier (Marie-Joseph). — La liberté du théâtre en France, 1789.
Chevrier (Maurice). — Discours sur Beaumarchais.
Cordier (H.) — Bibliographie des œuvres de Beaumarchais.
Delpit. — La liberté des théâtres et les cafés-concerts, *Revue des Deux-Mondes* du 1ᵉʳ février 1878.
Denis (J.). — La comédie grecque.
Depping. — Correspondance administrative.
Desnoiresterre (Gustave). — La comédie satirique au xvɪɪɪᵉ siècle.
Despoix (Eug.). — Le théâtre français sous Louis XIV.
Desprez. — De l'art dramatique sous les empereurs romains.
Dutillot. — Mémoire pour servir à l'histoire de la fête des fous.
Etienne (L.). — Le théâtre de 1869 à 1872, *Revue des Deux-Mondes* du 15 avril 1872.
Essarts (des). — Les trois théâtres de Paris.
Fabre (Ad.). — Étude historique sur les clercs de la Basoche.
Fournier. — Le théâtre français avant la Renaissance.
Génin. — Édition de Patelin.

Grimm, Diderot, Raynal, Meister. — Correspondance littéraire, philosophique et critique, 1877-1882.

Gudin de la Brunellerie. — Histoire de Beaumarchais, écrite en 1809 et publiée par Maurice Tourneux en 1888.

Guinon (Albert). — Lettre sur la censure dramatique, dans le *Gaulois* du 10 décembre 1901. — Préface de *Décadence* (Librairie théâtrale, 1902).

Guizot (G.). — Ménandre, études sur la comédie et la société grecques.

Hallays-Dabot. — Histoire de la censure théâtrale. — Histoire de la censure dramatique sous le Second Empire.

Hugo (Victor). — Préfaces de *Cromwell* et de *Ruy Blas* — Plaidoyer dans le procès du *Roi s'amuse*.

Jullien. — La comédie à la Cour.

Laborde (de). — La renaissance des arts à la Cour de France.

La Harpe — Cours de littérature et correspondance littéraire.

Lanson — La comédie en France au xviii° siècle, *Revue des Deux-Mondes* du 15 septembre 1889.

Larroumet. — La comédie en France au moyen âge. *Revue des Deux-Mondes* du 15 décembre 1891. — Commencement du théâtre comique en France, *Revue des Deux-Mondes* du 15 juin 1890.

Lemaitre (Jules). — Dancourt, la comédie après Molière.

Leroux de Lincy. — Livre des légendes.

Leroy (O.). — Etude sur les Mystères. — Etude sur le théâtre du moyen âge.

Lescure (M. de). — Eloge de Beaumarchais.

Lomenie (L. de). — Beaumarchais et son temps.

Lucas (H.). — Histoire philosophique et littéraire du théâtre français.

Magne (Emile). — Etude sur Cyrano de Bergerac.

Magnien. — Les origines du théâtre.

Ménard (René). — Histoire des beaux-arts.

Méril (L. de). — Histoire de la comédie ancienne. — Origines latines du théâtre moderne.

Moland (L.). — Molière et la comédie italienne.

Molière. — Préface de *Tartufe*.

Montaron (M. de). — Recueil de livrets singuliers et rares.

Montmerqué. — Théâtre français.
Muller. — Strübing, Aristophanes und die historische kritik, Leipsig, 1873.
Napoléon Ier. - Correspondance.
Parfait (frères). — Histoire du théâtre français depuis ses origines.
Petit de Julleville. — Histoire du théâtre français.
Pontmartin. — Enquête officielle sur les théâtres, *Revue des Deux-Mondes* du 15 mars 1850.
Porel et Monval. — L'Odéon.
Poulet-Malassis. — Papiers secrets et correspondance inédite du Second Empire
Rambaud (A.). — Histoire de la civilisation française. — Histoire de la civilisation contemporaine.
Régnier. — Le théâtre en France.
Royer (A.). - Histoire universelle du théâtre.
Sainte-Beuve. — Causeries du lundi. — Tableau historique et critique de la poésie française et du théâtre français au XVIe siècle.
Saint-Marc Girardin. — Cours de littérature dramatique.
Sand (Maurice). — Masques et bouffons de la comédie italienne.
Suard. — Mélanges de littérature.
Taschereau. — Vie de Corneille.
Tisserand. — Plaidoyer pour ma maison. Le théâtre français depuis 789 jusqu'à Molière.
Welschinger. — La censure sous le Premier Empire.

LAVAL. — IMPRIMERIE PARISIENNE, L. BARNÉOUD & Cie.

www.ingramcontent.com/pod-product-compliance
Lightning Source LLC
Chambersburg PA
CBHW060553170426
43201CB00009B/765